联合一资助

⊙ 国家社科基金后期资助（24FGLB092）

⊙ 重庆市教委科学技术研究计划重点项目（KJZD-K202401109）

⊙ 重庆市教委人文社会科学研究重点项目（23SKJD111）

⊙ 重庆市高等教育教学改革研究项目（233337）

⊙ 重庆市教育科学院规划项目（K23YG2110387）

Research on the Path of
High Quality Development of
Rural Tourism in
Southwest China Empowered by
Digital Intelligence

数智赋能中国西南地区乡村旅游高质量发展路径研究

杨光明　朱　希————著

经济管理出版社
ECONOMY & MANAGEMENT PUBLISHING HOUSE

图书在版编目（CIP）数据

数智赋能中国西南地区乡村旅游高质量发展路径研究 ／
杨光明，朱希著. -- 北京 ：经济管理出版社，2025.
ISBN 978-7-5243-0207-0

Ⅰ．F592.77

中国国家版本馆 CIP 数据核字第 2025F9Z625 号

组稿编辑：赵天宇
责任编辑：赵天宇
责任印制：许　艳
责任校对：陈　颖

出版发行：经济管理出版社
　　　　　（北京市海淀区北蜂窝 8 号中雅大厦 A 座 11 层　　100038）
网　　址：www.E-mp.com.cn
电　　话：(010) 51915602
印　　刷：唐山玺诚印务有限公司
经　　销：新华书店
开　　本：720mm×1000mm/16
印　　张：19
字　　数：381 千字
版　　次：2025 年 3 月第 1 版　　2025 年 3 月第 1 次印刷
书　　号：ISBN 978-7-5243-0207-0
定　　价：88.00 元

序 一

    在新时代背景下，党的十九届五中全会首次提出"全体人民共同富裕取得更为明显的实质性进展"。国家城乡发展目标的调整要求用新发展主义的视角来重新看待乡村问题。在完成脱贫攻坚、全面建成小康社会之际，2022年中央一号文件要求全面推进乡村振兴、加快农业农村现代化，中国进入乡村振兴新时代。乡村振兴战略将被遮蔽的乡村价值重新定义，国家发展话语重新回归到乡村本身，这将从根本上重构城乡关系、重新确定乡村的发展地位。发展乡村旅游可以直接推动乡村发展，带动乡村社会经济发展。如何通过乡村旅游资源的开发与利用实现乡村旅游高质量发展，进而推动乡村振兴与发展，是新时代背景下乡村旅游研究的重要议题。进入新发展阶段，需要把握新格局下中国乡村与旅游发展的内在关联，实现乡村旅游全面振兴。

    本书创作于乡村振兴战略的大环境背景下，针对西南地区乡村旅游高质量发展路径进行研究。本书的出版有助于全面推动西南地区乡村旅游高质量发展，带动乡村经济复苏及上下游产业发展，促进乡村经济运行，进而实现乡村振兴。

    推进乡村旅游资源开发是实现巩固拓展脱贫攻坚成果与乡村振兴有机衔接目标的行动选择。乡村旅游作为一种新型旅游模式受到了大众的广泛认可，但是在乡村旅游资源建设过程中却一直存在开发深度不够、开发特色不足、创新意识不强等问题。书中针对西南地区乡村旅游高质量发展路径进行研究，主要内容包含以下几个方面：第一，针对国内外有关乡村旅游高质量发展研究不足的问题，运用多种GIS空间分析方法，研究西南地区乡村旅游重点村的空间分布特点并分析影响其空间分布的主要因素，通过数智赋能把握西南地区乡村旅游其他重点资源的状况。第二，通过网络数据爬取，数据收集与整理，探究西南地区乡村旅游空间格局特征及其影响因素，并对西南地区乡村旅游者开展问卷调查，研究乡村旅游者行为特征。第三，通过案例借鉴，全面把握国内外先进案例和西南地区规划范例，为西南地区乡村旅游高质量发展提供参考。第四，利用OOPP对西南地区乡村旅游高质量发展路径进行研究，通过"问题清单—问题树—目标树—目标群—项目组—项目排序"来构建西南地区乡村旅游高质量发展评价指标体系；同时，研究社区参与模式在西南地区乡村旅游当中的运用以及西南地区乡村旅游高质量发展机理。第五，研究西南地区乡村旅游共生联盟自发组织形式、人才培养机制和高质量发展模式，给出相关解决措施和发展路径。本书为西南地区乡村旅游研究提供智力支持，同时也为中国乡村旅游发展提供很多有益思考。

书中介绍了西南地区乡村旅游高质量发展问题及创新路径，围绕高质量发展进行研究，研究认为，环境是一切发展的基础，要根据西南地区的实际环境状况因地制宜，保障环境政策的落实，坚持"绿水青山就是金山银山"的发展理念；强化协同治理理念，共同实现西南地区繁荣发展，加强区域合作，共同监督旅游项目建设与发展；在鼓励人才学习提升的同时，融合元宇宙技术创新发展，促进西南地区乡村旅游数字化发展，运用数智赋能使数据与乡村旅游融合发展。希望本书会对乡村旅游发展起到真正的推进作用，促进西南地区乡村旅游高质量发展。

总体而言，乡村旅游高质量发展理念是一种理解乡村的范式转变，以乡村旅游资源为依托，追求高质量发展，最终实现乡村振兴。在此理念下建构出的不仅是景观化乡村，更是具有活力的幸福乡村、高质量的美好乡村，是乡村居民与旅游者共同的福祉提升。乡村旅游是广袤的天空，包容世界一切；是宁静的湖面，总是波光粼粼；是皑皑的雪原，辉映缤纷的世界。乡村旅游让生态生产生活相融合，美丽美意美好相伴。

邓　斌

国际知名导演、制片人

2023.6.29

序　二

党的二十大指出："全面推进乡村振兴。坚持农业农村优先发展，坚持城乡融合，畅通城乡要素流动。"2023 年的中央一号文件与全国两会，是对党中央"全面推进乡村振兴"指示精神的进一步落地。乡村是中国区域发展的主要组成地域，是中国社会当下的主要构成内容，乡村兴则中国兴。乡村旅游让民众能够欣赏到陶渊明笔下"采菊东篱下，悠然见南山"的田园美景，欣赏到王维"明月松间照，清泉石上流"的山居生活，徘徊于孟浩然"绿树村边合，青山郭外斜"的山庄美景。乡村旅游有助于繁荣乡村经济、传承乡村文化、促进乡村发展转型，是推动乡村振兴和城乡融合发展的重要动力。乡村是由人（口）—（土）地—（生）产—生（态）—（生）活等构成的综合地域系统。乡村旅游塑造是以人为本的活化乡村、人与自然和谐的生态乡村、物质文明的富裕乡村、精神文明的文化乡村、整体关系的和谐乡村。乡村旅游已成为走出乡村发展困境的重要抓手、寄托乡愁的主要纽带、乡村富民的有效途径。乡村旅游是"新乡村运动"的中坚力量、乡村共同富裕的主要路径和关键点。响应国家乡村振兴战略，要以时不我待的紧迫感，促进乡村旅游高质量发展，盘活乡村经济，塑造乡村美丽风景，增强群众的获得感、幸福感和满足感。

探索乡村旅游资源创造性传承与开发的方法与路径，有助于实现资源创造性转化与乡村创新性发展，对于切实解决乡村发展不平衡不充分的突出问题、推动乡村产业全面升级、实现乡村居民的物质富裕与精神富裕，具有重大的理论与现实意义。乡村旅游是乡村振兴的路径之一，在新的发展阶段，乡村旅游同样步入升级转型阶段，面临全新的挑战和机遇。"十四五"期间，许多省份把旅游业作为万亿级产业来培育，这对旅游业既是压力也是动力。

本书以西南地区为视角进行乡村旅游研究意义深远。西南地区由于地质地貌、历史文化、气候条件等因素，在地理环境上形成了相对统一的区域。同时随着共建"一带一路"倡议和"长江经济带"规划的实施，成昆、成渝、川黔、贵昆等高铁线路的开通，将整个西南地区直辖市、省会城市以及重要旅游城市串联起来，对区域乡村旅游的发展具有重要意义。研究西南地区乡村旅游发展也是对西部大开发战略、共同富裕战略、乡村振兴战略的推进。

作者以协调理论和可持续发展理论为指导，运用 OOPP 方法、大数据分析法、GIS 分析法、演化博弈模型等数据模型进行研究。在弄清西南地区乡村旅游发展的资源客源基础上，利用网络数据对具体的旅游企业、旅游项目、旅游景区进行数智赋能分析，全面把握西南地区乡村旅游发展趋势。通过发展基础篇、经典案例、发展机理和对策建议等翔实内容，全方位地研究数智赋能西南地区乡村旅游高质量发展。

全书创新性地将数智赋能技术引入研究中，可以使读者更好地理解乡村旅游的内在运行机制，揭示不同利益主体之间的互动模式和利益协调机理。在大数据时代，数智赋能为人们获得乡村旅游的游客信息流提供了更加高效、快速的途径。在乡村旅游的建设中，游客对旅游体验的多层次需要有很强的市场需求，而这种多层次的需求信息，可以通过对乡村旅游的数智赋能进行分析，从而获得相应的信息。全书从宏观、微观视角探究新发展格局内涵下乡村旅游高质量发展模式，为促进西南地区乡村旅游的高质量发展提供相关对策和建议及新的分析视角。数智赋能可以更好地实现资源数据化、客源信息化、乡村数字化和平台智慧化，利用数智赋能进行研究对全面推进西南地区乡村旅游具有重大意义，相信通过各方的共同努力，西南地区美丽乡村建设、乡村振兴田园梦想一定会取到更好的成效。

明庆忠

云岭学者特聘教授，云南财经大学首席教授

旅游文化产业研究院院长

2023 年 6 月 2 日

序 三

留得住的乡愁，回得去的故乡

乡村之道是超越人类之爱的。什么是"乡村美好生活"？有没有"理想乡村生活"？我们追求的应该是更和谐的乡村状态。

理想的乡村是什么？是让新乡村承载感情——有价值观的感召，让乡村成为"奢侈品"，变成城里人的心灵刚需：独特、尊贵，既可用、可及，又充满魅力。

一、现实中的乡村旅游

现实中的乡村旅游往往因落后的思维模式而造成表达形式的雷同，看不到"十里不同风、百里不同俗"的传统再现。

乡村旅游的投资规模和发展特色决定了其最容易被复制。所谓乡村旅游的特色，很容易沉沦于恶性的无序竞争。乡村旅游的真实面貌带有原生态的思维模式和表达方式，与当下的城市环境大相径庭。乡村旅游真实的面貌与中国人对于田园生活的向往是脱节的。大众审美摒弃传统，致使传统正在快速消退，很多村落失去了存在的土壤而逐渐消亡。村落要变，往哪里变？与何种产业形式相结合？我们是为其培土，还是不闻不问？

杨光明博士在本书中指出了在乡村旅游业筹度、发展期间，依然存在产业结构发展单一、市场主体协调能力不强、服务体系不健全、统筹规划可行性不足等问题，进而造成乡村旅游业发展产生很多滞后性、同质化等问题，难以在经济下行压力下走出困局。

二、我们需要什么样的乡村

答案很简单，就是"足下文化""野草之美""记得住乡愁"。具体来说就是，不砍树、不填湖、少拆房；保留村庄原始风貌，在原有村庄形态上提高生活品质。乡愁就是乡土、本地、原生；乡愁就是田畴、枳围聚落、农舍、篱笆、沟渠、湿地、河塘、水磨、水车、泉水、古井、天籁、鸡啼、犬吠、鸟唱、蛙鸣；

乡愁是返璞归真、亲近泥土、尊重自然、顺应自然、天人合一。乡愁就是乡村的文化记忆，是千年积累传递的文化教养、文化样式、文化符号，构成了一代代心理景观：一见到那种样式、符号，心里就踏实。

回到乡村，回到广阔的乡村田野，体验原生态生活，已经成为人们的"潮流需求"，从被动选择升级为主动选择升级。

如何构建乡村生态？

空间重构：恢复自然聚落形态，通过优化乡村空间体系，再现乡村生产、生活、生态空间格局，是实现乡村地域空间的优化调整乃至根本性变革的过程。

还原：乡村的空间机理，比还原"建筑"更重要。

培育：从容不迫、淡泊悠然的生活场景；营造乡音萦绕的人文氛围。这些才是乡村幸福生活的本质。

目前已有的研究主要集中在乡村旅游的经济、社会和环境影响方面，缺乏对乡村旅游内在行为机制和利益主体之间互动关系的深入研究。因此，将数智赋能技术引入研究中，可以更好地理解乡村旅游的内在运行机制，揭示不同利益主体之间的互动模式和利益协调机理。通过数智赋能分析，可以发现乡村旅游参与者的行为模式和动态变化，为乡村旅游的规划和管理提供科学依据。

三、乡村旅游的要义

乡村旅游应从主题、地格与氛围三方面塑造与维系乡村性，应该强化特色分类管理、合理规划、坚持"本地化"与改进土地政策，以保持乡村旅游的健康发展。

乡村旅游的第一要义是乡村景观、乡村意象，这是乡村的核心吸引力。追求"野草的美、足下的文化"，以及那些曾经被忽视而将逝去的文化。没有标志性的文化、建筑、夺眼球的地标，一切拿捏有度。乡村旅游规划设计之道就是，品味细节，点滴的原始魅力！乡村原真性标志是以乡土野生植物为景观基底，最普通、最经济而高产的农作物和野花、野草，以及在乡村中演绎农耕文化的故事，这就是俞孔坚说的"白话景观"的理念。用水稻、作物和当地野草、野花等最经济的元素来营造特色景观；对庄稼、野草和乡村重新认识，让游客感受自然的过程、四时的演变、作物的春秋和民以食为天的道理，感受农耕文化的延续。

乡村旅游的第二要义是乡村标志，是找到自己的唯一、放大自己的唯一。不见得是最贵、最大，但一定是最真实的。有文化认同、有归属感才是最好的地标。由此形成品牌号召力、核心竞争力。

乡村旅游的第三要义是村落结构，表现为一种格局，是不同文化时期人类对自然环境干扰的记录。最主要的表象是反映现阶段人类对自然环境的干扰，而历史记录则成为乡村景观遗产，成为景观中最有历史价值的内容（王云才、刘滨谊，2003）。村落结构主要由乡村聚落形态、乡村建筑和乡村环境所构成。

本书提出了通过数智赋能，可以发现乡村旅游参与者的行为模式和动态变化，为乡村旅游的规划和管理提供科学依据。数智赋能可以借助和运用大规模的数据，揭示乡村旅游的市场需求、消费者偏好和旅游趋势，为决策者提供重要的参考依据。通过数智赋能，可以识别出潜在的乡村旅游资源，优化旅游产品的开发和推广策略，提高游客体验和满意度。因此，推动乡村旅游高质量发展既能促进经济的发展，又能推动旅游产业的升级、响应国家政策的号召、满足市场需求变化的需要，具有美好的发展前途。

真正的乡村旅游，体现的是每一户村民的生活习惯和生活状态。让家乡更像家，更有烟火味，也更有希望。

乡村旅游需要一群不急功近利的人，心无旁骛地共同努力，用工匠精神来赋能乡村文旅发展。

本书以西南地区乡村旅游发展为研究对象，以协调理论和可持续发展理论为指导，运用 OOPP 方法、大数据分析法、GIS 分析法、演化博弈模型等，从宏观、微观双视角探究新发展格局下乡村旅游高质量发展模式，为促进西南地区乡村旅游的高质量发展路径提供相关对策和建议，提供新的分析视角。

牟 红

文化和旅游部智库专家

重庆理工大学教授

2023 年 6 月 29 日

前　言

近年来，乡村旅游成为我国旅游业的重要增长点，而数智赋能可以为乡村旅游的快速复苏提供支持。党的二十大报告再次明确我国社会主要矛盾是人民日益增长的美好生活需要和不平衡不充分的发展之间的矛盾。旅游业作为国民经济战略性支柱产业和富民惠民的民生产业，是解决我国主要矛盾的有效工具之一，能够满足人民"美好生活需求"，推进共同富裕。发展乡村旅游是落实"双循环"新发展格局、实现乡村振兴的有力抓手。全面推进乡村振兴，促进乡村产业、人才、组织、文化、生态振兴，乡村旅游也是极其重要的产业选择。现如今，我国是拥有超 14 亿人口的大国，超大市场、消费意识升级等因素影响了乡村旅游的发展。但是，在乡村旅游业筹度、发展期间，依然存在产业结构发展单一、市场主体协调能力不强、服务体系不健全、统筹规划可行性不足等问题，造成乡村旅游业发展中的很多滞后性、同质化等问题，难以使乡村在经济下行压力下走出困局。另外，目前的研究主要集中在乡村旅游的经济、社会和环境影响方面，缺乏对乡村旅游内在行为机制和利益主体之间互动关系的深入研究。因此，将数智赋能引入研究中，可以更好地理解乡村旅游的内在运行机制，揭示不同利益主体的互动模式和利益协调机理。通过数智赋能，可以发现乡村旅游参与者的行为模式和动态变化，为乡村旅游的规划和管理提供科学依据。数智赋能可以借助和运用大规模的数据，揭示乡村旅游的市场需求、消费者偏好和旅游趋势，为决策者提供重要的参考依据。通过数智赋能，可以识别出潜在的乡村旅游资源，优化旅游产品的开发和推广策略，提高游客体验和满意度。因此，推动乡村旅游高质量发展既能促进经济的发展，又能推动旅游产业的升级、响应国家政策的号召，满足市场需求变化的需要、具有光明的发展前途。

考虑到数据的可获取性及区域发展的整体性，本书界定的西南地区范围为云南、贵州、四川和重庆四个省份。党的二十大报告明确指出，共同富裕是中国式现代化的基本特征，共同程度与富裕程度的高水平达标离不开西南地区共同富裕的实现。然而推动共同富裕困难重重，西南地区城乡差异明显，推进西南地区乡村振兴与共同富裕是必然趋势，通过乡村振兴战略不断缩小城乡发展差距，是推进广大农村人口共同富裕最重要的途径。西南地区作为我国七大地理分区之一，由于地形地貌、气候条件、历史文化资源等因素，在地理环境上形成了相对统一的区域。区域内相同资源较多，都有丰富的自然旅游资源、民族特色资源等；但成渝经济圈和云贵高原差异显著。四个省份由于地形和经济等因素形成了不同的空间格局，因此在统一性的基础上各省份间又存在各自的差异性。随着共建"一带一路"倡议和"长江经济带"规划的实施，成昆、成渝、川黔、贵昆等高铁线路的开通，将整个西南地区直辖市、省会城市以及重要旅游城市串联起来，对区域乡村旅游的发展具有重要意义，便于整体研究西南地区的乡村旅游高质量发展，有利于实现乡村振兴，达到共同富裕。

在西南地区，乡村旅游具有重要地位，数智赋能在其中可以发挥关键作用。通过数智赋能，可以对西南地区的乡村旅游进行深入研究和评估，了解旅游资源的分布和利用情况，探索乡村旅游的高质量发展机制和路径。通过数智赋能，可以发现不同乡村旅游目的地之间的联系和互动，促进资源整合和合作发展。此外，通过数智赋能，还可以监测和评估乡村旅游的经济、社会和环境影响，为制定可持续发展策略提供数据支持。本书以西南地区乡村旅游发展为研究对象，以协调理论和可持续发展理论为指导，运用 OOPP 方法、大数据分析法、GIS 分析法、演化博弈模型等，从宏观、微观双视角探究新发展格局下乡村旅游高质量发展模式，为促进西南地区乡村旅游的高质量发展提供相关对策和建议，提供新的分析视角。项目团队通过西南地区相关文献资料的收集、数据的整理、实地考察等一系列基础准备工作，主要对以下几个方面进行研究：

第一，明晰西南地区乡村旅游发展现状。项目团队通过文献查阅、资料收集等方式，了解目前国内外乡村旅游的发展现状。针对乡村旅游的理论研究，国外研究中可借鉴的发展方式更为全面。乡村旅游的定义可以归纳为：拥有土地使用权的私人农场主或农户为（城市）旅游者提供所需的餐饮、住宿等基本生活条件，旅游者可在其经营范围内的农场、牧场等具有农村典型特征的自然环境中自主进行各种娱乐、休闲和度假等活动的一种旅游形式。此后关于乡村旅游的研究不断展开。国内学者认为乡村旅游具有多面性和复杂性，"在乡村地区进行的旅游活动"这一简单概述不足以表现它的全部，各学者对乡村旅游的研究在普遍共性的基础上都各具特点。

第二，运用多种 GIS 空间分析方法。本书以西南地区国家森林乡村重点村、乡村旅游重点村及乡村旅游其他重点资源为研究对象，解决目前关于国家森林乡村重点村的研究成果并不丰富、鲜有学者从宏观层面分析它的空间分布特征、对森林乡村分布的影响因素的研究更是少之又少等问题。本书研究西南地区乡村旅游重点村的空间分布特点并分析出影响其空间分布的主要因素，通过数智赋能了解西南地区乡村旅游其他重点资源的状况。

第三，通过对前期乡村旅游现状的了解，以及数据收集与整理，探究西南地区乡村旅游空间格局特征及其影响因素。基于从游客数字足迹、POI数据、官方统计数据等渠道取得的数据，运用网络爬虫技术、人工采集等方式构建西南地区乡村旅游信息数据库。在此基础上，从县（区）、乡（镇）尺度下，分别探究西南地区乡村旅游项目、乡村旅游企业、乡村餐饮住宿业的空间分异规律及驱动因素。

第四，对西南地区乡村旅游者开展问卷研究，以西南地区乡村旅游者为研究对象，研究他们的人口特征和旅游前、旅游中以及旅游后的行为特征等，最后研究他们对乡村旅游的认知及旅游体验感。

第五，乡村振兴不仅是中国的重要战略目标，也是全球的重要议题，分析国内外及西南地区现有的乡村发展经验对国内乡村旅游和乡村振兴具有重要意义。本书分析了日本和韩国的乡村旅游发展状况以及为乡村振兴所做的努力与贡献；同时借鉴国内乡村旅游经典案例，如文化创意凤凰文旅、剑阁康养休闲田园度假小镇等新发展模式，还参考当前西南地区乡村旅游规划范例，为我国乡村振兴的发展与探索、乡村旅游的高质量发展提供了宝贵建议。

第六，利用 OOPP 方法对西南地区乡村旅游高质量发展进行研究。运用OOPP 方法对西南地区乡村旅游开发的利益相关者进行了分析，厘清利益相关者之间的关联关系，并列出了乡村旅游协调发展的问题清单。在此基础上，通过对乡村旅游发展目标树的分析等一系列研究，构建西南地区乡村旅游高质量发展评价指标体系。

基于以上研究，本书提出新发展格局下西南地区乡村旅游高质量发展的对策建议。一要完善环境保障机制。环境是一切发展的基础，要根据西南地区的实际环境状况因地制宜，保障环境政策的落实。二要加强污染防治工作。"先污染，后治理"的发展方式已经被淘汰，生态污染既要防又要治，双管齐下，实现碧水蓝天。三要拓宽融资渠道，助力西南地区乡村旅游发展。资金是项目发展的助推剂，拓宽金融融资渠道、调整经济发展方式能够更好地助推西南地区乡村旅游的发展。四要强化协同治理理念，共同实现西南地区的繁荣发展。西南地区各省份之间要打破行政壁垒，对西南地区的乡村旅游发展进行协同治理、"抱团取暖"，实现西南地区乡村旅游高质量发展。五要加强区域合作，共同监督旅游项目建设与发展。西南地区各省份要加强合作交流，妥善规划旅游项目设施建设与维护，明晰责任分工，共同促进西南地区旅游繁荣。六要依托西南地区资源，实现乡村旅游多元健康发展。顺应时代要求，采用循环经济、生态农业等健康发展模式，突破资源环境限制，整合资源优势，实现西南地区乡村旅游健康发展。七要鼓励农民支持乡村旅游建设，增强少数民族地区乡村旅游发展意识，增加农民收入，助力乡村旅游高质量发展。八要融合元宇宙技术创新发展，促进西南地区乡村旅游数智化发展，以技术化创新联动乡村旅游产业催生新业态，建设乡村旅游项目新模式，提高旅游感知服务体验。九要利用数智赋能及自媒体平台，有针对性地进行西南地区乡村旅游建设，提高西南地区乡村旅游有效渗透率。

目　录

第一章 研究背景与研究方案

第一节 研究背景

一、新发展格局成为经济社会发展的大前提

当今世界正处于百年未有之大变局，国内外形势大局较之以往更为错综复杂，我国发展不平衡问题依旧存在，未来时期的改革发展任务越发艰巨。因此，2020 年 5 月 14 日，"构建国内国际双循环相互促进的新发展格局"首次在中共中央政治局常委会会议中被提出。我国要以国内大循环为主线、国内国际双循环相互促进的新发展格局，增强我国综合竞争新优势，积极参与国际正当竞争，主动追求广泛合作。"双循环"新发展格局是党中央根据国内国际形势发展的新变化、全球价值链、供应链和产业链重构的新发展趋势，以及我国经济社会高质量发展的重大挑战，适时提出的重大决策和战略规划，这也是我国恢复经济发展的战略抉择，为我国统筹两个大局、应对国际挑战、推进高质量发展指明方向。

旅游业既是无烟工业、绿色产业，更是国家战略性支柱性产业，其本身就是落实新发展格局的重要平台之一。现如今，我国是拥有 14 亿人口的大国，超大市场、消费意识升级和限制性出行等因素影响乡村旅游的发展。但是乡村旅游业在筹建、发展的同时，问题不断显露，产业结构发展单一、市场主体协调能力不强、服务体系不健全、统筹规划可行性不足等问题依旧突出，造成乡村旅游业难以融入"双循环"新发展格局的困局。因此，本书在充分科学认识"双循环"新发展格局内涵的基础上，找出乡村旅游发展过程中存在的问题，提出建设性的提升路径和对策，进而在新发展格局中保证乡村旅游建设的高质量发展，促进实现乡村振兴的战略目标。

二、乡村振兴战略成为新农村建设的主旋律

自 2004 年以来，"三农"问题被中央政府长期重点关注，连续 20 年在中央文件中提及了"三农"问题的应对措施。乡村振兴战略的实施也离不开"三农"问题的解决。从历史角度来看，我国的乡村振兴战略是不同于其他国家，不同于旧的农村改革和发展的，是现阶段结合国情的、符合农民发展愿望的最有力表现。从理论角度来看，乡村振兴战略是改革开放的进一步体现，是旧农村生产发展与新时代经济升级，共同提高人民生活水平和时代幸福感的重要抓手。从实践角度来看，乡村振兴战略的主要目标就是促进农村农业农民发展，但同时也注重我们的"逆城市化"的发展，为乡村农民带来了新的发展机遇，为城市人口带来了更多的生活选择，"从农村来，到农村去"将成为时代发展的又一热潮。

乡村旅游是乡村振兴战略的重要路径，对乡村的发展、农民的富裕都具有促进作用。近年来我国陆续出台了一系列政策大力鼓励乡村旅游发展，助力乡村振兴。2018 年发布的《乡村振兴战略规划（2018 年—2022 年）》提到要积极打造休闲农业和乡村旅游优质工程，助力乡村共享经济等新业态的形成，促进农业与科技、人文等元素相结合；要提高乡村旅游的接待能力，积极吸引城市人口到乡村去，带动城乡经济发展，让农村的绿化生态、新型农业、文化休闲、养老宜居等区位优势大放异彩；要加大生态产业的发展力度，如生态旅游、生态种养等，形成乡村优势生态链。2018 年国家发展改革委等 13 个部门联合印发的《促进乡村旅游发展提质升级行动方案（2018—2020 年）》指明，社会资本在乡村旅游建设中具有重要地位，鼓励社会资本积极参与，加强配套政策对乡村旅游发展的支持作用。乡村旅游的发展，主要依托于乡村发展中长期形成的人文资源和自然资源，将传统农业与现代经济发展结合起来，通过城乡互补有效促进农村三产融合发展，实现农业发展高质高效，农民就业收入增加，农村建设更加美丽繁荣。根据 2021 年中央一号文件最新内容解读，乡村振兴工作需要多方向发展乡村经济，构建具有中国特色的乡村旅游产业体系，打造乡村精品生态旅游线路，建立乡村品牌，依托外来投资和政府政策支持，完善乡村基础设施。通过科学合理的规划，加强村庄风貌建设，提高村庄环境质量，加大传统村落和传统民居的维护力度，保护好历史文化名村名镇，将文化资源的优势最大程度地发挥。依托"村村通""路路通"等基础设施建设，加强农村资源路、产业路、旅游路和村道建设，开展美丽乡村、幸福小镇和健康庭院示范工程建设活动。

乡村旅游是现代化建设下，由于城镇发展速度过快，人们对乡村生活留恋并进行探访而成为一种旅游文化时尚的现象。我国的乡村旅游兴起较晚，欧洲和美国等发达国家和地区的乡村旅游发展时间远远早于我国，且现在已经成为农村新发展的重要组成部分，具有强大的生命力和更加强劲的发展潜力。2012～2018年，随着城市化发展速度的加快，农村人口逐渐大规模向城镇转移，但部分城市人口又希望重新体验乡村生活。近年来，康养旅游和休闲旅游出现井喷状态。中国旅游研究院最新研究报告指出，2022年全国休闲农业和乡村旅游接待人次超过30亿。品味农村文化、体验新型农业畜牧业养殖业、满足吃喝玩乐一体化等综合服务成为吸引外来人口到乡村、吃乡村、住乡村，带动农村经济增长的重要方式。截至2019年上半年，全国乡村旅游总人次已超过15亿，同比增长10.2%。乡村旅游高质量发展是符合我国现阶段农村发展的新需求，有效协调了城市与乡村发展步调，也是发达国家的先进理念在我国发展实际中的一个体现。目前，国际和国内的学者都积极地从不同视角对乡村旅游进行深入研究，希望通过深入研究来助力乡村振兴。

三、高质量发展成为新时代经济发展的新主题

党的十九大报告明确指出，我国经济已向高质量阶段方向发展。2017年之后"高质量发展"也不断在中央经济工作会议中被反复强调。高质量发展既是社会主义建设的重要内容，也是实现共同富裕的根本保障。西南地区乡村旅游高质量发展是我国整体经济高质量发展的重要组成部分。因此，如何整合乡村优质资源，推动乡村旅游文化传承、生态文明、经济发展等多方面发展，探索乡村旅游高质量发展的机制与路径，是当前及未来亟待解决的重要议题。

我国乡村旅游正处于初步发展阶段，需要通过多方面借鉴、多方面引导，为以后的发展做好规划。其中，将农村和旅游业相结合，不仅可以促进旅游业转型升级、提升旅游产品质量、增强乡村发展动力、提高产业发展效益，还有利于突破乡村旅游发展过程中遇到的难题，保证乡村产业的繁荣有序发展。另外，乡村旅游发展的又一个重点是要符合大众向往，在保护乡村原始风貌和生态文明的基础上，传承乡村独特的传统文化艺术，带领游客体会自然、融入自然、净化心灵，让城市居民能够"看得见山，望得见水，记得住乡愁"。由此可见，高质量发展已经成为我国经济发展的生命线，从乡村旅游上看，产业品质必须提升、专业程度必须提高、低端产业要向高端产业转变，符合现代人对品质的追求，引导乡村旅游走上高质量发展之路。

第二节 研究目的及意义

一、研究目的

西南地区乡村旅游业在整体发展水平上需要实现质的突破，本书运用 OOPP 方法、GIS 分析法、大数据分析方法、演化博弈模型等，对西南地区乡村旅游发展进行研究，从宏观、微观双视角探究乡村旅游高质量发展模式，以期在新发展理念的指导下，为促进西南地区乡村旅游的高质量发展提供对策和建议。

二、研究意义

1. 理论意义

"乡村旅游"是近几年借鉴而来的一个新兴名词，属于新兴产业的范畴。中国乡村旅游业的发展具有一定的特殊性，先实践后理论，理论研究严重滞后于实践探索，通过这几年的学习研究，有关乡村旅游的理论研究也得到了很多发展。本书借鉴了其他研究方法，将运用博弈论、系统论、行为学、地理学、生态学、产业经济学等多学科的理论方法，以乡村旅游欠发达的西南地区为例，探究其实际发展现状及空间格局状况，分析乡村旅游发展的利益协调机理和发展模式，借鉴其他优秀的乡村旅游发展经验，探索乡村旅游高质量发展创新模式，并对未来乡村旅游高质量发展提出相关政策建议。

本书的理论价值主要从以下四个方面体现：

其一，实现乡村旅游高质量发展的作用机理。以高质量发展为出发点，从微观、中观、宏观层面分别对高质量发展原理进行论述，整理和归纳科学且客观的机理论据，作为未来乡村旅游高质量发展研究的重要支撑和理论依据。

其二，乡村旅游业发展现状研究，运用前人研究的理论成果、OOPP 目标导向项目管理方法，明确西南地区乡村旅游发展的现实情况，找出并分析乡村旅游发展存在的主要问题，为乡村旅游空间建设构建理论研究框架。

其三，探索社区居民参与乡村旅游开发全过程的机理，综合运用前人研究思路及 MOA 模型，结合研究现状、存在的问题以及乡村旅游发展机理，重点针对居民参与旅游开发机制进行详细论述，为居民参与乡村旅游开发机制、影响参与旅游开发的因素提供了系统性评价的参考依据。

其四，基于演化博弈理论及系统动力学，通过宏观主体、微观主体双视角进行博弈分析来推理各利益主体不同合作策略下的行为选择。从乡村旅游高质量发展利益协调的形成机制出发，揭示出各行政区政府、旅游企业和消费者主体间的博弈关系。而随着各利益主体博弈关系，本书进一步揭示消费者行为、市场预期制约及政府产业政策等对乡村建设及旅游业高质量可持续发展的显著作用。

2. 实践意义

随着城镇化的喷涌式发展，在某一段时间内农村人口大量转化为城市人口。伴随着城市的发展，各种问题让远离乡村的人们更加向往乡村宁静、安谧、亲邻的生活。"逆城市化"的出现和人们对恬静舒适的乡村生活的渴望，促进了乡村旅游产业的快速发展。另外，我国加快产业结构升级，促进一、二、三产业融合与发展，旅游服务业与其他产业的结合越来越受到人们的关注。国家振兴农村产业的政策，使社会的关注点重归于乡村的发展，并且农村产品物美价廉的优点深受消费者的喜爱，能够较好地推动社会资本助力乡村旅游发展。随着社会各界的关注，政府、企业、个人投资的增加，乡村旅游迎来快速的发展。同时，相关问题也日益凸显，在乡村旅游快速发展的同时带来了不可忽视的环境问题，造成环境成本增加，资源利用效率低，促使"圈地"现象严重，导致很多乡村旅游目的地脱离发展初衷甚至产生影响力为负的问题；因乡村资源的分散性，投资布局的空间分布也存在不合理的现象；乡村旅游发展较晚，可借鉴的发展模式不多，旅游产品雷同，项目缺乏创新等问题层出不穷。乡村旅游业在高质量发展过程中存在诸多问题，加速了低端供给与高级需求之间矛盾冲突的产生。乡村旅游发展前期，矛盾不断扩大和凸显，又未能得到更好的解决，从而不能有效地展现乡村旅游的资源价值。因此，推动乡村旅游产业高质量发展，完善各利益主体协调机制等便成为乡村旅游业发展亟待解决的问题。

本书以西南地区为研究区域，以乡村旅游业为研究对象，发现西南地区乡村旅游发展现状及存在的问题；研究社区居民参与乡村旅游全过程的机理；对乡村旅游中的利益主体进行的演化博弈分析，找出高质量发展利益协调优化机制；从宏微观结合的视角出发，对乡村旅游产业发展的效率与布局等各方面问题进行梳理和分析，提出西南地区乡村旅游创新发展模式。通过对乡村旅游高质量发展的研究，结合西南地区实际发展状况，有针对性地提出科学合理的政策建议，为农业产业转型升级、促进乡村经济增长、有效化解"三农"问题、实现乡村旅游高质量发展、助力乡村振兴等提供有效的决策参考。

第三节　研究内容及方法

一、研究内容

数智赋能将为西南地区乡村旅游的高质量发展提供新的研究视角和科学依据。通过深入研究乡村旅游的内在行为机制和利益协调机理，结合数智赋能和研究方法，可以为提升西南地区乡村旅游的质量，推进乡村振兴工作提供有益的建议和对策。本书共分十三章，研究思路和各章安排如图1.1所示，其中第三章到第十二章为本书的主要研究内容，具体如下：

第一部分是西南地区乡村旅游高质量发展文献综述与研究设计。对新发展格局、乡村振兴、乡村旅游、高质量发展等进行概念界定、政策梳理与文献综述，借鉴前人研究成果对本书的研究进行设计，提出理论假设与调研方案，对研究进行整体把握。

第二部分是西南地区乡村旅游高质量发展的现状、问题和评价指标体系研究。基于GIS技术对西南地区乡村旅游发展现状进行分析，从县（区）、乡（镇）尺度下，探究西南地区乡村旅游空间分布格局及其影响因素，再利用数智赋能对西南地区乡村旅游基础资源和客源市场进行分析。

第三部分是西南地区乡村旅游高质量发展经验借鉴及路径创新研究。本书选取日本和韩国两个国外乡村旅游发展典型案例，凤凰古镇和剑阁县两个国内乡村旅游发展典型案例及西南地区乡村旅游创新模式，研究西南地区乡村旅游高质量发展。

第四部分是西南地区乡村旅游高质量发展利益协调机理研究。利用目标导向项目规划（OOPP），按照"问题清单—关键问题寻找—问题树建立—目标树建立—项目群划分—指标体系"构建西南地区乡村旅游高质量发展指标体系。再利用MOA模型探讨社区参与乡村旅游开发的模式，分析西南地区社区居民参与乡村旅游发展的必要性及适合的模式并研究其运作机理；又利用演化博弈分析西南地区乡村旅游宏观与微观主体间的博弈关系，并运用系统动力学进行仿真分析，揭示西南地区乡村旅游协同影响因素并提出西南地区乡村旅游高质量协同发展的具体路径。

第五部分结合自身发展特色和国内外先进案例提出组织变革方式、人才培养范式和优质创新模式，进而提出西南地区乡村旅游高质量发展对策建议。

第六部分根据上文对西南地区乡村旅游的整体研究，提出有针对性的对策措施，以实现西南地区乡村旅游高质量发展。

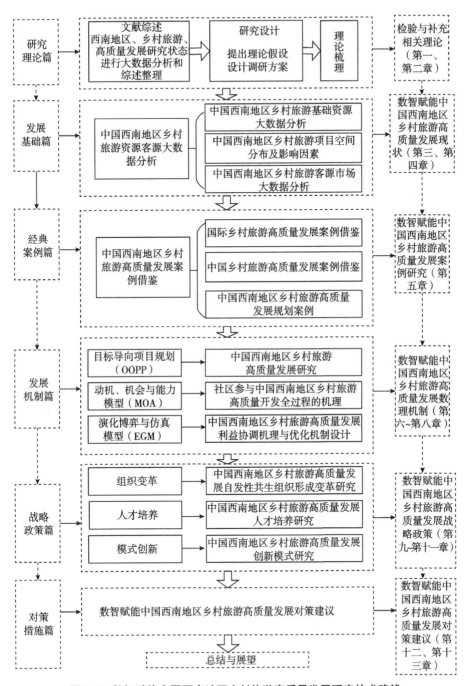

图1.1 数智赋能中国西南地区乡村旅游高质量发展研究技术路线

资料来源：笔者根据已有资料整理。

二、研究方法

1. 文献分析法

文献分析法是通过对相关文献的收集整理，查阅分析与深入理解，科学认识所要研究的问题，分析总结形成结论的方法。本书对有关乡村旅游空间格局的文献进行总结梳理，结合相关问题，进行对比研究。

2. OOPP 目标导向项目管理

目标导向的项目计划方法（OOPP）是一套针对具体项目的理论体系，主要包括调查分析、分析诊断、制订计划与实施、监测与评价等。本书运用目标导向项目规划方法设计西南地区高质量发展指标体系，测算指标权重，寻找关键因素。运用项目管理方法，按照"问题清单—关键问题寻找—问题树建立—目标树建立—项目群划分—指标体系"构建思路进行梳理，确定关键因素并建立指标体系。

3. GIS 空间分析

本书借助 Arc GIS10.6 与 Google Earth 软件，主要运用核密度估计、空间自相关、冷热点分析等多种空间计量方法，分析不同尺度下西南地区开展乡村旅游村落的空间聚集类型，测算开展乡村旅游村落的分布密度和热点。

4. 数智赋能分析

本书运用数智赋能技术和相关分析方法来深入研究西南地区乡村旅游行业的发展情况、问题和潜力，并提供科学依据和决策支持。具体而言，这种分析方法利用大规模的、多源的、实时的数据资源，对西南地区乡村旅游的各方面进行综合、全面的评估和分析。研究内容分为基本研究和应用研究，研究的主要宗旨是推进知识和变量间联系的理论，主动寻求根本性原因与更高可靠性依据。用其了解西南地区乡村旅游者人口特征、行为特征及对乡村旅游的认知分析，然后根据其结果进行深入分析。

第二章　乡村旅游高质量发展研究综述

第一节　相关概念

乡村旅游概念和内涵界定是乡村旅游经营管理和可持续发展的理论基石。但是，乡村概念复杂且涉及多个研究领域，因此对乡村旅游的理解是多元化的。此外，国内旅游还没有形成独特的语言系统，缺乏自己特殊的研究方法和理论范式。对于乡村旅游的概念，国内外学者意见不一，莫衷一是。所以，我们需要从国外与国内两个方面对乡村旅游进行阐释。

1. 国外学者对乡村旅游的定义

1989 年，Gilbert 研究了西班牙乡村农场和牧场的旅游发展，后来将乡村旅游定义为：拥有土地使用权的私人、农户或者农场业主为游客提供游客所需的食住行基本生活条件，游客可在农场、牧场或者林场等具有独特乡村特色的自然环境中进行的各种与生产活动无关的休闲娱乐活动的一种旅游形式。

Bramwell（1994）从游客的视角认为，乡村旅游是协调资源环境、活动设计、管理经营和设施服务的协调性旅游活动。其中，体现传统文化的民俗活动是其中的重头戏。他们在总结了乡村旅游的五个核心特征上提出了乡村旅游概念。

（1）旅游目的地的地理位置位于乡村。

（2）旅游活动以乡村为主体，旅游内容与乡村的传统生产、生活及乡村自然环境密切相关。

（3）乡村旅游发展规模较小。

（4）乡村社区控制影响旅游活动。

（5）乡村旅游类型受复杂性的乡村地域影响而具有多样性。

莱恩进一步解释了乡村旅游、农业旅游和农场旅游之间的关系，他认为农业旅游和农场旅游是乡村旅游的重要形式之一。

欧洲联盟和世界经济合作与发展组织于 1994 年将乡村旅游（Rural tourism）定义为在乡村进行的旅游活动。其中，乡村性（Rurality）是乡村旅游综合营销的核心和独特的属性。因此，乡村旅游是在乡村地区进行以享受农业生产生活为主导的旅游活动，是一种建立在乡村世界的特殊面貌、清闲优雅的商业规模、开阔的空间和可持续发展基础之上的旅游类型。

Nielson（2002）认为，乡村旅游是一种替代旅游（Alternative tourism），是一种基于城市与乡村差异之间的理念上的生活方式。

2. 国内学者对乡村旅游的定义

我国现在的乡村旅游不同于其他国家的发展形式，但不同国家和地区的众多乡村旅游发展模式给我国乡村旅游的未来发展方向提供了理论思想借鉴。

乡村旅游的研究在我国发展较晚，国内学者 1990 年以后才开始关注这一问题。杜江和向萍以吸引物为侧重点，认为乡村旅游的发展有最为重要的四个要素：农业、农村、农事和传统民俗，通过旅游吸引物将参观游览、娱乐休闲、食宿度假等一系列活动有机地结合在一起。

肖佑兴等从不同的侧面对乡村旅游概念进行剖析，他首次提出乡村旅游是依靠乡村独特地理空间结构，以自然田园风光、农村特色建筑、农业生产方式和乡村民俗文化等作为旅游开发的对象，利用城乡差异进行旅游线路的规划设计并将其组合成具有特色的旅游景区景点，集观光旅游、度假休闲、餐饮娱乐、体验感受等于一体的旅游形式。

乌恩等对乡村旅游吸引物的研究更注重传统农村这一要素，并得出结论：乡村旅游的健康有序发展必须依靠农村地区现有基础。因为农村地区还有大量的独具特色的乡村资源尚未得到开发，特色景观和文化内涵还有待探索，存在大量的吸引物并且集中在农村各种各样的生产生活方式中、丰富多彩的人文与自然环境中，还有地方特色农产品等传统典型的农村事物中，但资金流向问题和科技生产的投入问题也是影响乡村旅游发展的关键因素。农村发展一直是政府、学者关注的焦点问题。乡村虽然处于高速发展阶段，但是也存在一些不足：基础设施不健全、接待能力不足、服务意识不强等问题。他对于自己的研究，提出了"乡村旅游"应该属于"农业旅游"的范畴。

贺小荣的研究则更为广阔一些，所谓乡村旅游是指在乡村地域上拥有旅游吸引物，用于满足观赏、体验、科考、研学、餐饮、休闲和度假等目的的旅游消费行为，同时其会产生各项经济社会活动并引发各种现象关系的总和。

戴斌等则以更具体的要素：时间、空间和环境，对乡村旅游进行研究，他们认为乡村旅游是指游客依托乡村的特定时间、空间和环境，以农村的自然环境和特色民俗为主要活动对象，集美食、住宿、交通、游玩、购物和娱乐于一体的一种旅游形式。

蒙睿等在总结国内外30多种乡村旅游定义后，提出乡村旅游的六大基本特征：

（1）乡村旅游是一个不断调整变化的地理空间概念。

（2）乡村旅游是一个集观光度假、休闲娱乐、农事体验为一体的旅游活动。

（3）乡村旅游具有乡土性、趣味性、生产性，包括各种各具特色的农业生产方式和多种农业特色文化。

（4）乡村的资源环境和生态状况是发展乡村旅游的关键要素，决定了其对旅游者的吸引力。

（5）城市是乡村旅游的主要客源地，乡村旅游地区是城市居民的休闲娱乐场所。

（6）乡村旅游的根本目的就是为当地居民创造经济效益，因此社区参与也是乡村旅游的特性之一。

李洪波的研究则更为直接，他将乡村特色旅游资源、乡村聚落空间、乡村休闲娱乐分别作为乡村旅游发展的基础、主要限定范围、旅游者主要目的来定义乡村旅游。

韩宾娜和王金伟用通俗易懂的方式对乡村旅游进行定义，认为乡村旅游是指以乡村人文环境和自然景观为主要旅游吸引物，将城市居民作为主要客源市场，通过提供相关服务来满足游客体验农村特色和农耕文化需求的旅游体验活动。

随着旅游需求结构的升级，我国乡村旅游概念也在不断丰富和延展。王素洁和李想认为乡村旅游有广义与狭义之分，广义是指在乡村旅游开发过程中，以新农村建设面貌和民族、民俗文化为重要吸引物的旅游体验活动；狭义是指以乡村旅游开发成果为重要吸引物的旅游体验活动。

尤海涛等认为乡村在地性、乡村旅游意象和旅游形象共同构成旅游目的地核心吸引物。乡村在地性包括乡村旅游景观和乡村旅游活动，乡村旅游意象包括文化意象和乡土意象，旅游目的地吸引物包括乡村特色设施和服务。

王兵认为乡村旅游包括农业人文景观、农业生态环境、农事活动及传统民俗文化等资源，是一种集观光、学习、参与、休闲、娱乐、购物、度假为一体的旅游活动。

专家和学者根据自身研究领域和专业出发，对乡村旅游进行全方位、多视金投入。各级政府的一系列有利政策，为乡村旅游的发展提供了一个有利的发展环境，比如，完善农村的土地政策，建设市场秩序，这些都能有效地提升外部资本的参与热情，让乡村旅游的发展更上一层楼。

第四节　研究综述

一、乡村旅游

世界上的许多国家，大多是在农业的基础上发展工业、旅游业。乡村旅游是第一产业和第三产业的结合，在一定程度上可以阻止农业衰退和增加农村收入。当今，某些发达国家的乡村旅游发展得较早，已经成为重要的旅游方式，并影响着全世界，给正在发展中的国家带来了很大的借鉴意义，并且形成新的创新产业。比如，美国、德国、荷兰、英国、日本等国的农场、牧场和都市农业园，都由过去单一观光型农业园发展成为集观光、休闲、教育和度假于一体的综合性观光农业园、农业区、农业带，形成了从点到面的多元化、多功能、多层次的规模化格局。乡村旅游规模快速增长，同时，收益也在增长。从发达国家的转型情况来看，乡村旅游业是乡村经济高质量发展的强大推动力。乡村旅游对当地经济的贡献和意义得到了充分证明。哈普利认为，1994年发行的《国际可持续旅游研究》专刊首次构建一系列理论框架，系统地研究可持续旅游活动中的特殊旅游活动——乡村旅游，这是学术界对乡村旅游学术研究的起始。

1.国外乡村旅游发展研究现状

（1）国外乡村旅游的主要形式。

1）休闲观光式。全球城市化进程的加快，一些城市问题不仅出现在中国，部分发达国家也较为明显，人们都对清新自然的乡村环境充满了向往。最为突出的就是韩国的观光农园，是在符合国家发展的前提下针对韩国占87%的城市人口所规划的经济新发展途径。具体表现为邻近的村民自发联合建设简单的休闲设施，包括餐饮、住宿、体验等，供城市居民放松愉悦心情。

2）参与务农式。因为各国的农业方式存在很大的不同，所以处理参与务农式的乡村旅游也存在不同。在美国西部，旅游者在专门用于旅游的牧场上放牧可以拿到比肩牛仔的工资，以对自己的旅游提供资助。这在其他国家多是无偿劳动。

参与务农式旅游形式对我国最具借鉴作用的是日本，因为日本在结合当地情况和满足旅游者的需求方面做得比较好。根据日本中高纬度的岛国属性，每年都要举办两次务农旅游，跟我国的季风气候区农务旅游时间基本相同，分为春种和秋收。一年两次吸引旅游者到农村去与农民一起劳动，感受耕种与收获的快乐，特别受到城市孩童的喜欢，享受不同于城市生活的乡土气息，体验农民生活。

3）度假康养式。在东欧国家中波兰和匈牙利的乡村旅游特色突出。波兰的特点就是进行乡村生态旅游，既可以增加收入又可以保护自然生态环境，并且参与接待的农户均是生态农业专业户，更加科学专业地保护生态环境。早在20世纪30年代，匈牙利的乡村旅游就闻名于世，它依靠自身文化旅游优势带动乡村旅游发展，使旅游者不仅可以观赏自然田园风光，还可以感受历史积淀下来的民族文化。这种高质量的旅游开发吸引了大量国内外游客。自20世纪90年代初，旅游客流方向与流量由西欧向东欧转移。国外的乡村旅游发展成为典型模式，为我国乡村旅游建设和旅游开发提供良好的经验借鉴。

（2）国外乡村旅游发展的主要特征。

1）乡村旅游开发国外研究和实践较早，经过几十年的发展形成了旅游产业中的重要一环。

2）乡村旅游的客源市场主要来自城市中有子女、收入高和受教育程度高的中年人家庭。

3）在众多发达国家，城市化和工业化的完成已经是很久之前，因此乡村旅游对他们有极大的吸引力。城里人选择乡村度假，在路程上所花费的时间就不少或者花销上也不会很节俭，但是他们却十分享受这一过程，因为他们是在寻找仍然存在浓厚的传统文化氛围。他们去乡村旅游追求的是精神享受而不是物质享受。

（3）国际乡村旅游研究进展。Web of Science 收录期刊的论文能够有效反映国际学术前沿发展动向，成为文献收集的数据宝库。所以，本书外文的文献数据源是利用 Web of Science 的核心合集。检索式为 "rural"（包括 "village"）和 "tourism"（包括 "travel"），检索日期范围为 2021 年前发表的文献，检索时间为 2022 年 5 月 4 日，去除与乡村旅游不相关的文献之后，最终共获得 2287 篇文献。通过对收集文献的分析，了解到国际对乡村旅游的研究比较感兴趣，这几年研究数量不断增多。

本书提取前 35 个关键词，这些关键词出现的频次均大于 4（见表 2.1）。同时用 Vosviewer 软件对所收集的文献关键词进行聚类分析（见图 2.1），图中词汇的连线越多说明相关研究越复杂，专家重视学科间的交叉，且节点越大表明其频次越大，不同颜色的节点分别代表不同聚类，图中所展示的频次大于 3 的关键词聚类图谱可以分为 7 个聚类。通过聚类图谱和高频关键词的分析，乡村旅游的研究主题大致可以分为以下三类：

表 2.1 国际乡村旅游文献高频关键词（频次>4）　　　单位：次

排序	关键词	频次	排序	关键词	频次
1	rural tourism	93	19	policy	8
2	tourism	27	20	perceptions	7
3	management	24	21	environment	7
4	rural development	23	22	quality	6
5	sustainable tourism	16	23	tourism development	6
6	community	15	24	communities	6
7	rural areas	14	25	agriculture	6
8	sustainability	13	26	loyalty	5
9	attitudes	12	27	performance	5
10	impact	11	28	destinations	5
11	model	11	29	food tourism	5
12	china	11	30	agritourism	5
13	destination	10	31	conservation	5
14	ecotourism	10	32	sustainable rural tourism	5
15	support	9	33	governance	5
16	satisfaction	9	34	innovation	5
17	areas	9	35	turkey	5
18	competiveness	8			

资料来源：笔者根据国际乡村旅游文献整理而成。

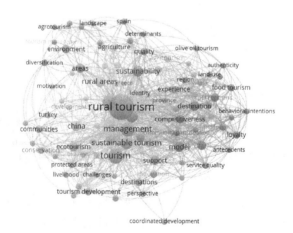

图 2.1　国际乡村旅游研究文献关键词聚类图谱（频次>3）
资料来源：笔者根据国际乡村旅游文献整理。

　　1）乡村旅游与农业发展研究。国外学者研究乡村旅游起步早，有的学者认为乡村旅游与农业活动不一定有关，因此把与农业活动有关的叫作农业旅游（Agritourism），农村旅游（Countryside Tourism）与农业生产劳动没有联系。学者注意到很多国家乡村旅游发展到一定程度后，农业的发展反而衰败，就开展实地调研并证实了格鲁吉亚卡兹贝格地区在研究期间确实存在农业衰退、旅游业兴起的趋势，农业的衰落和旅游业的发展产生了新的谋生方式。另外，乡村旅游的兴起随之发展了乡村文化和农副产品，在农村利用当地神话传说与葡萄酒文化相融合，开展葡萄酒旅游；让橄榄油融入当地传统文化，开展橄榄油旅游；园艺、花卉不仅是旅游吸引物，还可以美化乡村环境。

2）乡村旅游利益相关者研究。乡村旅游的利益相关者包括政府部门、乡村旅游企业、当地居民、消费者等。旅游消费者到农村学习和参与、休闲和放松等，消费者的感知服务质量影响旅游消费者满意度，顾客忠诚度，而目的地村民的待客态度和服务水平是乡村旅游服务感知的关键。不断寻找商机的乡村旅游企业推动乡村旅游长足发展，不过小型企业自身的局限性需要外界加强引导，企业间需要共同进步，共谋发展。乡村旅游的第一反应对象就是社区居民，作为乡村旅游持续发展的重要部分，在居民长居之地，担心随着乡村旅游的发展会破坏风俗文化，提出主动融入管理并建立各方合作伙伴关系。当地传统中酋长、领头人的影响力会被政府的主导作用减弱，因而支持政府行动的同时还要积极扮演乡村角色，如充当社区领头人，实现自我价值、自我利益等政府以宏观方式推动乡村旅游，利用资金、政策等支持融合当地特色创新，发展乡村旅游，吸纳外汇和投资对当地的经济发展产生乘数效应，不过政府过度干预将减少内部竞争力，降低人力资源质量。

3）乡村旅游目的地影响研究。国际研究者认为乡村旅游对当地的连带效应主要集中于社会经济、文化环境等领域。学者对乡村旅游带来的经济效益存在争论，在积极影响方面，有利于增加收入、缩减贫困、增加就业、提高居民的幸福感；但也有学者研究发现乡村旅游业存在弊端，消极影响如对于较贫困家庭没有先前的投资，就没有高回报，是双低的生计策略。构建乡村旅游的开展使区域的社会交往性质发生变化，大批游客进入，对土地所有权、经营权等的差异看法影响了目的地的非正式交往机会。关于保护生态环境，大多数学者一致认可的乡村旅游目的地的生态环境都得到改善。对于乡村传统文化方面，旅游地满足了游玩需求，但同时变为度假村等场所会造成文化的异化。文化景观不是一成不变的，提升景观价值也是文化保护与发展所必需的。

2. 国内乡村旅游发展研究现状

（1）我国乡村旅游的发展现状。我国乡村旅游开发进行得较晚、模式也比较单一，仅以观光农业和休闲农业为主，在国内国际的双重压力下，正朝着集观光度假、休闲娱乐、康养治疗、娱乐体验等为一体的综合型旅游发展模式。

目前，我国的乡村旅游只局限于国内市场，对于国外市场吸引力不强。特别是其发展还不充分，表现出对景区景点、农事活动和传统节庆活动的极大依赖。国内游客参加最多的乡村旅游项目是以农家乐形式的休闲游，以采摘农产品的体验游，以传统节庆为重点的节事游，以科学研究为重点的研学旅游。其中，采摘旅游的参与人数最多。我国开展的采摘旅游主要还是以果实的买卖为主，收获果实的喜悦也仅仅是顺带的体验。据观察，许多游客对采摘果实获得的心理满足程度远超过其所获得农产品的数量和质量。由此可以看出，国内乡村旅游参与过程中，旅游者更多地追求精神满足，而非物质需求。

（2）国内乡村旅游研究进展。本书选用中国知网的中文核心期刊和CSSCI来源期刊作为数据源，检索方式为"主题＝乡村旅游"，时间跨度为"不限—2022年"，采用精准高级检索，检索时间为2022年5月4日，总计检索期刊文献3892篇。人工选择与乡村旅游研究领域无关文献后，最终找出3462篇文献。

国内乡村研究兴起于20世纪90年代，之后呈整体上升态势，特别是当我国扶贫任务越来越重要时，乡村旅游就成为扶贫工作的有力抓手，对于社会、经济、生态的建设起着至关重要的作用，近几年专家学者纷纷投著。

对收集的文献关键词进行聚类分析（见图2.2），探究乡村旅游有关理论的要点及热点，并提取频次大于30的高频关键词（见表2.2）。为了清楚地展现各个关键词间的联系，关键词聚类图谱中删除了频次最高的关键词"乡村旅游"。图谱中关键词节点越大表明其频次越大，同种颜色的关键词代表同一聚类，图中关键词被分为20个聚类子群，对这些聚类子群和高频关键词进行进一步分析，可以看出国内乡村旅游相关研究大体可以分为三大类。

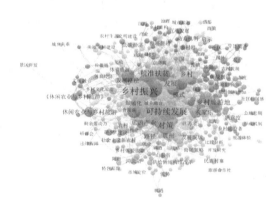

图2.2 国内乡村旅游研究文献关键词聚类图谱

资料来源：笔者根据国内乡村旅游文献整理。

表2.2　国内乡村旅游文献高频关键词（频次>30）　　　　单位：次

排名	关键词	频次	排名	关键词	频次
1	乡村振兴	205	20	旅游开发	47
2	可持续发展	139	21	乡村旅游开发	47
3	新农村建设	120	22	乡村	46
4	对策	118	23	产业融合	40
5	旅游扶贫	68	24	城乡统筹	39
6	乡村旅游发展	67	25	乡村文化	38
7	乡村生态旅游	67	26	影响因素	38
8	休闲农业	64	27	模式	36
9	发展	63	28	美丽乡村	36
10	发展模式	60	29	休闲农业与乡村旅游	36
11	旅游业	60	30	农家乐	35
12	乡村旅游地	58	31	贵州	34
13	开发	57	32	民族地区	33
14	乡村振兴战略	56	33	全域旅游	33
15	旅游	55	34	农业旅游	32
16	社区参与	54	35	乡村旅游资源	32
17	生态旅游	51	36	路径	31
18	开发模式	49	37	乡村旅游产品	31
19	问题	48			

1）乡村旅游扶贫研究。乡村旅游扶贫工程意义非凡，乡村以旅游产业联动附加产业，提供大量就业岗位，既是精准脱贫的重要突破口，也是实现乡村振兴的重要手段。国内大量学者就乡村旅游扶贫开展理论研究与实际论证，王耀斌等以甘肃省甘南藏族自治州尕那村为例，在多维度视角下研究了民族地区乡村旅游扶贫效率，发现在经济和资本维度上，乡村旅游确实对贫困农户起到正面作用；林丹和李丹研究发现资本、社会关系、文化水平等都会在不同程度上导致贫困，所以应该特别重视乡村旅游目的地的贫困人口发展，构建贫困人口收益机制。

2）乡村旅游开发模式与路径研究。乡村旅游开发模式针对差异大的开发模式总结归纳，提高今后发展乡村旅游的工作效率，同时推动乡村旅游创新高质量发展。田园农业旅游、亲近自然旅游和农家乐旅游是以自然观光为主的乡村旅游模式的体现，将最受欢迎的农家乐旅游细化到民族风情、乡村旅游休闲度假、特色产业发展及红色乡村旅游等发展模式。按利益相关者参与方式的差异，郑群明和钟林生将乡村旅游分为"企业+社区+农户""农户+农户""股份制""政府+企业+农民自治协会+旅行社""企业+农户"五种模式。乡村旅游作为参与扶贫的有效手段，王晨光以山东省的郝峪村和陕西省的袁家村为案例，归纳出集体化乡村旅游发展模式，同时提出了集体化乡村旅游发展模式的规律特征和构成要素。必然的开发模式目的是解决实际问题，满足居民需求，推进乡村发展。

3）乡村旅游影响因素研究。国内学者用最常用案例分析了解乡村旅游发展的影响因素。据相关研究分析得出影响乡村旅游发展最重要的三个因素：地缘因素、资源禀赋和利益相关者。其中就地缘因素而言，何景明以成都农家乐为例，发现农家乐的发展与所处区域经济水平有关，经济水平和居民收入越高，农家乐生意越顺利；韩非发现乡村旅游目的地与城市的通车时间在 1～2 小时内的更具有区位优势。就资源因素而言，樊苗和李英以西安为例，对文化体验型旅游者进行调查，发现文化体验感越强，游客参与度越高。乡村旅游的利益相关者主要包括当地政府、村民、企业、消费者等，由于各自的出发点不同，利益诉求也不同，各方还没有达到共赢共享的平衡，存在无法避免的争议，如旅游企业片面看重经济利好，轻视居民利益。此外，乡村旅游产品及价格、乡村接待能力和服务水平都会影响乡村旅游的发展。

二、高质量发展

1. 国际高质量发展研究进展

以 Web of Science 核心合集为文献数据源。检索式为"high-quality"（"high quality"）和"development"，检索日期范围为 2022 年前发表的文献，检索时间为 2022 年 5 月 4 日。筛选出无关高质量的文献，最后得到 6127 篇文献。根据文献分析发现国际上没有真正意义上的研究相符的高质量发展的文献，但经济学领域早已对高质量发展进行描述，它是以"经济发展、经济增长质量"的形式存在对高质量发展相关研究论文的关键词进行聚类分析（见图 2.3），聚类图谱中关键词节点随着频次的增多而变大，发现高质量发展研究可以分为 3 个聚类子群，梳理了关键词频次大于 100 的 44 个高频关键词（见表 2.3）。并对 3 个聚类子群和高频关键词进行分析，可以看出 2022 年之前国际高质量发展的相关研究大体可以分为 3 类。

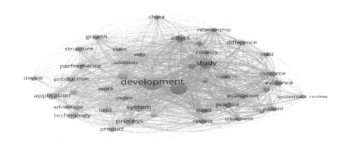

图 2.3 国际高质量发展研究文献关键词聚类图谱（频次>100）

资料来源：笔者根据高质量发展文献整理。

表 2.3 国际可持续生计文献高频关键词（频次>100） 单位：次

排名	关键词	频次	排名	关键词	频次
1	development	2734	23	outcome	290
2	quality	1587	24	product	287
3	study	1058	25	evaluation	278
4	system	738	26	impact	265
5	process	707	27	field	252
6	paper	646	28	device	251
7	application	584	29	order	239
8	effect	507	30	difference	228
9	technology	491	31	patient	225
10	technique	355	32	china	218
11	performance	352	33	addition	214
12	evidence	348	34	state	214
13	production	341	35	treatment	204
14	year	340	36	way	203
15	structure	332	37	relationship	195
16	growth	312	38	child	178
17	practice	310	39	context	173
18	challenge	301	40	country	172
19	care	300	41	advantage	168
20	need	299	42	systematic review	161
21	review	297	43	importance	147
22	work	295	44	recommendation	147

资料来源：笔者根据国际可持续生计文献整理。

（1）经济发展质量内涵与影响因素方面：罗斯托提出经济成长阶段理论，将世界各国的经济发展分为六个阶段。MF Hakim 研究航空运输对经济快速增长的影响。C Sides 分析了政治因素及其对经济发展的影响。

（2）经济发展与生态环境关系方面：库兹涅茨提出将生态环境质量纳入经济增长质量的考虑范畴。现有成果围绕纳入环境变量的经济增长模型构建、环境库兹涅茨曲线检验、环境与经济耦合协调度测算等方面展开研究。

（3）经济发展质量指标体系方面：联合国在 1970 年最早提出经济发展质量的评价体系。1996 年，联合国可持续发展委员会（CSD）提出可持续发展的指标体系，此次的指标体系包含了"驱动力—状态—响应"DSR 模型和"经济、社会、环境和机构四大系统"模型，涵盖了 33 个指标。世界银行《2000 年发展报告》认为，经济增长质量评价体系还应包括促进经济增长的政策与提高教育水平、保护生态环境、社会自由民主、强化反腐措施相结合，以及使人民生活水平得到显著提高等方面。还有学者认为经济高质量发展的评价指标可从三个维度阐述，分别是发展基本面、社会和生态成果。

2. 国内高质量发展研究进展

本书选择中国知网的中文核心和 CSSCI 来源期刊作为数据源，检索式为"主题=高质量发展"，时间跨度为"不限—2022 年"，采用精准高级检索，检索时间为 2022 年 5 月 4 日，共检索出期刊文献 6520 篇。通过人工筛选，删除与高质量发展研究领域不相关的文献以后，最终得到 6002 篇文献。

国内与高质量相关的研究兴起于 2017 年，并在快速上升，特别是我国进入高质量发展阶段，相关研究越来越受到各界学者的重视，近几年的相关发文数量急剧增加。高质量发展相关研究领域很广，其中环境科学领域、经济学的研究占大多数。

对收集的文献关键词进行聚类分析（见图 2.4），探究高质量发展相关领域学术动向及热点，并提取频次大于 35 的高频关键词（见表 2.4）。图谱中关键词节点随着频次增大而变大，同种颜色的关键词代表同一聚类，图中关键词被分为 10 个聚类子群，根据聚类子群和高频关键词进一步分析，发现国内乡村旅游相关研究大体可以分为三大类。

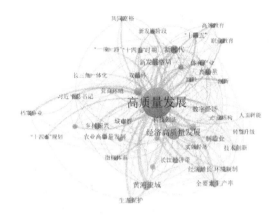

图 2.4 国内高质量发展研究文献关键词聚类图谱

资料来源：笔者根据高质量发展文献整理。

表 2.4 国内乡村旅游文献高频关键词（频次>35） 单位：次

排名	关键词	频次	排名	关键词	频次
1	高质量发展	3647	22	"十四五"时期	59
2	经济高质量发展	498	23	绿色发展	57
3	黄河流域	219	24	现代化经济体系	56
4	新时代	147	25	文化产业	53
5	新发展理念	140	26	农业高质量发展	50
6	数字经济	121	27	城市群	48
7	新发展格局	115	28	创新	47
8	全要素生产率	114	29	档案事业	46
9	创新驱动	95	30	指标体系	45
10	高质量	89	31	职业教育	43
11	制造业	88	32	新型城镇化	42
12	长江经济带	79	33	实体经济	42
13	技术创新	78	34	"一带一路"	42
14	乡村振兴	76	35	营商环境	41
15	经济增长	72	36	产业结构	39
16	供给侧结构性改革	72	37	人工智能	38
17	体育产业	70	38	共同富裕	37
18	生态保护	69	39	高等教育	36
19	双循环	69	40	转型升级	36
20	科技创新	66	41	长三角	36
21	环境规制	59	42	路径	35

资料来源：笔者根据国内乡村旅游文献整理。

（1）高质量发展理论与内涵阐释。区别于过度强调高增长速度，高质量发展即一种新的发展理念，是基于对新发展理念的体现，是坚持五大理念：创新、协调、绿色、开放、共享发展相统一的全面发展，是一个科学化的系统概念。从历史角度看，高质量发展是新阶段之下推动经济建设不断向高级形态转变过程中形成的；从实践角度看，高质量发展是实现社会主义现代化的必然需要；从理论角度看，高质量发展是新时期把握发展规律从实践认识到反复再实践再认识的重大理论创新。任保平和文丰安（2018）提出高质量发展是一个全新的概念，是比经济又快又好发展这一初始概念，增长质量更高的发展状态。任保平认为高质量发展必须结合中国实际深深根植于马克思主义，用于发展中国特色社会主义的伟大实践，是今后一个时期发展中国特色社会主义的根本路径。王春新认为高质量发展的内涵主要包括：提高发展质量、增加经济效益、强化科技创新、凸显生态建设和注重协调共享。学术界不断深入地研究高质量发展的本质特征和内涵建设，使高质量发展的概念和定义逐渐清晰。安树伟和李鹏以黄河流域高质量发展为研究对象，研究得出黄河流域高质量发展必须以生态文明建设和绿色可持续发展为总目标，加强城市之间的协同治理和管理，最终实现人、地、物、产的高质量协同运行。国家发展改革委经济研究所课题组认为经济发展质量变革、效率变革、动力变革是推动经济高质量发展的根本途径。总之，高质量发展是结合中国当代经济发展实际所提出的一种新的发展理念，是一种全新的发展方式，是一种全新的发展战略，实质是扩大经济社会辐射效应和集聚效应，在不同程度上满足人民群众对美好生活的期待。

（2）高质量发展测度评价。高质量发展如何进行全方位的测度既成为摆在我们面前的难题，也是研究的热点和难点。要想弄清楚高质量发展的内涵，我们必须构建一套科学合理、应用性强和适应性好的指标体系。很多学者在阅读大量文献和实际调研基础上进行大胆尝试和探索，从各自研究领域和专业出发构建指标体系和定量分析框架，并利用时间部门的数据进行相关的验证。李金昌等在充分梳理、借鉴国内外有关同类评价指标体系的基础上，从我国社会主要矛盾着手，构建了由转化能效、经济动力、社会和谐、绿色发展、居民活动五个方面构成的指标体系。王伟基于新发展理念构建了评价指标体系，对 2017 年我国 31 个省份经济高质量发展指数进行了测度。苗峻玮等通过选取 31 个省份的相关数据，构建涵盖要素层面、产业层面、社会层面三个维度的区域高质量发展评价体系，测度结果显示：当前我国地区间高质量发展水平不均衡，各地区高质量发展水平呈现自东向西逐步减弱的特点。在分析方法上，主要应用的方法有耦合协调分析法、BP 神经网络优化法、主成分分析法和案例研究法等。

（3）高质量发展场域指向。学术界对高质量发展的研究并不局限于宏观层面，也延伸到了区域、产业、企业等微观方面。张明斗和李玥以长江经济带为研究样本，对其 2010~2019 年的城市经济高质量发展水平进行测度，结果显示：长江经济带城市经济高质量发展水平整体呈上升趋势，且上中下游地区均有不同程度的提升。王兆峰等着眼于创新发展高质量旅游，设计出旅游产业的转型、运行和成果共享三个维度的指标体系，借助泰尔指数、重心模型与变系数固定效应回归等方法，探析环长株潭城市群旅游业高质量发展时空特征及影响因素。戴国宝和王雅秋认为，中小微企业的高质量发展需要技术创新突破，特别是颠覆性技术创新成果的应用。在整合内外部生产要素基础上，强调产学研联合科技攻关，协调研发生产、成果应用和营销推广等因素，提高产品质量，与参与员工、客户及利益相关者共享财富。不同区域下对高质量发展的理解指向有着不同的重点。

三、乡村旅游高质量发展

国际上对乡村旅游高质量发展的研究还处于开拓阶段，因此乡村旅游高质量发展研究现状主要为国内研究成果。

确定 CSSCI 来源期刊和中国知网的中文核心作为数据源，检索式为"主题=高质量发展"，时间跨度为"不限—2022 年"，采用精准高级检索，检索时间为 2022 年 5 月 4 日，根据评判、去重、筛选等，删除与乡村旅游高质量发展研究领域无关文献以后，最后找出 59 篇文献。

聚类分析收集的文献关键词（见图 2.5），探究高质量发展相关研究的学术动向及热点，并提取频次大于 2 的高频关键词（见表 2.5）。图谱中关键词节点越大表明其频次越大，图中关键词被分为四个聚类子群，根据聚类子群和高频关键词分析发现国内乡村旅游相关研究大体可以分为四大类。

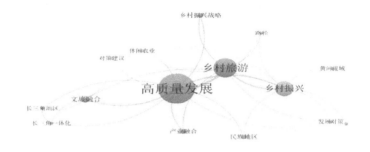

图 2.5 国内乡村旅游高质量发展研究文献关键词聚类图谱

资料来源：笔者根据国内乡村旅游高质量发展文献整理。

表 2.5 国内乡村旅游高质量发展文献高频关键词（频次>2） 单位：次

排名	关键词	频次	排名	关键词	频次
1	高质量发展	33	8	长三角地区	2
2	乡村旅游	19	9	休闲农业	2
3	乡村振兴	14	10	旅游业	2
4	文旅融合	5	11	路径	2
5	产业融合	3	12	政策建议	2
6	发展对策	2	13	民族地区	2
7	长三角一体化	2	14	黄河流域	2

资料来源：笔者根据国内乡村旅游高质量发展文献整理。

（1）乡村旅游高质量发展的含义。农村是乡村旅游发展的出发点与落脚点，是一种以体验农村生产生活为过程，以村庄活动为空间，以尽享人文、生态、游居等为特色的村野旅游形式。冀晓燕认为乡村旅游高质量发展包括三个方面：旅游产品、旅游人才素质和乡村旅游文化。资源开发、人才引进和文化振兴能有效地推进乡村旅游高质量发展。吴彦辉从宏观、中观和微观三个层面解读乡村旅游高质量发展的含义。从宏观出发，协调资源环境、经济社会、文化传统全面均衡的发展使乡村旅游高质量发展；从中观产业出发，乡村旅游高质量发展就是不断在规划设计、方案落实和经营管理方面进行转型升级；从微观企业出发，乡村旅游高质量发展就是通过提升产品质量、强化景点运营和实施宣传推广方面的创新工作来推进乡村旅游高质量发展。于法稳等认为乡村旅游高质量发展是以绿色发展理念为指导，以资源的可持续利用为前提，以产业融合为路径，以提供绿色旅游产品为内核，以农业强、农村美、农民富为目标，以生态与经济协调发展为归宿地发展。符茂正认为乡村旅游业高质量发展应多功能拓展、多业态聚集、多场景应用。乡村旅游开发需要应用智慧智能设备、现代网络工具和景观再造技术对乡村场景进行营造，形成民俗、民风和民族整合的，乡愁、乡情和乡土融合的特色旅游产品，营销高端数字化、智能化和智慧化体验氛围，使农田景观、地景艺术、农耕文化成为乡村旅游开发的存量资本。舒伯阳等从生态低碳、创新驱动、以人为本和产业兴盛四个角度构建乡村旅游高质量发展的理论，具体来说，乡村旅游高质量发展注重"生态基底"、强调"智慧转型"、追求"文化赋能"、着力"产业优化"。

（2）乡村旅游高质量发展评价研究。姚旻等利用主成分分析，制定指标综合评价 2013~2017 年贵州乡村旅游发展水平，包括旅游资源、人文潜力、发展现状和发展能力，发现贵州省乡村旅游产业发展的基础条件已基本形成，发展规模快速扩张，但也存在市场主体较小、游客消费水平偏低以及通信等基础设施建设较差等问题，因此应加强顶层设计，优化市场环境，加强旅游人才培养，推动乡村旅游高质量发展。曾丽艳和王嵘峥从游客角度调查城市周边乡村旅游目的地的 12 个特征指标，研究结果显示：游客对乡村旅游的各属性指标的满意度低于其重要性，且差异显著，株洲乡村旅游高质量发展应采取继续提升、重点改进、努力拓展、适度调整等发展策略。

李妍通过构建浙江省乡村旅游资源可持续发展评价指标体系，对浙江省的乡村旅游资源进行了详细的分析，为实现浙江省乡村旅游的高质量发展提出了可持续发展的政策建议。殷章馨和唐月亮等从资源禀赋、客源需求、支撑条件和产业效益四个方面建立评价指标体系，全面测度长株潭城市群乡村旅游高质量发展水平，结果显示：长株潭城市群乡村旅游发展水平持续增长但区域发展不平衡，因此城市群中心城市宜采用宏观的"调结构"举措，非中心城市则可采取微观的"抓服务""促消费"等策略来促进乡村旅游高质量发展。大量的指标数据需要对不同地区的评价进行分析，从一系列研究综述中，可以总结出大部分学者都是通过指标体系构建，对其发展水平进行分析，进而提出政策建议。

（3）乡村旅游高质量发展影响因素研究。赵红林从旅游关键要素切入，对旅游质量进行评价指标的构建，运用山西省内 20 个具有很强代表性的村落进行研究和实证。他认为，山西省乡村旅游高质量发展的重要影响因素是自身历史的特色和厚重的文化底蕴，部分乡村存在基础设施较差的问题。如乔家大院和平遥古城等地的旅游目的地整体建设和营销宣传还不足，整体性顾客引流更不够。作者提出构建历史文化古迹乡村旅游模式是推动山西省乡村旅游高质量发展的必由之路。李晓红和李志刚通过分析文旅深度融合的模式和路径，分析文旅深度融合对乡村旅游高质量发展的促进作用，希望促进文旅的进一步融合，提升乡村旅游质量。王娟提出乡村旅游高质量发展要以明确发展目标为出发点、以特色旅游吸引物打造为着力点、以培养市场需求和拓展客源市场为切入点、以提供优良设施设备和服务为关键点、以增加农民收入和改善人民生活为落脚点。

陈钰等以乡村旅游收入为表征变量，选取产业物质基础、市场需求、经济发展水平、社会支撑和政府管理、信息技术服务五个方面 27 个指标，运用灰色关联度对影响兰州市乡村旅游发展因素进行分析，结果表明，旅游业市场需求对兰州市乡村旅游发展影响最大，经济发展水平、社会支撑和政府管理、信息技术服务对兰州市乡村旅游业发展具有一定的影响，而产业物质基础对兰州市旅游业发展影响较弱。

（4）乡村旅游高质量发展对策建议研究。詹行天从政府视角提出创新旅游开发体制机制、强化政策优化和扶持、创新休闲农业发展模式和强化基础建设和文化建设提出意见和建议。

王勇的建设意见则更为直接，提出乡村旅游高质量发展的必由之路：第一，因地制宜，需要从限制乡村旅游发展的交通、区位、资源等几大要素出发，从而满足人民日益增长的美好生活需要，强调发挥特色化、差异化、多元化特点；第二，统筹摸清产业发展基础，推进乡村旅游产业与科教文卫产业相互融合，培育出新兴业态和创新产品，形成新的经济增长点；第三，要树立品牌意识，形成品牌形象，高度重视推广营销、品牌形成、建立热点、开发爆款项目、网红产品，提高品牌影响力和竞争力；第四，应对产业项目进行长期规划，以便走上可持续的发展道路。

柯晓兰以乡村旅游高质量发展为研究对象，通过对四川省17县（区）25个乡镇的调查，探讨该省乡村旅游高质量发展存在的不足和困境，并且深度分析其原因，提出乡村旅游要高质量发展必须制定科学、合理、有效的政策体系与制度框架；利用各方资源的同时，进一步加强多方协作，谋求良性互动、共生共享共赢；发展产品体系，推进乡村旅游业态创新，从"要素驱动"转变为"创新驱动"，打造乡村旅游新业态共性集群；完善农户—市场—客源三方利益联结机制，通过建立科学合理的经营管理和利益分配机制，进一步提高乡村旅游发展潜能。

王婷等构建综合运用框架，提出乡村旅游高质量发展的对策。作者提出乡村旅游开发必须解决以下问题：第一个问题是要解决旅游设施用地、旅游设施消防和乡村旅游资源产权等难题；第二个问题是要解决客源地和目的地之间的人流、物流、资金流和信息流的合理流动问题；第三个问题是要破除乡村旅游景区脆弱性、游客分散性和产业单一性问题，采用"塑造景观—明确需求—精准服务"的发展模式优化乡村旅游营商环境和经营管理，让乡村旅游供给更加高效；第四个问题是要进行人才队伍建设，毕竟人才是推动乡村旅游高质量发展的重要动力。

四、西南地区乡村旅游高质量发展研究

目前，国内外有关西南地区乡村旅游高质量发展的研究还处于探索阶段。有关西南乡村旅游的研究主要集中于西南少数民族地区以及各省份，对于整个区域的乡村旅游研究较少。陈慧提出西南民族地区乡村旅游内容缺乏本土民族特色，缺乏专业的旅游规划，应该打造差异化的西南民族地区特色乡村旅游，形成完整的乡村旅游产业集群。李武江等以贵州省茂兰自然保护区为研究对象，发现西南民族地区可以运用PPP等方式创新开发模式，结合本地实际的旅游资源，发展生态型乡村旅游。

而从各个省份乡村旅游发展来看，孔凡尧和张仙利用主成分分析法分析云南热区乡村旅游发展驱动因素得出结论，少数民族风情文化和特色传统村落是主要驱动因素。谭云认为，贵州省拥有良好的生态环境和多彩的民族风情文化，但缺

乏科学的规划，从而导致了片面跟风的情况，他提出贵州省应整合资源，政府各级部门联动合作，将乡村旅游产业与农业、教育、非遗文化等深度融合，发展乡村旅游新模式。作为农家乐发源地的四川省，彭华等指出四川省乡村旅游发展中农旅融合度不高，出现旅游经营主体发展乏力和相关利益联结机制不完善的问题，需要加强产业引导，建立现代旅游农业试验区来推动乡村旅游的发展。相较于四川省，重庆市乡村旅游起步较晚，但近年来发展速度极快。王爱忠和娄兴彬探究了重庆市各区县乡村旅游点空间分布特征，发现重庆市乡村旅游空间集聚性高，乡村旅游资源类型多样。在此基础上，黄葵将乡村旅游分成休闲观光类、农事体验类、特色村镇类及乡村文化类四种类型，统计发现农事体验类所占的比重最大，不同类型乡村旅游在空间上的分布呈现较大的区域差异性。

五、国内外的乡村旅游知识图谱分析

1. 数据来源

国内研究以 CNKI 中国期刊全文数据库作为数据来源，将"农业旅游""乡村旅游""农村旅游"作为主题词进行高级检索，检索出 1992～2022 年核心期刊、CSSCI、CSCD 三类文章来源的相关文献 5000 余篇，为了减少研究结果的偶然性，提高真实性、有效性，对涉及数据清洗、规整、系统分类等，选出符合要求的有效核心期刊文献 525 篇，并用它分析本书中文文献数据。在过去的研究中，国内学者一般选用"农村旅游"这个关键词开展文献搜索，这是由于"乡村旅游"还没有被广泛接受，所以为了保证结果的全面性搜索选用多个关键词。

国际研究文献以 Web of Science（WOS）作为数据源核心，以 "rural tourism" or "agro - tourism" or "agri - tourism" or "village tourism" or "farm tourism" 作为文献搜索，时间选定为 "1963～2022 年"，语种选定为 "English"，文献类别选定为 "Article"，选出可用文献 4600 余篇。

2. 研究方法及工具

运用领域分析法，获取信息中容易被忽视的意义，从而提出科研前沿的发展趋势。又借用 Cite Space 对抽象数字视觉化，提高人们对抽象的认知度，充分映射知识领域。

3. 国内外的乡村旅游知识图谱分析

本书对 1992～2022 年国内外乡村旅游研究的发展趋势与分布（主题词、学科、机构分布、凸显词）展开分析，从国际国内对乡村旅游的研究程度进一步探究中国西南乡村旅游研究现状与发展趋势。

由图 2.6 可知，1992～2022 年国内乡村旅游研究发文总体上是上升趋势，1992～2005 年增长缓慢，2005～2011 年的发文增长趋势明显，且达到了第一个峰值（394 篇）；2012 年发文数量相比于 2011 年减少了近 1/2，之后开始出现波动式上升，在 2022 年达到第二个峰值（599 篇）；由图 2.7 可知，1992~2022 年国际乡村旅游研究发文趋势总体和国内乡村旅游研究发文趋势相似，都是呈明显上升趋势。虽然国际乡村旅游研究早于国内，但是早期相关成果数量并不多。20世纪以前属于初期阶段，增长缓慢，20 世纪后速度开始加快，2020 年达到711 篇的最高值。

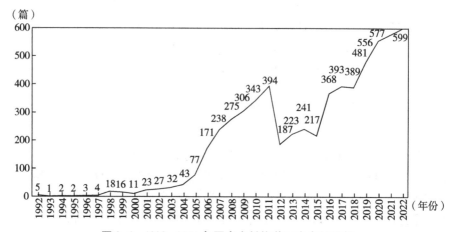

图 2.6 1992~2022 年国内乡村旅游研究发展趋势
资料来源：笔者根据国内乡村旅游文献整理。

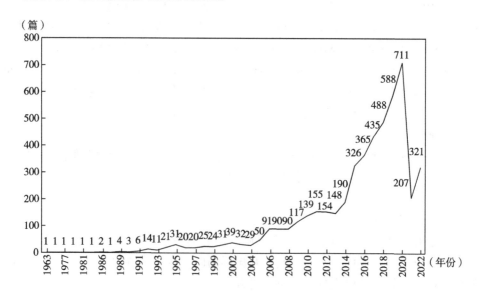

图 2.7 1963~2022 年国际乡村旅游研究发展趋势
资料来源：笔者根据国内乡村旅游文献整理。

由国内外乡村旅游研究发展趋势对比分析可知，乡村旅游这一研究领域发展整体呈上升趋势，成为研究的热点。同时，随着时间的推移，数量积累不断增多，为本书研究西南地区乡村旅游提供更多参考与启发。

论文主题词是指表达论文研究内容和角度的关键词或短语，能够概括出论文的主要研究方向和问题，反映出论文所在学科领域的特点和热点问题，主题词的选择需要充分考虑到论文的背景、目的、对象、方法和结论等因素，以确保能够准确地描述出研究的主要内容和贡献。

由图2.8可知，"乡村旅游""乡村旅游发展""乡村振兴""休闲农业""农业旅游"等主题词是1992~2022年国内乡村旅游文献的较高频词，且"新农村建设""生态旅游""旅游可持续发展""乡村振兴战略"等主题词也有部分涉及，可以看出国内乡村旅游的研究发展与国家发展政策密不可分。乡村旅游的发展依托乡村振兴的推进，环环相扣，共同促进；图2.9选用搜索记录中的文献关键词，去除搜索词后，呈现的高频关键词依次是"乡村旅游""乡村振兴""可持续发展""农业旅游""休闲农业"等。乡村旅游研究关键词围绕乡村的旅游发展展开，农村建设、乡村振兴是发展关键，为推进乡村旅游要综合运用旅游发展中的各类模式，以新带旧，以奇起兴，目前乡村旅游研究处于火热状态，多样化发展趋势为乡村旅游提供了新的机遇。

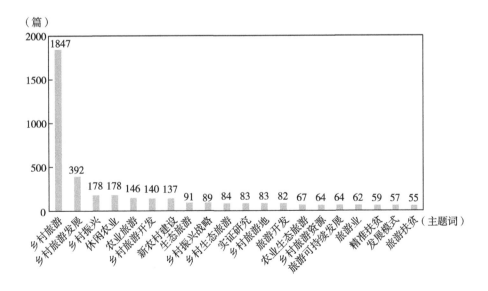

图2.8　1992~2022年国内乡村旅游研究主题词分布

资料来源：笔者根据国内乡村旅游文献整理。

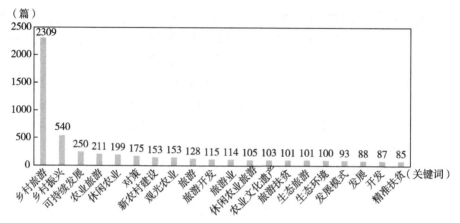

图 2.9　1992~2022 年国内乡村旅游研究关键词数量

资料来源：笔者根据国内乡村旅游文献整理。

由图 2.10 可知，1992~2022 年国内中国科学院地理科学与资源研究所发布的篇数最多，数量是 128 篇，其次是南京师范大学，数量是 80 篇。总体上来看，研究所的文献发布量都在 30 篇以上，且前几所机构的地位都在国内排名靠前，足以看出国内研究所对乡村旅游的关注度。

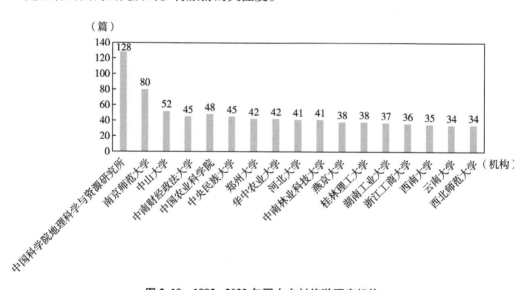

图 2.10　1992~2022 年国内乡村旅游研究机构

资料来源：笔者根据国内乡村旅游文献整理。

从图 2.11 可以发现，中国科学院地理科学与资源研究所、中山大学、浙江大学、四川大学和香港理工大学在国际研究发布的数量也很多，国内乡村旅游机构在国际舞台上大展拳脚,为了更坚实的国际话语权,国内其他机构也要更加努力推动中国乡村旅游向世界更广阔舞台迈进,提高国际影响力。

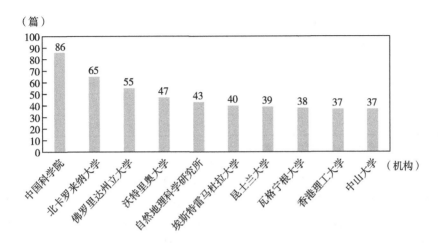

图 2.11 1992~2022 年国际乡村旅游研究机构 TOP10 文献发布数量

资料来源:笔者根据国际乡村旅游研究机构数量整理。

凸显词表明了某个时段内活跃的研究领域,代表在短时间内并引起了学术界的较大关注。由图 2.12 可知,1992~2022 年"乡村振兴"一词的凸显值强度最大,为 58.55,其次是新农村建设为 33.57。凸显词与乡村政策研究主题相似度极高,体现了乡村旅游研究紧跟政策潮流,符合发展规划,研究性强。2015 年是乡村旅游经济的重要转折点,提出建设"美丽乡村",促进乡村旅游发展,之后的几年发展越来越受到重视,科研成果取得显著进步(见表 2.6)。

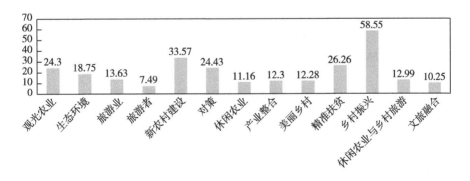

图 2.12 1992~2022 年国内乡村旅游研究凸显词

资料来源:笔者根据国内乡村旅游文献整理。

表 2.6　1992~2022 年国内乡村旅游研究凸显词时间节点

关键词	开始时间	结束时间	关键词	开始时间	结束时间
观光农业	1992	2006	产业融合	2015	2019
生态环境	1992	2004	美丽乡村	2016	2019
旅游业	1998	2006	精准扶贫	2017	2022
旅游者	1998	2007	乡村振兴	2018	2022
新农村建设	2006	2011	休闲农业与乡村旅游	2019	2022
对策	2006	2011	文旅融合	2019	2022
休闲农业	2012	2017	产业融合	2015	2019

资料来源：笔者根据国内乡村旅游文献整理。

　　由图 2.13 可知，1992~2022 年国际乡村旅游研究凸显词中强度最高的是 wildlife，为 9.87，其次是 tourism，为 9.34。凸显词也包括了关键词，如 wildlife、conservation、development、politics、landscape 等，也有着发达国家，如 England、Australia、Spain、Norway 等，既体现了国际学者对乡村旅游热点领域的重视，也表明乡村旅游的可研究性（见表 2.7）。

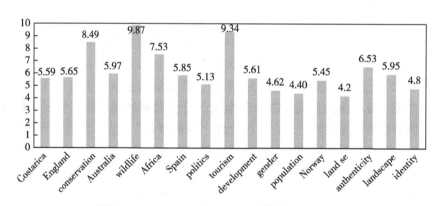

图 2.13　1992~2022 年国际乡村旅游研究凸显词

资料来源：笔者根据国际乡村旅游文献整理。

表 2.7　1992~2022 年国际乡村旅游研究凸显词时间节点

关键词	开始时间	结束时间	关键词	开始时间	结束时间
Costarica	1991	2013	tourism	2005	2007
England	1998	2011	development	2005	2013
conservation	1999	2009	gender	2005	2015
Australia	1999	2012	population	2006	2012

关键词	开始时间	结束时间	关键词	开始时间	结束时间
wildlife	2000	2012	Norway	2008	2010
Africa	2001	2011	landscape	2008	2016
Spain	2003	2010	authenticity	2009	2010
politics	2003	2007	landscape	2010	2014
			identity	2010	2012

资料来源：笔者根据国际乡村旅游文献整理。

由图 2.14 可知，国际乡村旅游研究的学科分布范围较广，而酒店休闲体育旅游最多，有着 1351 篇，环境研究位于第二，数量为 833 篇，发布量在 100 篇以上的学科还有环境科学、绿色可持续研究技术、地理学、管理学、社会学、经济学、城乡规划、生态学、发展研究、农业经济学、生物保护等。从图 2.15 可知，1992~2022 年国内乡村旅游研究的学科分布大部分在"旅游""农业经济"方面，其中"旅游"最高，有 4426 篇。100 篇以上的学科有旅游、农业经济、资源科学、文化、宏观经济管理与可持续发展研究、建筑科学与工程。涉及领域研究多样，包括政治、社会、经济、文化等，体现出极强的学科综合性和交叉能力，需要协调不同学科力量和资源进行深入研究。

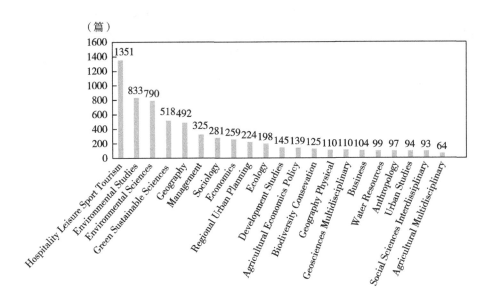

图 2.14　1992~2022 年国际乡村旅游研究学科分布 TOP20

资料来源：笔者对国际乡村旅游文献关于研究学科整理。

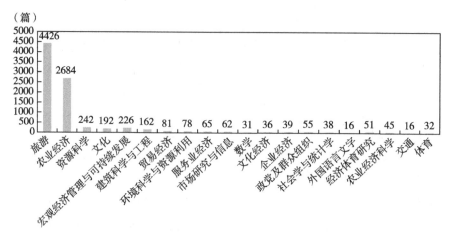

图 2.15 1992~2022 年国内乡村旅游研究学科分布

资料来源：笔者对国际乡村旅游文献关于研究学科整理。

国内与国际乡村旅游学科分布既有共同之处，也有不同的重点：都涉及政治、经济、生态、社会等学科，以学科覆盖来更加全面理解乡村旅游的发展及其重要性和研究必要性。不过国内乡村旅游学科重点在于社会政策的导向发展，这也是国人坚持大政方针走向的内核，国际学科重在工学、理学的深入，以实践性、项目案例导向开展。

将检索数据导入 Cite Space 软件进行分析后，发现国内乡村旅游发文量高的作者大多是有着成熟的团队，如孙业红（39 篇）、余向洋和张圆刚（27 篇）、闵庆文（25 篇）等，但也有部分是独立研究者，如孙九霞（17 篇）（见图 2.16）。对国内乡村旅游研究发布的作者进行背景分析、论文研究等，为本书进一步研究西南地区乡村旅游做好准备工作、学习交流创造灵感。

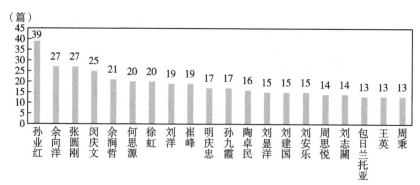

图 2.16 1992~2022 年国内乡村旅游研究分布作者 TOP20

资料来源：笔者根据国内乡村旅游文献整理。

第三章 西南地区乡村旅游基础资源数智赋能分析

第一节 西南地区国家森林乡村重点村空间特征与影响因素研究

党和国家明确提出了乡村振兴战略的实施，该战略是推动我国农村可持续发展的有效策略，通过乡村治理可以将乡村地区的自然生态优势转化为经济优势。因此，我们需要致力于建设美丽宜居的乡村，推动绿色乡村的发展。其中，作为发展乡村自然生态绿化经济的新策略，国家森林乡村重点村的建设发挥着关键作用，直接影响着乡村居住环境改善及乡村振兴的进程。国家森林乡村重点村是由国家林业和草原局依据党的十九大战略部署总要求，建立乡村绿化美化评价体系，指导各地评选达标的行政村。国家森林乡村重点村具有以下特点：乡村自然生态景观保存完好；乡土风貌突出；森林资源丰富；森林功能效益显著；涉林产业蓬勃发展，为乡村经济注入了活力；人居环境整洁有序，为居民提供了良好的居住环境；同时，保护管理措施得当，确保了乡村的可持续发展。

国家森林乡村重点村是乡村的重要类型之一，是保护与可持续开发森林资源的新型模式，同时是实现乡村振兴的重要资产之一。然而，随着城镇化进程的迅速推进，森林乡村面临着生活空间被侵占和生态环境被破坏的挑战。为了更好地保护国家森林乡村重点村，全国各地高度重视国家森林乡村重点村的建设，相关政策陆续出台。《乡村振兴战略规划》明确提出将建设国家森林乡村重点村作为重点行动，把打造绿色美丽宜居乡村作为重心内容，将绿化覆盖率作为考核主要指标，以持续稳步推进乡村的绿化美化工作。《乡村绿化美化行动方案》指出，截至 2020 年，我国计划建设 20000 个具有地方特色的森林乡村，以落实乡村自然生态景观保护，改善人民的生活环境，显著提升绿化覆盖率，并为快速发展绿色产业做出贡献。截至目前，我国总计有 7586 个"国家森林乡村"，以国家森林乡村牵头，逐步推进地方、全国乡村生态示范县的发展工作，最终带动所有乡村共同努力推进乡村生态工作，落实乡村居住环境整治措施，从而实现国家乡村振兴战略。

西南地区（本书指云南、贵州、四川及重庆四个省份）地形复杂多变、地貌多样化、自然资源富饶，使该地区形成了极具特色的地方文化和丰富的民族资源。根据 2021 年统计年鉴公布的数据，截至 2021 年底，西南地区共有 7059 个乡镇，其中 1109 个村落入选重点村名录。随着人民消费观念的转变及产业政策的支持，乡村旅游在人民的生活中会占据越来越重要的地位。GIS 技术是定量研究传统乡村与自然环境之间的关系最常见的手段之一。本章利用 GIS 技术对西南地区森林乡村分布进行地图表达，进而探究其空间分布和类型特征，旨在为西南地区森林乡村的保护与利用提供理论指导，并为其他地区提供参考。

一、研究回顾

乡村是最小的聚落单元，乡村发展一直是学术界关注的热点。乡村地理学的研究最早始于 19 世纪上半叶，Kohl 最早对聚落进行了系统研究；Brunhes 通过研究环境和乡村村落二者之间的关系，为聚落地理学奠定了许多基本原理。当前，有关乡村的研究主要集中在乡村社区、乡村景观、城乡平衡发展、乡村旅游管理及运营、乡村文化保护及传承等方面。森林是可以影响社会、文化和生态功能的重要资源，而乡村作为森林的重要承载地，研究森林乡村对保护与开发森林资源及乡村振兴有重要的作用。

目前，国外学者的研究主要集中在乡村旅游市场、生态环境、经济发展和可持续发展等主题。Ohe 等认为森林疗法旅游作为一种新兴的乡村旅游类型拓宽了乡村旅游的市场；Balezentis 等以立陶宛为例考察了青年农民支持系统对乡村绿化及可持续发展的影响；Kou 等定量评估了人类活动与乡村绿化之间的关系。此外，乡村森林土地利用、乡村与森林的关系等主题也受到学者的关注；Appiah 等对减少森林破坏和退化导致的碳排放和其他效益（REDD+）机制对农村森林用地和气候变化的影响进行了深入研究；Kurowska 等研究了波兰的农田和森林保护对空间规划的影响，并预测了未来的土地利用类型。Nguyen 和 Tran 在关于乡村与森林的关系研究中探讨了森林资源与乡村农户生计之间的关系，发现森林收入是导致农户收入不平等的第二大因素；Angelsen 等调查了移民和汇款对危地马拉和墨西哥恰帕斯州八个农村地区森林覆盖的影响；Dong 等探讨了中国林地抵押政策对乡村农户家庭信贷获取的影响，发现现有的政策在一定程度上增加了乡村农户的信贷渠道。国内学者同样在这方面做出了诸多探索和贡献，经过梳理，大致可分为以下几个部分：

（1）乡村绿化方案：丁彦芬和马存琛揭示乡村绿化研究趋于数量化、科学化和规范化方法，以及研究领域引进乡村景观评价方法是大势所趋；张少磊和刘勤在探析苏南地区绿化方案时运用景观评价方法，针对学甸村新建绿地景观进行了详细指导。

（2）乡村聚落空间分布：许贤棠和胡静对国家级乡村旅游的空间分布及影响因素进行探究；鄢慧丽等把中国最美休闲乡村示范点作为研究对象，研究其空间格局和影响机制。

（3）乡村特色产业发展：王彬和姚茂华强调了绿色产业发展的重要性，绿色产业助力乡村振兴；郑海洋和胡振虎研究发现绿色食品产业在乡村发展方面具有正向促进作用，并呈边际效率递增特征。

（4）乡村旅游建设：张高军和姜秋妍提出旅游的发展能够使当地经济发展、环境美化、人口增长、文化兴盛等，从而实现经济、文化等各个方面的振兴；张众对乡村旅游与乡村振兴战略的相关性进行研究，指出乡村旅游对早日实现乡村振兴战略具有至关重要的作用。

（5）乡村文化振兴：吕宾提出乡村文化振兴的途径——重塑乡村文化；萧子扬和叶锦涛认为，公共图书馆能够有效应对乡村文化建设困境。还有学者从乡村资源利用、提高乡村教育水平以及借鉴外国经验为乡村振兴提供新思路等方面进行研究。目前，对于国家森林乡村重点村的研究还相对较少，只有少数学者对其空间分布、类型和影响因子做了探究。

"乡村振兴"是国家高度重视的战略之一，同时也是学术界的持久热门话题。国家森林乡村重点村作为乡村绿化美化的典型代表，是进一步贯彻落实乡村振兴战略出现的"新式"乡村。然而，关于国家森林乡村重点村的研究成果并不丰富，鲜有学者从宏观层面分析它的空间分布特征，对森林乡村分布的影响因素的研究更是少之又少。因此，本章以西南地区 1109 个国家森林乡村重点村为研究对象，运用多种 GIS 空间分析方法，对上述问题进行研究。

本章的主要贡献如下：一是希望从理论上丰富和深化乡村地理学研究对象及内容，加深对西南地区国家森林乡村空间分布影响因素的认识。这是美丽乡村建设理论研究的一个新进展。二是针对西南地区国家森林乡村的现有的空间布局，为未来优化提供理论支持，以实现乡村及周边广大地区自然资源和社会人文资源等的有效、合理开发及保护。同时，为乡村生态文明建设和乡村振兴提供决策参考。三是西南地区是一个森林资源丰富的地区，本书可以为其他地区生态环境保护、建设及美化乡村提供借鉴。

二、西南地区国家森林乡村重点村空间分布情况

本书选择了西南地区的第一、第二批国家森林乡村重点村作为研究对象，共计1109个村落①，空间坐标属性由百度坐标系统获得。

西部地区国家森林乡村重点村众多，但云南、贵州、四川、重庆各省份乡村旅游重点村分布具有一定差异。重庆国家森林乡村重点村较多，从分布上看比较密集，尤其是重庆周围地区，乡村旅游重点村具有较强的聚集性。四川中东部国家森林乡村重点村落分布较多，四川西部地区国家森林乡村重点村分布较少。云南片区国家森林乡村重点村分布较为均匀，东中西部均有国家森林乡村重点村，但不具有明显聚集性。贵州中部地区国家森林乡村重点村分布较为聚集。

四川有一半的地区处于高海拔水平，且这部分地区国家森林乡村重点村分布较少，而低海拔地区国家森林乡村重点村分布较多，说明海拔对于国家森林乡村重点村的分布具有不同程度的影响。重庆、贵州处于低海拔水平，云南整体海拔水平高于重庆和贵州，而在国家森林乡村重点村的分布上，云南国家森林乡村重点村分布较重庆和贵州更为分散，这可能与海拔水平的提高具有一定联系。

国家森林乡村重点村较多分布在公路周围。四川、重庆、贵州国家森林乡村重点村多数分布在主要公路上，少数国家森林乡村重点村也靠近主要公路，只有重庆东北部地区、四川西部的几个国家森林乡村重点村离主要公路较远。云南乡村旅游重点村虽然分布较分散，但大多都在主要公路周边。

国家森林乡村重点村多数紧靠河流，且东部地区河流分布较多。重庆、四川和贵州国家森林乡村重点村的集聚地主要河流也分布较多。云南的主要河流分布较为均匀和分散，与国家森林乡村重点村的分布特征类似。

三、西南地区国家森林乡村重点村空间分布特征

乡村旅游的空间格局可以反映出乡村旅游业空间上的市场配置规律。本章利用多种地理计量模型探究西南地区1109个国家森林乡村重点村的空间分布特征，以全面摸清西南地区国家森林乡村重点村现状，发现其在空间上的分异规律。

1. 研究方法

本部分采用先总体再逐步细化分析框架对国家森林乡村重点村空间分布特征进行研究，首先对整体分布类型进行判定，其次细化到具体地市级冷热点分布情

---

① 国家林业和草原局，www.forestry.gov.cn。

况，最后细化到具体高低密度区分布特征，由此可得出较为全面的空间分布特征。对于所得结果再进一步对形成此空间分布格局的影响因素进行探索。空间分布特征研究方法借鉴魏琦和欧阳勋志、李孜沫、唐健雄和马梦瑶的研究成果，利用最邻近法、泰森多边形法、热点分析法以及核密度分析法来对森林乡村的类型、热点和密度进行分析；影响因素研究方法借鉴苗红和张敏采用缓冲区分析和叠置分析法。

（1）最邻近距离。Clark 和 Evans 在 1954 年首次提出了最邻近分析法，然而，当时的最邻近分析法还不够完善和成熟。随后，学者 Pinder 和 Witherick 对该方法进行了改进，使得最邻近分析法逐渐成为一种成熟的方法，可应用于研究任何空间点要素的分布模式。

为了判断点的分布特征，我们可以采用最邻近点指数 R 进行分析。最邻近指数 R 是一种地理指标，用于衡量点要素间的邻近情况，其公式为：

$$R = r_1 / r_E \tag{3.1}$$

$$r_E = 1/2 \sqrt{n/A} \tag{3.2}$$

（2）泰森多边形。为确保对国家森林乡村重点村空间分布类型的准确判定，可以采用计算泰森多边形面积的变异系数方法进行检验。泰森多边形（Thiessen Polygon），也称为沃罗诺伊多边形（Voronoi Polygon），是一种用于将地理空间划分为离散区域的方法，可以用来评估点要素的空间聚集程度。泰森多边形变异系数（Thiessen Polygon Coefficient of Variation）是一种用于衡量泰森多边形形状的变异程度的指标。该指标可以用来评估泰森多边形的不规则程度和空间分布的异质性。变异系数公式为：

$$CV = \frac{\sqrt{\sum_{i=1}^{n} (A_i - \overline{A})^2}}{A} \times 100\% \tag{3.3}$$

其中，A_i 代表第 i 个图斑的面积，$\overline{A}$ 为所有图斑面积的平均值，n 为图斑的总个数。根据 Duyckaerts 的研究，当 $CV \in [0, +\infty)$，$CV \in [0, 33\%]$ 时，为均匀分布；当 $CV \in (33\%, 64\%]$ 时，为随机分布；当 $CV \in (64\%, +\infty)$ 时，为集聚分布。

（3）不平衡指数（Index of Inequality）。不平衡指数是一种用于衡量数据分布或资源分配不平衡程度的指标。它提供了一个量化的方法描述不同个体、地区或群体之间的不平等情况。其公式为：

$$S = \frac{\sum_{i=1}^{n} Yi - 50(n + 1)}{100n - 50(n + 1)} \tag{3.4}$$

其中，n 研究地区数量，Y_i 为各研究地区内的研究对象量与研究对象总量之比降序排序后，第 i 位的累计百分比。当 S=1 时，分布极不均衡；$S \in [0, 1]$，当 S=0 时，为均匀分布；当 $S \in (0, 1)$ 时，为不均匀分布，不均匀程度与 S 值呈正相关。

（4）热点分析。热点分析对要素本身以及邻近要素环境情况进行综合分析。热点区指的是具有高值的要素及其周围环境中的每个要素都具有高值和低值的区域。为了得到相同属性要素在空间上的聚类位置，用 Getis-Ord Gi* 求得每个要素的 p 得分和 z 值。

Getis-Ord Gi* 统计量是一种空间自相关分析方法，用于检测空间数据集中的热点和冷点聚类。它通过计算每个要素与其邻近要素之间的权重和值的乘积，并与整个数据集的均值和标准差进行比较来确定是否存在显著的热点聚类。其公式为：

$$G_i^* = \frac{\sum_{j=1}^{n} w_{ij} x_j - \bar{x} \sum_{j=1}^{n} w_{ij}}{s \sqrt{\dfrac{\left[n \sum_{j=1}^{n} w_{ij}^2 - \left(\sum_{j=1}^{n} w_{ij} \right)^2 \right]}{n-1}}} \tag{3.5}$$

其中，n 表示总要素的个数，x_j 表示要素 j 的某一属性值，w_{ij} 表示 i、j 两个要素间的空间权重，且：

$$\bar{X} = \frac{\sum_{j=1}^{n} x_j}{n}; \quad S = \sqrt{\frac{\sum_{j=1}^{n} x_j^2}{n} - (\bar{X})^2} \tag{3.6}$$

（5）核密度分析。核密度估计法是一种用于反映点要素凝聚状况的方法，它通过计算点要素在空间上的密度分布来揭示其聚集程度。其原理为：以每个格网点为单独的中心按照一定的半径划分圆形区域，再在该区域内进行搜索。统计搜索区域内的点要素，计算该点至中心点的距离，根据距离由远及近，赋予由小及大的权重值，最后可以得到每个格网点的密度值。其公式为：

$$f(x) = \frac{1}{nh} \sum_{i=1}^{n} k\left(\frac{x - x_i}{h} \right) \tag{3.7}$$

其中，f(x) 值越大，聚集程度越高。

（6）空间叠加分析。空间叠加分析是简洁分析空间相关性的基本方法。它主要结合多个（两个或更多）层特征来创建一个新的特征层，并包含对前一层特征的分析。本书通过将西南地区国家森林乡村重点村的空间位置信息与数字高程模型（DEM）、地形、河流、交通等因素进行叠加分析，进一步揭示了这些因素对国家森林乡村重点村空间分布的影响。通过综合考虑各因素，可以更全面地理解国家森林乡村重点村的空间分布特征。

2. 西南地区国家森林乡村重点村空间格局

（1）空间分布类型。运用 ArcGIS 10.3 中的平均最邻近工具对国家森林乡村空间分布类型进行分析，根据所得出的最邻近指数对其空间分布类型进行初步判定。平均最邻近结果如表 3.1 所示。

表 3.1　西南地区国家森林乡村平均最邻近结果

项目	值
平均观测距离	12297.38
预期平均距离	18431.60
最邻近比率	0.67
z 得分	−21.20
P 值	0.00

由表 3.1 可知，R = 0.67 < 1，显著性水平 P 值为 0.00，P 值 < 0.01。所以西南地区国家森林乡村空间分布类型初步判定为凝聚型。

为了保证结果的准确性，采用泰森多边形法对平均最邻近所得结果进行验证，根据西南地区森林乡村点分布情况创建泰森多边形，统计单个图斑面积，计算平均值和标准差，从而计算得到变异系数 R。其结果为：R = 2440.72，S = 1055.50，所以 CV = 231.24%，远大于 64%，说明国家森林乡村为集聚型分布，且集聚程度明显。综合平均最邻近结果，最终可以判定国家森林乡村空间分布类型为凝聚型。

（2）空间分布均衡性。西南地区国家森林乡村分布情况如表 3.2 所示。由式（3.3）可以计算得出其地理集中指数 G = 21.21。若均匀分布，地理集中指数为 G = 25。由于 21.21 小于 25，故得知西南地区国家森林乡村分布不均匀。

根据表 3.2，由式（3.4）计算得出不均衡指数 S = 0.4142，表明国家森林乡村在西南地区分布不均匀。基于上述结果统计得到洛伦兹曲线，由图 3.1 可知，洛伦兹曲线弯曲幅度较大，西南地区分布不均匀，主要分布在重庆、广元、雅安、毕节以及黔南等地区。

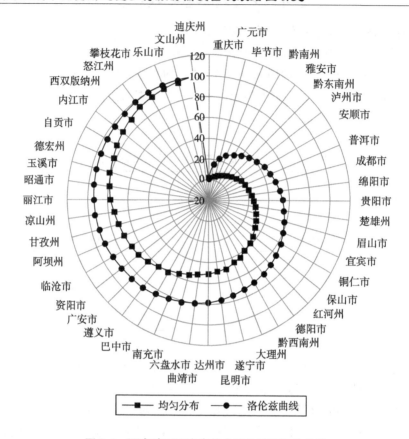

图3.1 西南地区国家森林乡村数量洛伦兹曲线

资料来源：笔者根据西南地区国家森林乡村数量文献整理。

表3.2 西南地区文化遗产分布情况

地区	国家森林乡村（处）	比重（%）	累计比重（%）
重庆	168	15.15	15.15
广元	66	5.95	21.10
毕节	50	4.51	25.61
黔南	47	4.24	29.85
雅安	42	3.79	33.63
黔东南	41	3.70	37.33
泸州	32	2.89	40.22
安顺	30	2.71	42.92
普洱	30	2.71	45.63
成都	28	2.52	48.15

续表

地区	国家森林乡村（处）	比重（%）	累计比重（%）
绵阳	28	2.52	50.68
贵阳	28	2.52	53.20
楚雄	28	2.52	55.73
眉山	27	2.43	58.16
宜宾	26	2.34	60.50
铜仁	23	2.07	62.58
保山	23	2.07	64.65
红河	23	2.07	66.73
德阳	21	1.89	68.62
黔西南	21	1.89	70.51
大理	21	1.89	72.41
遂宁	20	1.80	74.21
昆明	20	1.80	76.01
达州	19	1.71	77.73
曲靖	19	1.71	79.44
六盘水	17	1.53	80.97
南充	16	1.44	82.42
巴中	16	1.44	83.86
遵义	16	1.44	85.30
广安	15	1.35	86.65
资阳	15	1.35	88.01
临沧	14	1.26	89.27
阿坝	12	1.08	90.35
甘孜	12	1.08	91.43
凉山	10	0.90	92.34
丽江	10	0.90	93.24
昭通	9	0.81	94.05
玉溪	9	0.81	94.86
德宏	9	0.81	95.67
自贡	8	0.72	96.39
内江	8	0.72	97.11
西双版纳	8	0.72	97.84
怒江	8	0.72	98.56

续表

地区	国家森林乡村（处）	比重（%）	累计比重（%）
攀枝花	7	0.63	99.19
乐山	5	0.45	99.64
文山	3	0.27	99.91
迪庆	1	0.09	100.00
总计	1109	—	—

资料来源：笔者根据西南地区文化遗产分布资料整理。

（3）冷热点分析。利用自然间断点分级法将 Z 值分为四个阶段，分别对应为热点区、次热点区、次冷点区、冷点区四个区间。热点区包括 9 个地级市及直辖市，分别是达州、资阳、广安、重庆、内江、泸州、遵义、铜仁；次冷点区有17 个地级市（州），分别是阿坝、德阳、成都、眉山、乐山、自贡、雅安、昭通、曲靖、文山、红河、玉溪、普洱、西双版纳、临沧、大理、德宏；本次热点区有 12 个地级市（州），分别是绵阳、广元、巴中、南充、毕节、贵阳、六盘水、安顺、黔东南、黔南、迪庆、黔西南；甘孜、凉山、怒江、丽江、攀枝花、保山、昆明、楚雄 8 个地级市（州）属于冷点区。整体而言，冷点区的省市数量多于热点区，呈现"东热西冷"的空间分布特征。

（4）核密度分布特征。利用 ArcGIS 10.3 空间分析工具中的核密度功能对两个批次国家森林乡村空间分布密度进行研究。西南地区森林乡村重点村落在空间分布上存在明显差异，且两个批次空间分布特征大致相同。一方面，国家森林乡村密度分布情况与植被覆盖范围呈高度相关性，密度高值区几乎全部位于森林植被覆盖范围之内，这也契合了国家森林乡村评选条件。另一方面，可以发现高密度区域与城市群、城市发展水平之间存在很高的相关性，第一、第二批形成了成渝地区双城经济圈高密度区以及贵阳高密度区。在未来经济发展趋势中，核心地区是拥有巨大潜力和生机活力的城市群和省会城市。依托于城市群和省会城市，乡村在绿化美化方面往往处于领先水平，首批建立了国家森林乡村，从而逐步带动全国各地实现乡村的绿化美化。

四、西南地区国家森林乡村重点村空间格局影响因素分析

1. 高程因素

海拔高程的差异意味着气候、降水、温度、土壤、植被等状况各不相同，进而决定人口分布、经济发展、森林资源等多方面直接影响国家森林乡村空间分布的要素。将西南地区地形高程与森林乡村分布图进行叠加分析，得到西南地区国家森林乡村地形分布情况，并进行分区统计，见表3.3。从表可知，随着等级增加，高程越高乡村数量越少，其中高程在105~1210米的乡村数量为716个，占比高达64.56%，其次是1210~2174米乡村数量，为323个，占比为29.13%，前两个等级乡村占比就达到93.69%，仅有6.31%的国家森林乡村位于高程2174米以上，且高程在4078~6720米未发现有乡村存在，乡村呈现明显的"低海拔"分布特征。低海拔地区往往地形起伏度较小，多为平原地带，水系及交通网络发达，人们生活便利，从而有利于人口集中和居住。另外，来自东部海洋的湿润气流，由于低海拔的缘故，可直接进入内陆，带来丰富的降水，有利于植被的栽培和生长，植被的分布情况直接影响着国家森林乡村的评定。

表3.3　西南地区国家森林乡村在不同海拔上的分布数量统计

名称	等级1	等级2	等级3	等级4	等级5
海拔（米）	105~1210	1210~2174	2174~3178	3178~4078	4078~6720
数量（个）	716	323	58	12	0
比例（%）	64.56	29.13	5.23	1.08	0.00

资料来源：笔者根据西南地区国家森林乡村在不同海拔上的分布数量资料整理。

2. 坡向因素

坡向是坡面一点所在切平面的法线在水平面上投影的方向，方向定义为投影与该点正北方所形成的夹角（0~360°）。不同的海拔高程对气候、降水、植被、温度等造成巨大影响，而同一高度不同坡向的地理位置同样会使其差异显著。为探讨坡向对国家森林乡村分布的影响情况，将高程图导入ArcGIS进行坡向分析，将得出的坡向图再与国家森林乡村进行叠加，统计出不同坡向乡村数量，如表3.4所示。根据表3.4可知，国家森林乡村坡向因地形复杂性而呈多样性分布，其中西坡、西北坡、东坡、东南坡分布数量较多，北坡、东北坡分布较少，占比均低于10%。按阴阳坡来看，阳坡范围为90°~270°，阴坡为0~90°和270°~360°。阴阳坡通常要结合不同地区具体分析，在干旱半干旱地区，阴坡土壤较湿润，适宜森林树木生长，而阳坡太阳辐射强度大，土壤干燥，因此草类植被相对较多；在南方地区，由于降水丰富，阴阳坡土壤湿度差异不大，此时阳坡阳光充足，植被覆盖密度大于阴坡。统计数据显示，在西南地区的国家森林乡村中，阳坡和阴坡的分布分别为592个和512个。从数量上看，阳坡的数量略高于阴坡，这与南方植被在阴阳坡特征上呈现出高度相关性。

表3.4 西南地区国家森林乡村在不同坡向上的分布数量统计

坡向	北	东北	东	东南	南	西南	西	西北
角度范围 （°）	0~22.5, 337.5~360	22.5~ 67.5	67.5~ 112.5	112.5~ 157.5	157.5~ 202.5	202.5~ 247.5	247.5~ 292.5	292.5~ 337.5
数量（个）	99	107	156	186	111	125	155	162
比例（%）	8.99	9.72	14.17	16.89	10.08	11.35	14.08	14.71

资料来源：笔者根据相关资料整理。

3. 流域因素

水源对于人们生活起居、农业灌溉、航运交通以及植被生长等方面而言作用尤为重要，河流是提供水源的重要源泉。以二级河流为中心，制作三个级别缓冲区，分别是15千米、30千米、45千米，将国家森林乡村与河流缓冲区进行叠加，并分别统计每个级别缓冲区所对应的数量。由表3.5可知，距河流15千米以内的国家森林乡村数量占比为26.24%，距河流16~30千米以内的国家森林乡村数量占比为21.73%，距河流31~45千米以内的国家森林乡村数量占比为19.57%，距河流45千米以内的国家森林乡村数量占比高达67.54%。此外，西南地区的地势从西向东逐渐降低，大部分河流流向与地势起伏一致，相比之下，中部和东部水源比西部充足，且绝大多数乡村位于河流中下游处。由以上信息可知，国家森林乡村大多数分布于河流周围，靠近水源的地理位置能够为居民的生活以及乡村的发展提供诸多帮助。就作为乡村绿化美化典范的国家森林乡村而言，具备河流条件必不可少，一方面水源对林业的发展、乡村绿化覆盖率起着至关重要的作用，另一方面水源是乡村居民生活的必需品，有水源的地方才能聚集人口，从而形成各类独具特色的乡村。此外，对于河流的利用还可以进行更深层次挖掘，河流资源往往可以打造成旅游资源，促进当地旅游业发展是带动乡村经济发展的一个重要方向。综上所述，流域因素是对国家森林乡村空间分布产生重要影响的因素之一。

表3.5 西南地区国家森林乡村在距水系不同距离的分布数量统计

距离（千米）	国家森林乡村数量（个）	百分比（%）
0~15	292	26.24
16~30	241	21.73
31~45	217	19.57
合计	750	67.54

资料来源：笔者根据西南地区国家森林乡村在距水系不同距离的分布数量资料整理。

4. 交通因素

可进入性对乡村各个方面有着重要影响，如乡村传统文化的传播和弘扬、居民的生活质量、外界对其的影响力、乡村绿化程度、经济发展水平等。交通发达程度直接决定了乡村可进入性，因而以主要公路为代表，分别制作 10 千米、20 千米、30 千米距离缓冲区，并与国家森林乡村进行叠加，得到国家森林乡村交通网分布，并统计出不同距离缓冲区内乡村数量，如表 3.5 所示。据统计，有67.63% 的国家森林乡村位于主要公路 30 千米以内，达总量的半数以上，比例较高。大多数国家森林乡村附近有主要公路，表明国家森林乡村绝大部分分布于交通网密集之处，即国家森林乡村可进入性较强。乡村绿化美化离不开外界的支持和帮助，较强的可进入性为乡村内外部交流提供了条件。另外，俗话说"要想富，先修路"，乡村经济发展必须依靠便利的交通设施，乡村振兴的实现需要乡村经济的提升和乡村居民生活水平的提高，不与时代接轨就终将落后被淘汰，而交通则成了乡村与时代接轨的传送带。

表 3.6　西南地区国家森林乡村在距主要公路不同距离的分布数量统计

距离（千米）	国家森林乡村数量（个）	百分比（%）
0~10	317	28.58
11~20	273	24.62
21~30	170	14.43
合计	760	67.63

第二节　西南地区乡村旅游重点村空间分布及其影响因素研究

发展乡村旅游对于促进乡村振兴，提高乡村活力都具有重要的意义。乡村旅游既是增加农民就业机会、促进农民增收的有效途径，也是乡村振兴战略实施的重要抓手。近年来，在脱贫攻坚、促进就业、增加收入等方面，乡村旅游发挥了重要作用。2022 年，中央一号文件明确提出关于产业聚焦对促进乡村发展、推进农村三产融合发展以及乡村休闲旅游发展的进一步提升计划。乡村旅游主要以自然要素和人文要素为核心，发展乡村旅游不仅要有效借助当地特色，包括自然资源、古建筑和当地文化习俗等，还要在传统的农村观光旅游和农业体验旅游的基础上衍生出人文无干扰、生态无破坏的新型旅游模式。发展乡村旅游业有助于将农村经济发展向经济与资源、产业和生态耦合的协调发展方向转变，在促进农村经济发展的同时，探寻落实乡村科学发展观的新样板，促进可持续发展。

为全面推进乡村振兴战略，2019 年农业农村部、国家发展和改革委员会、财政部、住房和城乡建设部等七部门联合启动了"全国乡村旅游重点村"的创建工作。乡村旅游重点村的建设主要依据乡村自然风光和乡土文化等资源优势，努力打造具有特色鲜明、种类多样的乡村旅游产品，加强品牌培育，增强旅游品牌效应。当前，乡村旅游发展还存在诸多问题，如乡村旅游景区的发展规模相对较小、发展类型也相对单一，以及受综合条件的影响，景区发展能力和数量有限、面积狭小，难以满足大规模的客流量。因为西南地区是一个生态环境优越、旅游资源丰富、有较多的少数民族集聚的区域，所以发展乡村旅游具有天然的资源优势，但由于受经济水平、地理位置、基础设施等条件的限制，乡村旅游未能得到充分有效的开发。有学者提出，凡是带有乡村特征的区域，不管是传统的、封闭的、纯净的、偏僻的、人口稀疏的、以农业为主的，还是已经初步发展旅游产业、具有特色优势的区域，都可以作为发展乡村旅游的目的地。

因此，通过利用 ArcGIS 空间分析的方法来研究西南地区乡村旅游重点村的空间分布特点并分析出影响其空间分布的主要因素，为进一步优化乡村旅游地区的资源空间布局提供有力的帮助。对打造乡村科学发展观的新样板，实现乡村振兴和全面发展都具有重要意义。

一、研究方法

本书首先采用最邻近指数、地理集中指数和核密度分析法对西南地区乡村旅游重点村的空间分布特征进行描述，其次采用缓冲区分析和叠置分析法分析可能的影响因素有哪些。

（1）最邻近距离。如果将乡村旅游的重点村庄视为地理因素中的"点"元素来表示，则"点"的分布模式可分为均匀分布模式、随机分布模式和集聚分布模式。要对这些点的分布特点进行判断，可以使用最相邻点指数 R 来进行分析，该指标能够体现出点与点之间相邻程度的地理特点。其公式如下：

$$R = r_I / r_E \tag{3.8}$$

$$r_E = 1/2 \sqrt{n/A} \tag{3.9}$$

式中，r_I 代表的是在研究区域内每个对象与其他对象距离中的最小值就是实际最相邻距离，r_E 为理论最相邻距离代表的是研究区域内对象的密度水平，n 为研究对象数，A 为研究区域的面积。当 R>1 时，表示研究区域内对象的分布比较均匀；当 R=1 时，表示研究区域内对象的分布相对随机；当 R<1 时，表示研究区域内对象的分布比较集中，也就是凝聚分布。

（2）地理集中指数。地理集中指数 G，用来测量总的范围内不同区域研究对象的空间集中程度。其公式如下：

$$G = 100 \times \sqrt{\sum_{i=1}^{n} (X_i/T)^2} \tag{3.10}$$

式中，n 为研究区域的数量；X_i 为第 i 个研究区域的研究对象数；T 为研究对象的总数量。G 值越大代表空间分布越集中；反之，越分散。

（3）核密度分析。核密度分析是指用来描述点密度空间分布的凝聚程度。即以网格节点为中心，在一定的圆形范围内对网格节点进行局部搜索，并对落在网格节点上的点要素进行权重处理；越是靠近核心的元素，权重就越大，用这种方式，就能算出网格点的密度值。其公式如下：

$$f(x) = \frac{1}{nh} \sum_{i=1}^{n} k\left(\frac{x - x_i}{h}\right) \tag{3.11}$$

式中，n 代表的是坐标点数，h 代表的是带宽，k 代表的是核函数，x_i 代表的是点 i 的坐标，（$x-x_i$）为两点之间的距离。f（x）的值越大，其分布程度就越密集。通过利用 ArcGIS10.3 软件的核密度分析工具对国家森林乡村重点村核密度进行分析，按照自然间断点分级法将核密度指数由高到低划分为 5 个区间。

（4）叠置分析。叠置分析通过重叠两个以上不同的图层元素形成一个新图层，使不同图层元素之间的关系便于比较和分析。本书将西南地区乡村旅游重点村的地理信息与海拔、坡度、河流缓冲带、主要交通道路缓冲带等其他属性图层进行叠加，通过对西南地区乡村旅游重点村各种要素上的分布联系和差异进行对比分析，以探究相关影响因素。

二、乡村旅游重点村的空间分布特征

西南地区乡村旅游重点村数量较多，分布较广，且云南、贵州、四川、重庆各省份乡村旅游重点村分布特征存在一定差异。四川乡村旅游重点村主要分布在四川中部以东，从地理区位来看，集中分布在成都市附近地区，四川西南地区乡村旅游重点村分布较少。与之不同，重庆乡村旅游重点村分布较为分散，重庆主城区周边及边界地区均有较为密集的乡村旅游重点村分布，尤其是重庆中部以西分布更为密集。贵州和云南两省份同样分布较广，几乎覆盖全省。其中，贵州乡村旅游重点村分布更为集中，从地理区位来看，主要分布在贵阳、安顺及周边地区。云南乡村旅游重点村分布最为分散，不具有明显的聚集性。总体上，重庆、贵州两地的乡村旅游重点村在四个省份中数量较多，分布较广。

为进一步具体探究西南地区乡村旅游空间分布格局，借助 ArcGIS 10.6 空间分析工具和空间统计工具，通过最邻近指数、地理集中指数和核密度分析展开探讨。

（1）空间分布类型。根据最邻近指数，在显著性水平下，如果结果大于 1，则表示点状要素倾向于均匀分布；如果结果小于 1，则表示点要素倾向于聚集分布。因此，指数值越小，要素聚集的程度越高。从各省最邻近指数值来看，四川和贵州的最邻近指数值在显著性水平下分别为 0.858145 和 0.746652，说明四川和贵州乡村旅游重点村属于集聚型分布，且贵州的集聚程度高于四川。重庆和云南则没有显著的集聚和均匀分布特征，属于随机型分布。但就西南地区总体而言，乡村旅游重点村属于集聚型，空间分布呈现出集聚态势，最邻近指数值在 1% 的显著性水平下为 0.745918。

（2）空间分布均衡性。一个很好的测量目标集中程度的方法地理集中的数值越高，研究对象的空间分布就越集中，反之亦然。在地州市尺度（云南、贵州、四川）或区县尺度（重庆）下，重庆、四川、贵州和云南的地理集中指数 G 分别为 20.40408、32.55903、34.64102 和 27.4182，均大于均匀分布状态下的地理集中指数 G0，表明各省份乡村旅游重点村的空间分布相对集中在下级行政区划尺度下。其中，贵州的地理集中指数最高，其次是四川，二者指数值均在 30 以上。重庆和云南指数值则均在 30 以下，相对较低。这与最邻近指数结果存在相似性。在省级尺度下，对于西南地区整体而言，地理集中指数较高，为 50.20202。因此，地理集中度指数 G0 也高于均匀分布状态，说明西南地区乡村旅游重点村的空间分布同样集中在省级尺度下。然而，就数值来看，无论在哪个尺度下，西南地区乡村旅游重点村的空间分布均衡性都不高，偏向于集聚分布。西南地区乡村旅游重点村地理集中指数值分布如图 3.2 所示。

（3）空间密度分布特征。西南地区乡村旅游重点村的空间分布密度存在不同区域差异性，具有多中心分布的特点。西南地区主要以成都、重庆主城都市区中心城区、贵阳三处为核心，围绕这三处，乡村旅游重点村呈现明显的由内及外的密度递减态势。其中，云南整体呈现中密度偏低密度，没有高密度地区。四川西部、北部等地区较多为低密度区，乡村旅游重点村分布较少。

对于重庆而言，包括三个较高密度区域，有以重庆主城都市区中心城区及周边区县和以武隆及周边地区为主的高密度区域，以及以巫山县为主的中偏高密度区域。其中，以重庆主城都市区中心城区及周边区县高密度区域为核心。整体来看，渝西的密度高于渝东的密度。对于四川而言，包括四个较高密度区域，有以成都及周边地区和广安为主的高密度区域，以及分别以宜宾和广元为主的中偏高

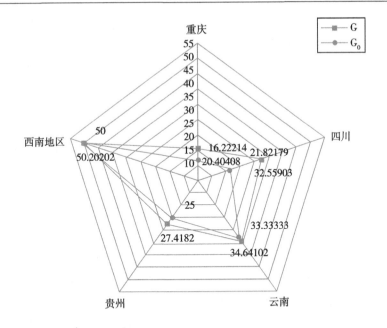

图 3.2 西南地区乡村旅游重点村地理集中指数值分布

资料来源：笔者根据西南地区乡村旅游重点村资料整理。

密度区域，主要分布在四川东部。其中，最核心的是以成都为中心，涉及眉山、乐山等城市的高密度区域。对于贵州而言，存在连片的较高密度区域，主要涉及贵阳、黔南、安顺和六盘水等地区。此外，遵义也形成了中偏高密度区域。整体来看，贵州西部的密度高于贵州东部的密度。对于云南而言，主要形成了"两核"空间密度分布格局，分别为以丽江及周边地区和昆明、曲靖、玉溪等地为主高密度区域。整体来看，云南东北部的密度高于西南部的密度。从各地核密度分布来看，省会城市及周边地区均会形成高密度区域，而其他地区较难形成高密度区域。

三、影响因素分析

（1）地形地貌。地形地貌是影响人类生产生活、交通建设和社会经济发展的基础要素，而乡村旅游重点村与乡村旅游、农业生产和农村生活有着密切的联系，因此对自然环境有着特定的需求。在此基础上，结合乡村旅游重点村的空间分布和西南地区的地形高程、坡度，并且对其进行叠加分析，以此来研究西南地区的地形地貌对乡村旅游重点村空间分布是否产生重要影响。四川以西处于高海拔区域，以东处于低海拔区域；重庆、贵州和云南整体海拔较低，但贵州西部的海拔低于东部海拔，云南整体海拔高于贵州和重庆，且呈现北高南低的特征。通过叠加分析可知，越是高海拔地区，乡村旅游重点村分布数量越少，以四川以西最为明显；海拔越低的地区乡村旅游重点村数量分布越多，以四川以东地区和重庆最为明显。因此，云、贵、川、渝各省份乡村旅游重点村分布特征与海拔具有一定的联系性。总体来讲，重庆和贵州的地理位置相对处于低海拔区域，所以乡村旅游重点村的分布数量就比较多、比较密集，分布也比较广。而云南的整体海拔水平相对高于重庆和贵州，因此在乡村旅游重点村的分布与重庆和贵州相比更为分散并且相对比较稀疏，这也表明乡村旅游重点村分布与海拔具有一定的反向联系。

西南地区坡度值分布与海拔具有相似的分布特征。除四川盆地地区的坡度值稳定在较低范围外，其余地区的坡度值存在一定的波动性。重庆和贵州地区坡度分布较为均匀，整体的坡度值较低，但坡度值不为 0。四川除四川盆地外，其余地区的坡度值较高，且在西南地区中坡度值相对最高。云南的坡度值呈现东北向西南缓慢增加的分布特征，与四川接壤的部分地区也存在较高的坡度值。同样，大部分的乡村旅游重点村的开发主要分布在坡度较低的区域，表明乡村旅游重点村分布与坡度值具有一定反向联系。

（2）气候条件。平均年降水量是一个地方气候的重要衡量指标之一。降雨数据对预测和防范洪涝灾害、对农作物生产及生态环境变化都有着极其重要的意义，与乡村旅游密切相关。将乡村旅游重点村的空间分布图与年均降水量进行叠加，以考察气候条件对西南地区乡村旅游重点村空间分布的影响。

西南地区乡村旅游重点村的年均降水量存在区域差异性。重庆整体处于高降水量水平，极少区域年均降水量为 900 毫米以下，大部分区域处在 900 毫米以上，1/3 的地区年均降水量达到 1200 毫米以上，这表明在西南地区中，重庆的年均降水量水平较高。四川年均降水量呈现阶梯式分布，从东到西，年均降水量呈现下降趋势，对比其他省市年均降水量水平较低。云南年均降水量与四川相类似，呈现阶梯分布，但其降水量范围分布相对较广，西南部地区降水量达到 1200 毫米以上。贵州大部分区域降水量在 700~900 毫米水平阶段，年均降水量较为稳定。

西南地区乡村旅游重点村大部分分布在年均降水量为 600~1100 毫米的区域，降水量偏高或偏低的区域仅含少量乡村旅游重点村，说明西南地区乡村旅游重点村与年均降水量之间存在倒 U 形关系，降水量过高或过低均不适合乡村旅游开发。

（3）水文条件。作为水文主体的河流湖泊，不仅是发展乡村旅游景观的生态资源条件而且还是满足村民生产生活的主要水资源。水源与乡村旅游重点村之间的距离，直接影响乡村旅游重点村的形成和发展。将乡村旅游重点村的空间分布图与主要河流进行叠加，筛选出二级及以上的河流湖泊，把筛选结果通过运用

ArcGIS 10.6 的 Buffer 工具对其进行缓冲分析，并找出对西南地区乡村旅游重点村空间分布产生影响的水文条件。

乡村旅游重点村多数紧靠河流，且西南地区河流分布较多。四川盆地地区的河流分布较为密集，乡村旅游重点村分布也较为密集。重庆和贵州乡村旅游重点村的集聚地也大多分布在河流周边，且分布密集。云南的主要河流分布较为均匀和分散，与乡村旅游重点村的分布特征相类似。

如表 3.7 所示，西南地区在 0~15 千米半径缓冲区内乡村旅游重点村占比 27.27%；16~30 千米半径缓冲区内乡村旅游重点村占比 11.51%；31~45 千米半径缓冲区内乡村旅游重点村占比 15.76%。显然，15 千米半径缓冲区内乡村重点村数量远高于 15 千米以外半径缓冲区内乡村旅游重点村数量。村落的亲水性可能使远离河流的重点村生态优越性降低，河距能够影响区域内乡村旅游资源开发。上述分析表明河流的分布情况以及乡村旅游重点村与河流的不同距离的水文条件对乡村旅游重点村的分布具有一定影响。

表 3.7 西南地区乡村旅游重点村在距水系不同距离的分布数量统计

距离（千米）	乡村旅游重点村数量（个）	百分比（%）
0~15	45	27.27
16~30	19	11.51
31~45	26	15.76

资料来源：笔者根据西南地区乡村旅游重点村资料整理。

（4）交通条件。与城市旅游地相比较而言，影响乡村旅游发展的因素有很多，但交通条件往往是影响发展的重要因素之一，是制约其旅游发展的短板。不同地区乡村旅游重点村的地理条件和交通的通达性存在一定程度上的差异，对乡村旅游重点村的发展和规划将产生直接影响。将乡村旅游重点村的空间分布图与主要公路进行叠加，运用 ArcGIS 10.6 的 Buffer 工具对主要公路进行缓冲分析，并找出对西南地区乡村旅游重点村空间分布产生影响的交通条件。

乡村旅游重点村多数分布在公路周围或者公路上。四川的乡村旅游重点村主要集中在成都周围，此处交通较发达，公路较多。重庆少数乡村旅游重点村分布在主要公路上，但多数乡村旅游重点村靠近公路，只有东北部地区的几个乡村旅游重点村离主要公路较远。贵州多数乡村旅游重点村分布在主要公路上，少数几个乡村旅游重点村也靠近主要公路。云南乡村旅游重点村虽然分布较分散，但大多都在主要公路周边。

如表 3.8 所示，西南地区在 0~15 千米半径缓冲区内乡村旅游重点村占比

34.55%；16~30千米半径缓冲区内乡村旅游重点村占比24.85%；31~45千米半径缓冲区内乡村旅游重点村占比17.58%。显然，15千米半径缓冲区内乡村重点村数量远大于15千米以外半径缓冲区内乡村旅游重点村数量，且距离越远数量越少。通达度高、灵活性强的交通是人们出游选择的重要参考，上述分析表明公路的分布以及乡村旅游重点村与公路之间的距离是对乡村旅游重点村分布具有重要影响的交通条件。

表3.8　西南地区乡村旅游重点村在距公路不同距离的分布数量统计

距离（千米）	乡村旅游重点村数量（个）	百分比（%）
0~15	57	34.55
16~30	41	24.85
31~45	29	17.58

资料来源：笔者根据相关资料整理。

第三节　西南地区乡村旅游其他重要资源数智赋能分析

一、西南地区非物质文化遗产

西南地区非物质文化遗产十分丰富。概括起来，包括传统音乐、舞蹈、戏曲、民俗文化等在内的西南地区非物质文化遗产，属于多个门类。

以彝族的"芦笙"等为代表的中国传统乐曲，在中国西南地区具有独特的音乐形式。在舞蹈方面，云南地区的傣族舞、彝族舞、白族舞等具有浓郁的地方特色。在戏曲方面，川剧、滇剧、黔剧等是该地区最具代表性的戏曲艺术形式。此外，壮族"三月三"、彝族"火把节"、苗族"龙船节"等一大批西南地区传统的民俗文化活动也在当地广泛开展。

值得一提的是，我国西南地区非物质文化遗产不仅多姿多彩，历史文化价值也非常高。这些遗产对保护和传承具有重要意义，既是当地群众的精神财富，也是中华传统文化的重要内容。

西南地区非物质文化遗产具有以下特点：一是具有多样性，西南地区有多个民族、多个文化，每个民族、每个文化都有自己独特的非物质文化遗产。如云南的彝、傣、白等民族，其传统的艺术形式在音乐、舞蹈、戏曲等方面各有侧重。二是具有明显的地域性，西南地区的非物质文化遗产与当地紧密相连，无论是地理环境、气候条件，还是生活方式。例如，川剧的表演风格和唱腔就受到了四川盆地潮湿多雨的气候和地形的影响。三是具有悠久的历史，西南地区非物质文化遗产由来已久，渊源深厚。例如，云南的傣族火把节可以追溯到公元1122年的南宋时期。中国西南地区非物质文化遗产的独特之处就是呈现出浓郁的地方特色和民族风情。例如，重庆火锅就是以重庆地方风味为主的一种特色餐饮文化。我国西南地区非物质文化遗产既具有一定的社会功能特征，又是一种艺术形式。例如，苗族的"龙船节"既是苗族人民庆祝丰收的重要节日，也是传承文化、维护族群认同感的重要方式。

截至目前，西南地区共有510项非物质文化遗产，如表3.9所示。

表3.9　西南地区非物质文化遗产数量　　　　　　　　　　单位：项

省份	民间文学	传统音乐	传统舞蹈	传统戏剧	曲艺	传统体游艺杂技	传统美术	传统技艺	传统医药	民俗	合计
云南	19	14	30	17	2	2	6	24	6	25	145
贵州	11	20	17	14	3	4	12	31	9	38	159
四川	7	23	20	11	6	4	25	38	3	16	153
重庆	3	14	4	3	6	1	7	7	4	4	53
小计	40	71	71	45	17	11	50	100	22	83	510

资料来源：笔者根据西南地区非物质文化遗产资料整理。

西南地区是一个多民族、多文化的地区，拥有丰富的非物质文化遗产，涵盖了音乐、舞蹈、手工艺、传统节日、民间故事等多个方面。因此，要在政策、资金、人才等方面给予更多支持，使这些文化瑰宝在新的时代背景下绽放出更加夺目的光芒，更好地保护、传承与发展。

同时，也需要加强公众意识的培育，让更多人了解、认识和关注非物质文化遗产，尊重并传承其中的价值观、知识、技能等。只有全社会的努力，才能在现代社会重新焕发起非物质文化遗产的勃勃生机。

二、西南地区传统村落情况

西南地区传统村落具有丰富的历史文化底蕴，特色的建筑风格，十分具有人文旅游价值，至今仍保存完好。

（1）总体情况。传统村落主要分布在四川、重庆等地区。其中，云南拥有古村落最多，数量达 777 个；贵州则以侗族、苗族聚居的独特村寨著称于世；四川则以川西、古镇南充市等藏族聚居地闻名世界；重庆则因其著名景点南川区的天生三桥风景区和武隆区的金佛山风景区而闻名遐迩。

（2）分布特点。

1）多山区域：西南地区地形复杂，山地较多，因此传统村落多分布在山坡上或者河谷中。例如，云南的丽江古城、贵州的黔东南州、四川的宜宾等地都有许多传统村落分布在山区。

2）多民族聚居地区：西南地区是一个多民族聚居的地区，如我国在四川凉山分布着彝族自治州、甘孜分布着藏族自治州等，是一个多民族聚居的地区。

3）历史文化名城：西南地区的传统村落往往保存较好，历史文化价值较高，一些城市也是历史文化名城。例如，重庆武隆区天生三桥景区、南川区的金佛山景区等都是历史文化名城，其周边的传统村落也得到了保护和发展。

近几年，笔者对中国传统村落名录进行了查询，对列入名录的村落数量进行了统计，如表 3.10 所示。

表 3.10　西南地区传统村落数量　　　　　单位：个

统计时间＼省份	云南	贵州	四川	重庆	合计
第一批（2012 年）	62	90	20	14	186
第二批（2013 年）	232	202	42	2	478
第三批（2014 年）	208	134	22	47	411
第四批（2016 年）	113	119	141	11	384
第五批（2019 年）	93	179	108	36	416
第六批（2023 年）	69	33	63	54	219
合计（个）	777	757	396	164	2094

资料来源：笔者根据西南地区传统村落资料整理。

根据以上数据可以看出，云南的传统村落数量最多，达到了 777 个，这可能与该地区的地理环境和民族文化有关。云南地处西南边陲，地形复杂，山地较多，因此传统村落多分布在山坡上或者河谷中。此外，云南是我国少数民族聚居最多的省份之一，传统村落的不同民族也呈现出迥异的特色，云南的少数民族聚居在云南的各个地区也是各有特色的。

贵州的传统村落数量次之，达到了 757 个。贵州地处我国西南部，地形多为丘陵和山地，也是我国少数民族聚居最多的省份之一。

四川的传统村落数量为 396 个，虽然比云南和贵州少，但仍然是西南地区传统村落数量较多的省份之一。四川地处中国西南部，地形复杂多样，也是中国历史文化名城较多的省份之一。

重庆地处中国西南部，地形多为山地和峡谷，也是中国少数民族聚居较少的省份之一，只有 164 个。然而，随着旅游业的发展和城市化的加速，重庆也在积极保护和发展传统村落。

2012 年，列入名录的传统村落共有 186 个。这个数字相对较低，可能是因为当时中国对传统村落的认定标准和保护措施还不完善。2013～2019 年公布的传统村落数量虽略有出入，但较 2012 年均呈大幅增加态势，表明各省份对传统村落的保护和管理力度逐年加强。2023 年第六批传统村落数量虽有很大程度减少，但随着中国对传统文化的重视和保护工作的加强，未来几年中国传统村落的数量可能会继续增加。

需要注意的是，以上数据只是对中国传统村落数量的变化进行简单的分析，并不能反映出每个村落的历史、文化、社会经济等方面的具体情况。

三、西南地区地理标志农产品

地理标志农产品是指在特定地域内生产的，具有特定的自然环境、人文历史和生产技术条件等因素所决定的优质、安全、有名声的农产品。这些农产品通常以地理标志作为标识，以区别于其他同类产品，并保证其品质和可信度。地理标志农产品的认定需要经过严格的审查和认证程序，包括对产地的自然环境、种植或养殖技术、生产过程、产品质量等方面的评估。只有符合相关标准的农产品才能被授予地理标志认证，从而获得国际认可和市场竞争优势。地理标志农产品通常具有高品质、高附加值和高市场价值的特点，是推动农业产业化和乡村振兴的重要手段之一。同时，它也有助于保护农民的利益，提高农产品的质量和安全性，促进区域经济发展和农村社会进步。

西南地理标志农产品是指在特定区域内生产的优质、安全、信誉良好的农产品，由特定的自然环境、人文历史和生产技术条件等因素所决定。这些产品通常以地理标志作为标识，以区别于其他同类产品，并保证其品质和可信度。

西南地理标志农产品覆盖多个省份，包括云南、贵州、四川、重庆。这些地区的地理环境和气候条件各不相同，因此在种植或养殖过程中使用的技术和原料也有所不同，从而形成了各自独特的地理标志农产品品种。

例如，普洱茶是云南的地理标志农产品，以其特殊的发酵工艺和生长环境而具有独特的陈香和口感；黄果树瀑布鱼是贵州省黄果树瀑布景区周边水域所产的鲤鱼，肉质鲜美、营养丰富；宜宾燃面则是四川宜宾生产的手工挂面，以其细而柔韧、爽口不黏的特点著称；等等。

总体来看，地理标志农产品品种丰富、品质优良，在西南地区市场前景广阔（见表3.11）。随着人们生活水平的提高和消费观念的变化，对优质、安全、健康的农产品需求不断增加，地理标志农产品的市场潜力也在不断释放。同时，相关主管部门也在加强对地理标志农产品的保护和管理，以确保其品质和品牌形象的稳定和发展。

表 3.11　西南地区地理标志农产品　　　　　　　　　　　　单位：种

省份	数量
云南	85
贵州	131
四川	184
重庆	62
合计	462

注：数据截至 2020 年 4 月 30 日。

资料来源：笔者根据西南地区地理标志农产品资料整理。

我们对西南地区的重庆、四川、贵州、云南四个省份排名前十的中国地理标志农产品进行了统计。其中蔬菜、肉类产品、粮食、茶叶、药材等占据主要地位（见图3.3、图3.4）。

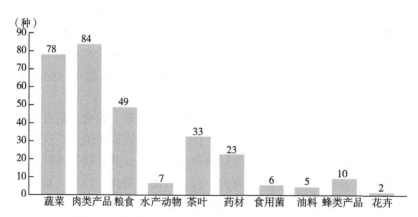

图 3.3　地理标志农产品西南地区排名前 10 位的分布

资料来源：笔者根据西南地区地理标志农产品资料整理。

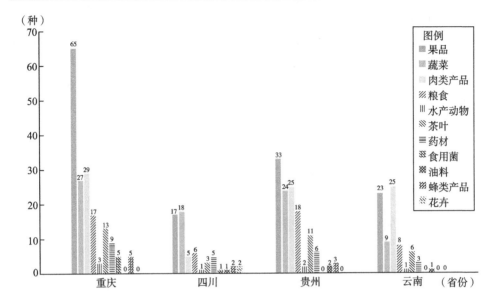

图3.4 我国西南各省份地理标志农产品10大分布排行榜

资料来源：笔者根据西南地区地理标志农产品资料整理。

我们分别对西南地区四个省份排名前十的中国地理标志农产品进行了数智赋能分析。结果显示，重庆的地理标志农产品数量最多，其次是贵州、云南、四川。特别是果品品类，重庆的数量远远超过其他三个省份的水果种类。其中，四川的地理标志农产品相对匮乏，除果品和蔬菜类，其他的农产品发展较为匮乏。

四、西南地区特色小镇情况

特色小镇是一种新型的城市化模式，它把产业和城市有机地结合起来。浙江特色小镇的成功案例就是对特色小镇发展高潮的完美演绎。

西南地区的特色小镇数量庞大，目前共有61个特色小镇（见表3.12）。

表3.12 西南地区特色小镇数量 单位：个

统计时间	云南	贵州	四川	重庆	合计
第一批	3	5	7	4	19
第二批	10	10	13	9	42
合计	13	15	20	13	61

资料来源：笔者根据西南地区特色小镇资料整理。

西南地区的特色小镇增长情况因省份而异。在第一批19个特色小镇中，有

3 个分布在云南、5 个分布在贵州、7 个分布在四川、4 个分布在重庆（见图 3.5）。第二批确定的 42 个特色小镇中，四川特色小镇数量为 13 个，云南特色小镇数量为 10 个，贵州特色小镇数量为 10 个，重庆特色小镇数量为 9 个。从总数上看，西南各省份全国特色小镇在短期内均有大幅增长。从四省份的特色小镇增长情况来看，特色小镇数量增长较为明显的是云南和贵州，增长相对较少的是四川和重庆。

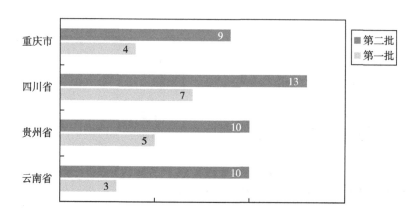

图 3.5　西南地区特色小镇（第一批、第二批）数量分布（个）

资料来源：笔者根据西南地区特色小镇资料整理。

　　特色小镇发展越来越多元化。随着人们对旅游的需求越来越高，特色小镇也在不断地发展和创新，以满足不同人群的需求。

　　一方面，在文化的传承和保护上，特色小镇会得到更多的关注。许多特色小镇都有着悠久的历史和独特的文化，这些文化元素将成为吸引游客的重要因素。因此，特色小镇将会更加注重文化传承和保护，通过举办各种文化活动和展览等方式来展示当地的文化魅力。

　　另一方面，在生态环保和可持续发展方面，特色小镇也会更加受到重视。随着人们环保意识的提高，特色小镇也将会更加注重生态环保和可持续发展。例如，一些特色小镇将会采用可再生能源、推广绿色出行等措施来减少对环境的影响。

　　总之，特色小镇的发展趋势就是多元化和个性化。未来，特色小镇将会更加注重文化传承和保护、生态环保和可持续发展等方面的发展，以满足不同人群的需求。

第四章　西南地区乡村旅游客源市场数智赋能分析

第一节　研究方法与内容

一、研究方法

1. 问卷法

问卷法是国内外调查手段中一种较为流行的方法，通过问卷收集了解消费者的心理、态度等。问卷调查法主要包括问卷设计和问卷调查两个部分，要求问卷设计要合理、信息准确，收集问卷调查结果要去除无效问卷以免对调查结果产生影响。

2. 线上线下问卷相结合

问卷调查主要分为实地发放问卷和网上发放问卷两种。本书研究区域为西南地区部分乡村旅游者，所以问卷发放地集中在云南、贵州、四川、重庆。问卷主要分为三个部分了解西南地区乡村旅游者人口特征、行为特征及对乡村旅游的认知分析，然后根据其结果再进行深入分析。在西南地区乡村旅游重点示范区随机发放问卷，在游客填写完成后收回。同时也在网络上发起了线上问卷，为期一周，本次调研共发放问卷 2000 份，回收 1900 份，有效问卷为 1800 份，有效回收率 90%。

二、研究内容

研究内容分为基本研究和应用研究，研究的主要宗旨是推进知识和变量间联系的理论，主动寻求根本性原因与更高可靠性依据。本书研究内容就是以西南地区乡村旅游者为研究对象，研究他们的人口特征和旅游前、旅游中以及旅游后的行为特征，最后还要研究他们的旅游体验感和对乡村旅游的看法和认识。

第二节　西南地区乡村旅游者人口特征分析

一、人口具体特征

1. 性别构成

在问卷调查中，参与的男性旅游者共810名，占比为45%；参与的女性旅游者共990人，占比为55%（见图4.1）。从调查结果中可以看出：在前往西南地区乡村旅游的市场中，以西南地区乡村旅游的女性游客居多。

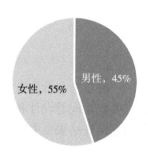

图4.1　旅游者性别结构

资料来源：笔者根据西南地区乡村旅游资料整理。

2. 年龄结构

在参与问卷调查的旅游者中，年龄在20岁以下的乡村旅游者共有324名，占比为18%；年龄在21~35岁的乡村旅游者共有450名，占比为25%；年龄在36~50的乡村旅游者共有540名，占比为30%；年龄在50岁以上的乡村旅游者共有486名，占比为27%（见图4.2）。从调查结果中可以看出：中年人和老年人是乡村旅游的主要人群。

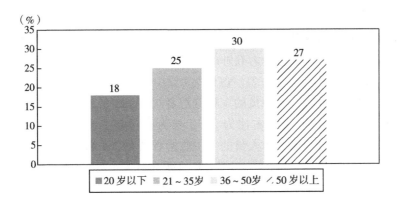

图 4.2　旅游者年龄分布

资料来源：笔者根据西南地区乡村旅游资料整理。

3. 学历结构

通过对旅游者学历结构的调查可以得出以下数据：小学及以下的乡村旅游者共有 108 名，占比为 6%；初中学历的乡村旅游者共有 108 名，占比为 6%；高中及中专学历的乡村旅游者共有 270 名，占比为 15%；大专学历的乡村旅游者共有 414 名，占比为 23%；本科学历的乡村旅游者共有 756 名，占比为 42%；研究生及以上学历的乡村旅游者共有 144 名，占比为 8%（见图 4.3）。从这个数据中可以看出：乡村旅游者的学历以大专和本科学历为主。

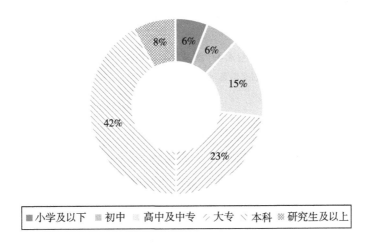

图 4.3　旅游者学历结构

资料来源：笔者根据西南地区乡村旅游资料整理。

4. 职业结构

旅游者的职业构成对于乡村旅游研究来说也很重要，身为学生的乡村旅游者共有 639 名，占比为 35%；身为教师的乡村旅游者共有 90 名，占比为 5%；身为公务员的乡村旅游者共有 108 名，占比为 6%；身为工人的乡村旅游者共有 180 名，占比为 10%；身为公司职员的乡村旅游者共有 288 名，占比为 16%；身为农民的乡村旅游者共有 54 名，占比为 3%，身为私营业主的乡村旅游者共有 180 名，占比为 10%；身为离退休人员的乡村旅游者共有 234 名，占比为 13%；其他职业的乡村旅游者共有 36 名，占比为 2%（见图 4.4）。根据以上数据，可以得出：身为学生的乡村旅游者群体中覆盖的比例较高。

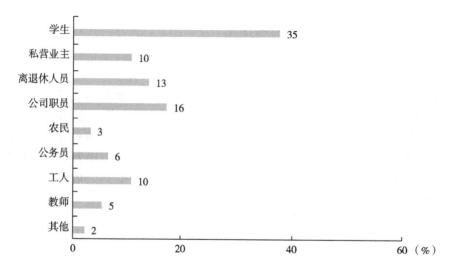

图 4.4 旅游者职业结构

资料来源：笔者根据西南地区乡村旅游资料整理。

5. 收入水平

收入是影响消费的最基础因素，旅游者的收入情况直接影响着旅游者的旅游目的地的选择以及旅游途中的消费，如住宿、交通、购物等消费。问卷结果数据显示：家庭个人收入在 1000 元及以下的乡村旅游者共有 90 名，占比为 5%；旅游者家庭个人收入在 1001~3000 元的乡村旅游者共有 540 名，占比为 30%；家庭个人收入在 5001~10000 元的乡村旅游者共有 720 名，占比为 40%；家庭个人收入在 10000 元以上的乡村旅游者共有 180 名，占比为 10%（见图 4.5）。通过对乡村旅游者收入水平的研究可以得出：大部分乡村旅游者的收入水平主要在 5001~10000 元。

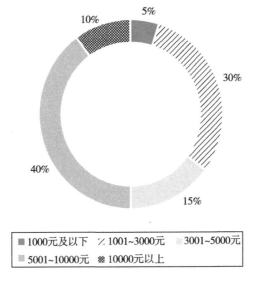

图 4.5 旅游者收入情况

资料来源：笔者根据西南地区乡村旅游资料整理。

二、总结

根据上述对西南地区乡村旅游者人口特征的分析，明显可以看出，女性占比更大，但是与男性的数量差距比较小；中年人和老年人已经成为乡村旅游的主要人群，其中中年人是主力军；在学历方面，主要以大专和本科生为主；学生在乡村旅游的覆盖率的比例很高，旅游消费意愿强烈；去乡村旅游的旅游者收入主要在 5001~10000 元。

第三节　西南地区乡村旅游者行为特征分析

一、行为具体特征

1. 旅游动机

在设计问卷调查时，因为吸引旅游者的元素很多，所以该问题设计成了多项选择题。从问卷结果数据上看，体验乡村生活；放松身心，缓解压力；感受当地民俗文化；观赏自然风光；品尝特色美食等对旅游者具有很强的吸引力（见表4.1）。

表 4.1　旅游者的旅游动机　　　　　　　　　　单位：%

旅游动机	比例
放松身心，缓解压力	28
体验乡村生活	26
和朋友聚会游玩	5
感受当地民俗文化	11
品尝特色美食	8
赶时髦，最近流行乡村旅游	1
观赏自然风光	19
其他	2

资料来源：笔者根据西南地区乡村旅游资料整理。

2. 获取途径

西南地区的游客在信息获取渠道的选择，以网络媒介和他人推荐作为获取信息的主要来源，有一半的旅游者会通过如小红书、抖音等网络平台了解出游的信息，但信息传播的渠道是多样化的，传统信息传播渠道如电视、报纸等依然能够对信息的传播起到一定的作用（见表 4.2）。

表 4.2　旅游者出游信息获取途径　　　　　　　单位：%

途径	比例
电视、广播	13
网络平台，如小红书、抖音等	50
报纸、杂志等书籍	10
他人推荐	19
其他	8

资料来源：笔者根据西南地区乡村旅游资料整理。

3. 消费预算

消费预算是影响乡村消费者的一个重要因素，它与旅游者的收入水平几乎呈正相关。消费预算在 500 元以下的乡村旅游者共有 105 名，占比为 36.8%；消费预算在 501~1000 元的乡村旅游者共有 85 名，占比为 29.8%；消费预算在 1001~1500 元的乡村旅游者共有 70 名，占比为 24.6%；消费预算在 1500 元以上的乡村旅游者共有 25 名，占比为 8.7%（见图 4.6）。从上述数据可以看出：西南地区乡村旅游者的旅游消费预算大多在 500 元以下，可以明显看出消费内需不够。

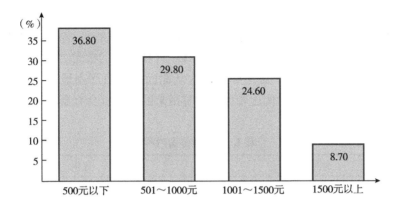

图 4.6　旅游者消费预算

资料来源：笔者根据西南地区乡村旅游资料整理。

4. 旅游同行者

西南地区旅游者出游方式包括家人亲戚出游、同事朋友出游、个人出游和其他出游四种类型，愿意与家人亲戚一起出游的乡村旅游者共有 94 名，占比为 39.4%；愿意与同事朋友一起出游的乡村旅游者共有 78 名，占比为 32.7%；愿意个人出游的乡村旅游者共有 24 名，占比为 10%；愿意与其他人一起出游的乡村旅游者共有 42 名，占比为 17.6%（见图 4.7）。因此，旅游者在进行乡村旅游时更愿意选择家人陪同，同时，也能够看出家人亲戚的意见影响着旅游情况。

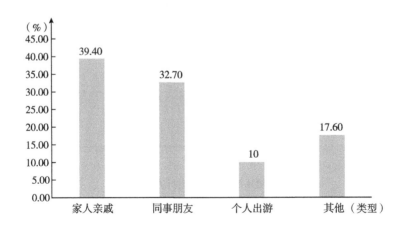

图 4.7　旅游同行者类型

资料来源：笔者根据西南地区乡村旅游资料整理。

5. 停留时间

旅游者在西南地区乡村旅游地的停留时间一般都比较短，停留时间为半天的旅游者占 10.5%，停留一天的旅游者占 26%，停留两天的旅游者占 40%，停留两天以上的旅游者占 22.6%（见表 4.3）。这从侧面反映出西南地区的旅游资源吸引力不够，不过夜的游客比例比较大，旅游带来的经济也会有影响。

表 4.3　旅游停留时间　　　　　　　　　　　　　　　单位：%

时间	比例
半天	10.5
一天	26
两天	40
两天以上	22.6

资料来源：笔者根据西南地区乡村旅游资料整理。

6. 出行方式

西南地区乡村旅游者中，50%的人通过自驾的方式到目的地，其次是乘坐公共交通，占比为 30%。除非住得离景区很近，一般比较少有人选择骑行或徒步到乡村旅游地游玩，只占总人数的 10%，但也不排除健身等兴趣爱好者愿意骑行或徒步前往（见图 4.8）。

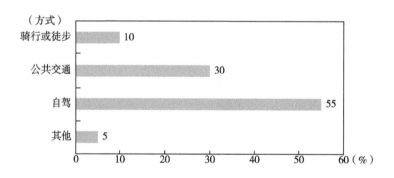

图 4.8　旅游者出行方式

资料来源：笔者根据西南地区乡村旅游资料整理。

7. 住宿停车

西南地区拥有丰富的旅游资源，且分布广泛，为了前往想要去的旅游地，人们往往会较早准备到达旅游地后的住宿问题，愿意选择民宿入住的乡村旅游者有 230

人，占比为 80.7%；愿意选择宾馆入住的乡村旅游者有 60 人，占比为 22%；愿意
选择酒店入住的乡村旅游者有 90 人，占比为 31.5%；愿意选择农家乐入住的乡村旅
游者有 80 人，占比为 28%；愿意选择招待所入住的乡村旅游者有 5 人，占比为
1.7%；愿意选择帐篷为住宿方式的乡村旅游者有 30 人，占比为 10.5%（见图 4.9）。
根据上述数据可以看出：民宿已经成为超过 80% 的乡村旅游者的第一选择了。

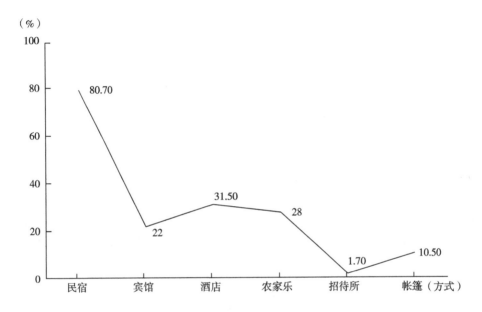

图 4.9 旅游者住宿方式

资料来源：笔者根据西南地区乡村旅游资料整理。

如果是选择自驾游，那就还涉及停车场地的选择，经过调查，在乡村旅游
时，选择在商场购物中心地面或者地下停车的有 50 人，占比为 17.5%；选择在
街边公共停车位停车的有 40 人，占比为 12%；选择在景点附近停车的有 55 人，
占比为 19.3%；选择在政府医院附近停车的有 15 人，占比为 5.2%；选择在住宿
附近停车的有 125 人，占比为 43.8%（见图 4.10）。从这个数据可以看出：接近
一半的自驾游乡村旅游者更喜欢在住宿附近停车。

8. 旅游地

西南地区乡村旅游资源很丰富，包括自然风景旅游资源和人文景观旅游资
源，旅游者的选择面很广，前往乡村民宿型的乡村旅游者共有 195 人，占比为
68.4%；前往农家乐（庄）的乡村旅游者共有 140 人，占比为 49.1%；前往农业
园（场）的乡村旅游者共有 110 人，占比为 38.6%；前往乡村营地类的乡村旅游

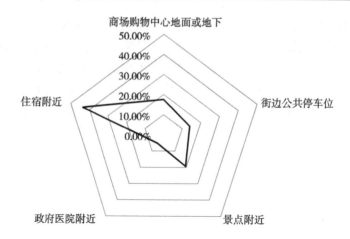

图 4.10　自驾游旅游者停车位选择

资料来源：笔者根据西南地区乡村旅游资料整理。

者共有 25 人，占比为 8.8%；前往乡村文博类的乡村旅游者共有 35 人，占比为 12.2%；前往文创工坊类的乡村旅游者共有 75 人，占比为 26.3%；参加习俗活动类的乡村旅游者共有 70 人，占比为 24.5%（见图 4.11）。明显可以看出：乡村旅游者更偏爱乡村民宿型和农家乐（庄）类，这对乡村经济的发展具有强劲的促进作用。

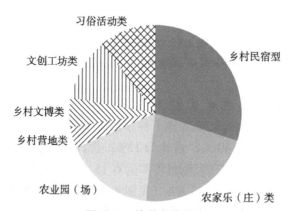

图 4.11　旅游者旅游地

资料来源：笔者根据西南地区乡村旅游资料整理。

9. 到访帧率

一般指图形处理器处理场时每秒钟能够更新的次数，通俗理解的"帧率"就是一秒之间图片在你眼前划过数量的多少，到访帧率主要表现为旅游者进行乡村旅游的频率。根据不完全统计，1个月内不去乡村旅游的人共有215人，占比为75.4%；1个月去1次乡村旅游的人共有45人，占比为15.8%；1个月内去2~5次乡村旅游的人共有20人，占比为7%；1个月内去5次以上乡村旅游的人共有5人，占比为1.7%（见表4.4）。上述数据差距较大，能够很明显地看出：西南地区的人对乡村旅游缺乏经济性和主动性。

表 4.4　旅游者到访帧率　单位：%

次数	到访帧率
一次都没有	75.4
1 次	15.8
2~5 次	7
5 次以上	1.7

资料来源：笔者根据西南地区乡村旅游资料整理。

10. 旅游组织形式

西南地区为了促进旅游业的发展，创新了旅游组织形式，主要包括自助旅游、随团旅游和自驾旅游。喜欢自助旅游的乡村旅游者共有165人，占比为57.9%；喜欢随团旅游的乡村旅游者共有25人，占比为8.8%；喜欢自驾旅游的乡村旅游者共有95人，占比为33.3%（见图4.12）。根据上述数据可以看出：旅游者在乡村旅游时更喜欢自助旅游，说明他们更喜欢跟随自己的方式、节奏和安排。

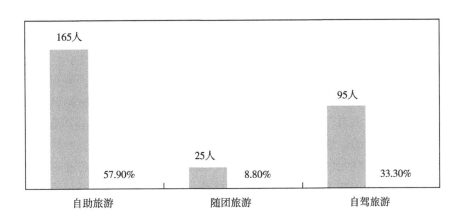

图 4.12　旅游者旅游形式的选择

资料来源：笔者根据西南地区乡村旅游资料整理。

11. 主要旅游产品

西南地区正在逐步延长旅游业的产业链，扩大副业的发展规模，如体验型和纪念品型。根据调查，喜欢生态观光类的旅游者共有 65 人，占比为 23%；喜欢农家体验类的旅游者共有 90 人，占比为 32%；喜欢休闲度假类的旅游者共有 110 人，占比为 39%；喜欢时尚运动类的旅游者共有 10 人，占比为 3%；喜欢健身康养类的旅游者共有 10 人，占比为 3%（见图 4.13）。由此可以看出：旅游者在乡村旅游时的主要旅游产品是生态观光类、农家体验类和休闲度假类，这些都是偏休闲享受。

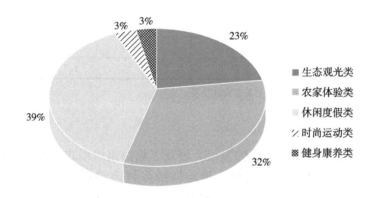

图 4.13　游客对乡村旅游类型的偏向

资料来源：笔者根据西南地区乡村旅游资料整理。

二、总结

对西南地区乡村旅游者的行为特征，该报告一共收集并分析了 11 个方面，乡村旅游者基于体验乡村生活、放松心情及缓解压力、感受民俗文化、观赏自然风光、品尝特色美食等多种动机，从网络平台或者通过他人推荐了解到了相关信息，选择了符合自己意愿的乡村民宿型旅游地。喜欢自助旅游的旅游者会带上自己的家人亲戚，拉上自己的同事朋友，与他们一起前往，而他们主要消费的旅游产品是休闲度假型的。通过考虑自己的收入和家庭的现状等因素，乡村旅游者的消费预算一般在 500 元以下，从这点足够可以看出乡村旅游的内需还有很大的激发空间，也从侧面反映了乡村旅游者的消费潜力巨大。在乡村旅游过程中，大部分人会选择自驾前往，住宿会偏向于民宿，而车辆也会随之停在住宿附近，乡村旅游时间大部分都在两天。

第四节　西南地区乡村旅游的定向旅游人群

一、青年、中年人、老年人的数据统计

西南地区的乡村旅游者按照年龄段分类，大致可以分为儿童、少年、青年、中年人和老年人，考虑到儿童和少年还未成年，思维仍很幼稚，且不具备独自出游的能力，所以我们主要分析青年、中年人和老年人三类人群的出游，如图4.14所示。这三类人群具备了全面思考的思维和能力，所以在乡村旅游时他们会考虑很多方面的因素，如目前的收入情况和收入未来预期、自身的偏好和意愿、时间规划安排等。

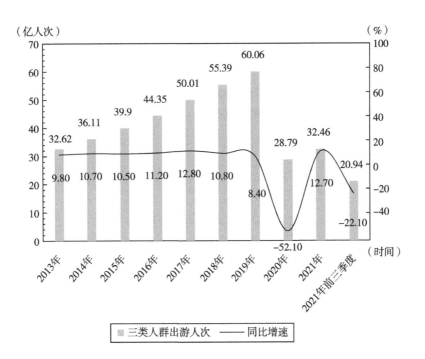

图4.14　2013~2022年前三季度青年、中年人和老年人出游人数次数及增速的变化
资料来源：笔者根据西南地区乡村旅游资料整理。

图4.15~图4.19五个词云图分别是西南地区乡村旅游者在"食""住"

"行""购""娱"五个方面的热词,热词是对一个时段内人们感兴趣且常讨论的话题的体现,从图中可以看出:在饮食方面,淄博烧烤已经掀起了狂潮,虽然不在淄博,但这不代表没有淄博烧烤;在住的选择中,民宿、酒店等是乡村旅游者的偏好;交通的选择会更喜欢自驾游,这在很大程度上满足了旅游者的旅游需求;乡村的购物对象一般是当地的农产品,购买新鲜绿色可口的瓜果是旅游者对乡村的肯定和认可;乡村的娱乐空间很大,没有城市随处可见的高楼大厦,田野、果园、溪流等都能成为旅游者的喜好地。

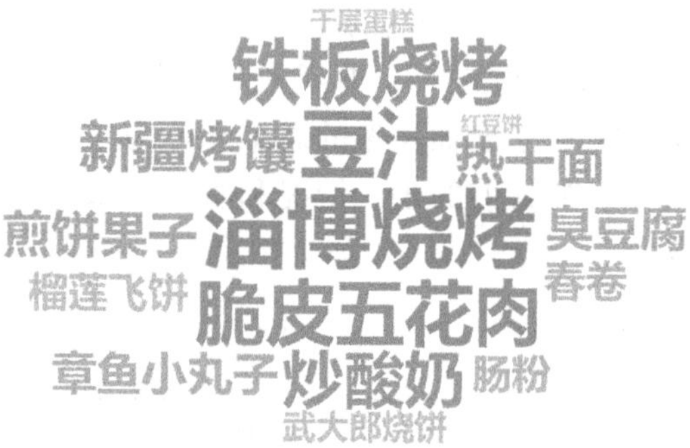

千层蛋糕
铁板烧烤
新疆烤馕 豆汁 红豆饼 热干面
煎饼果子 淄博烧烤 臭豆腐
榴莲飞饼 脆皮五花肉 春卷
章鱼小丸子 炒酸奶 肠粉
武大郎烧饼

图 4.15　乡村旅游关于"食"的热词词云图

资料来源:笔者根据西南地区乡村旅游资料整理。

家庭旅馆
度假型酒店
国际驿站 民宿 帐篷
酒店
汽车露营基地

图 4.16　乡村旅游关于"住"的热词词云图

资料来源:笔者根据西南地区乡村旅游资料整理。

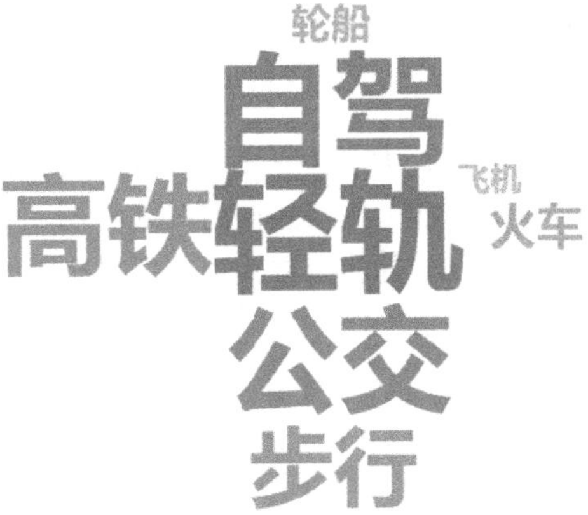

轮船

自驾

高铁轻轨 飞机 火车

公交

步行

图 4.17 乡村旅游关于"行"的热词词云图

资料来源：笔者根据西南地区乡村旅游资料整理。

桃片 鱼 梨子 桃子

陶器 李子 蓝莓

菜籽油 蔬菜 竹笋 麻花 玉米

蘑菇 水果 樱桃

竹荪 高山土豆

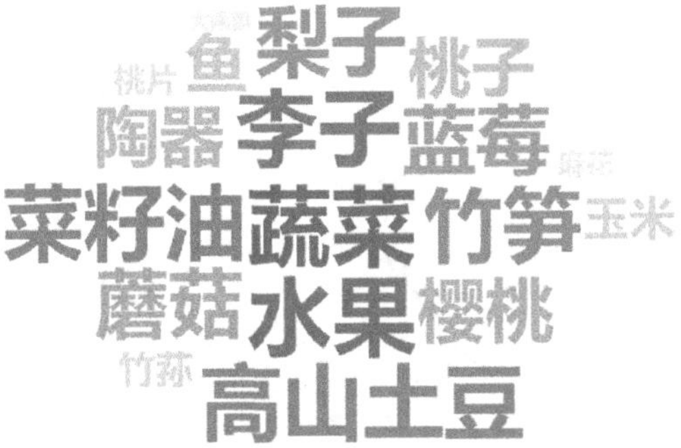

图 4.18 乡村旅游关于"购"的热词词云图

资料来源：笔者根据西南地区乡村旅游资料整理。

抖空竹 下棋 听戏曲

庙会 秋千 空中步道

划船 儿童乐园 扑克

滑雪 垂钓 麻将 徒步 漂流

索道

爬山 散步 打太极

彩虹滑道 秧歌

采摘园

真人CS战场

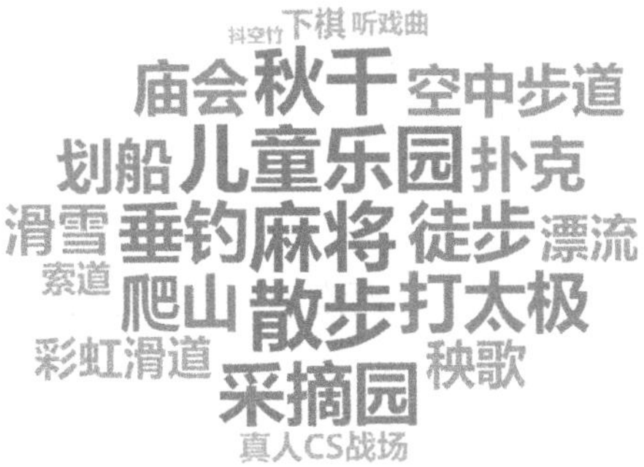

图 4.19 乡村旅游关于"娱"的热词词云图

资料来源：笔者根据西南地区乡村旅游资料整理。

二、三种定向人群

1. 青年

青年主要是以大学生为主，大学生是一个具有强烈消费意愿的群体，近年来，大学生"特种兵"式旅游成为网络热词之一（见图 4.20），以大学生为主的青年人更喜欢采用"特种兵"式的旅游方式，他们对旅游的消费意愿非常强。

图 4.20 乡村旅游热词

资料来源：笔者根据西南地区乡村旅游资料整理。

2. 中年人

根据以前数据的调查，中年人是西南地区乡村旅游的"主力军"。区别于城市的"快节奏"，乡村让中年人的节奏慢了下来，有鸟语花香和山川河流，面对清新的景色，他们躁动的心"静"了下来，用心去细细体会来自乡村的轻松惬意感。因此，我们对 310 位年龄在 35~50 岁的中年人进行了调查，调查结果如表 4.5 所示。

表 4.5 西南地区乡村旅游中对中年人的分析

内容	类别	频数（310）	百分比（%）	累计频率（%）
主要旅游产品	生态观光类	150	32.26	32.26
	农家体验类	105	33.87	66.13
	休闲度假类	70	22.58	88.71
	时尚运动类	20	6.45	95.16
	健身康养类	15	4.84	100
喜欢的旅游的类型	乡村民宿型	80	25.81	25.81
	农家乐（庄）型	95	30.64	56.45
	农家园（场）型	50	16.13	72.58
	乡村营地型	30	9.68	82.26
	乡村文博型	30	9.68	91.94
	文创工坊型	5	1.61	94.55
	习俗活动型	25	6.45	100
住宿形式	民宿	145	46.77	46.77
	宾馆	20	6.45	53.22
	招待所	5	1.61	54.83
	农家乐	80	25.81	80.64
	酒店	45	14.52	95.16
消费情况	100 元以内	20	6.45	6.45
	100~200 元	40	12.9	19.35
	201~400 元	60	19.35	38.7
	401~500 元	90	29.03	67.73
	501~1000 元	60	19.35	87.09
	1000 元以上	40	12.9	100

资料来源：笔者根据西南地区乡村旅游资料整理。

根据表 4.5 可知，中年人更偏爱的旅游类型是农家乐（庄）型，主要的旅游产品是生态观光类，住宿也会选择在民宿，这就从侧面反映了中年人前往乡村的最大目的，通过让自己沉浸在乡村的山清水秀和民风淳朴中享受当下属于自己的惬意时光；但是他们将消费控制在 200~1000 元，主要在 401~500 元，这也反映了中年人的深层意识，考虑到了自身的现状，在家庭资金累积下合理花费。

3. 老年人

老年人进行乡村旅游是当前旅游市场中的一个趋势，随着经济发展，老年人的生活保障程度更高，即使是退休，他们也有了可观的退休金，同时，由于身体机能的退化，他们的劳动力和免疫力都不如青年和中年人，所以，他们在一定程度上来说是有更多的空闲时间；不仅如此，现在的老年人很大比例都是农村出身，有强烈的乡村情结，在乡村旅游时，他们可以探寻历史文化、享受宁静环境、体验农家生活和寻找亲情归属等。根据调查，年龄在 50~70 岁的老年人更喜欢休闲类、乡村气息浓厚的乡村旅游，同时，在他们身上也体现了节约的中华传统美德。

第五节 西南地区乡村旅游者对乡村旅游认知分析

一、整体产品认知

1. 游客在乡村旅游过程中最关注的问题

西南地区乡村旅游者对旅途的安全、购物价格、饮食卫生重要性这三个方面关注程度很高，占比分别为 76.24%、64.36%、85.15%；导游服务、景区内公厕数量和卫生、娱乐项目重要性的关注程度较高，占比分别为 44.55%、55.45%、52.48%（见表 4.6）。从该数据可以看出：西南地区乡村旅游者十分注重自我人身安全和食品安全，也从侧面反映了这两种问题的紧迫性。

表 4.6 旅游过程中关注的问题 单位：%

旅游过程中关注的问题	比例
旅途的安全	76.24
购物价格	64.36
饮食卫生	85.15
导游服务	44.55
景区内公厕数量和卫生	55.45
娱乐项目	52.48

资料来源：笔者根据西南地区乡村旅游资料整理。

2. 旅游者认为选择乡村地点最重要的因素

西南地区乡村旅游者对景区便利的交通条件、优美的自然风光、舒适的旅游环境、特色的风味美食的关注程度较高，分别占比 71.29%、78.22%、68.32%、73.27%，特色的民族文化、旅游地的知名度、消费预算、住宿停车条件较为重要，分别占比 57.43%、35.64%、43.56%、29.7%（见图 4.21）。这些主要是旅游者考虑了自身的偏好以及西南地区乡村旅游业的发展情况，以达到效用最大化的目的。

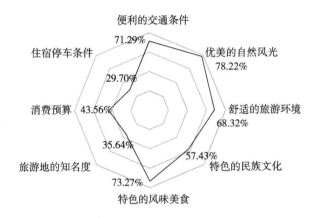

图 4.21　乡村旅游的重要影响因素

资料来源：笔者根据西南地区乡村旅游资料整理。

3. 西南地区乡村旅游者认为目前旅游目的地的不足之处

据统计，西南地区大部分乡村旅游者对旅游目的地存在的不足之处有：旅游项目没有特色与不新颖、营销推广不突出、品牌影响力不够、参观游玩环境较差、缺乏特色纪念商品、相关人员素质有待提高等，问题种类之多说明了西南地区乡村旅游目的地还有很多地方需要进一步改进且完善，相关部门可根据群众反馈的问题以及建议进行调整，打造有特色、吸引力强的乡村旅游（见图 4.22）。

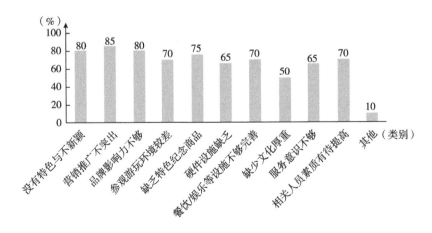

图 4.22　西南地区乡村旅游者认为目前旅游目的地的不足之处

资料来源：笔者根据西南地区乡村旅游资料整理。

二、满意度分析

通过设计量表来对西南地区内各部分较为重要的乡村旅游项目进行评分，满分为 5 分，从 5 到 1 分别代表十分不满意、不满意、一般、满意、非常满意。了解到游客对于项目的真实评价，发现该项目在游客当中总体评价不高，大部分项目的评价都在 3.5 分以上，非常接近 4 分；其中，游客最满意的是景区内工作人员的服务态度，说明当地员工都比较热情好客，态度好，服务周到，达到了 3.77 分；最不满意的是景区的交通通达度，只有 2.91 分，说明乘坐公共交通出行的游客，对于距离还不是很满意，交通便利性严重受制于西南地区复杂多样的地形，在一定程度上可以通过后期相关技术的应用得到改善（见图 4.23）。

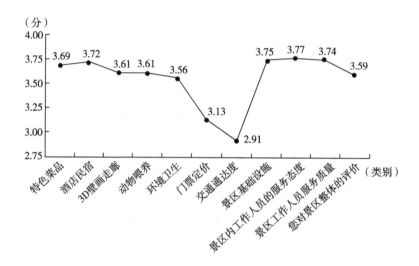

图 4.23　游客对乡村旅游各项目的满意度调查统计

资料来源：笔者根据西南地区乡村旅游资料整理。

第五章　乡村旅游高质量发展案例研究

第一节　国际乡村旅游高质量发展经典案例借鉴

乡村振兴不仅是中国迈向 2030 远景目标的重要战略，也是重要的全球议题。乡村振兴是一个世界级难题。工业革命后，全世界的城市化进程不断持续，在城市化的过程中，几乎每个国家都出现过乡村衰落的问题。乡村振兴，是一个全世界在不同时期都曾经面临或正在面临的问题。然而，相当多的发达国家，在乡村发展方面取得了巨大成就，实现了乡村城市的协同发展。而这些国家的先进经验，无疑对当前我国的乡村振兴有着重要的借鉴意义。

一、日本从"一村一品"到"里山倡议"

日本经济自"二战"结束后发展迅速，在农村根据实际耕作面积实行小规模的农业经营体系，达到发展经济和进行城市建设的现实需求。在美国的协助之下，日本的工业化和城市化发展有很大进展，但也存在其他国家城市化建设中出现的问题，即大量的劳动力开始不断涌入城市，造成农村地区空心化的现象不断加剧、城乡发展极为不平衡、农村经济发展远远落后于城市的经济发展、农村生态环境日益脆弱等一系列问题：一是农村中坚力量去往城市发展，农村从业人员出现高龄化等，荒废大量农村土地。二是城乡居民收入差距快速扩大，城乡发展不平衡日益加剧。三是小农户经营规模狭小，加之国外农产品严重冲击日本农业农村发展，造成日本农产品竞争力不强。四是农村环境污染严重，生态日趋恶化。城市产生的大量工业垃圾和生活垃圾被转移到农村，严重威胁着农村居民的生产生活和身体健康。

"一村一品"① 即以村镇为发展单位，塑造乡村品牌，它是由日本大分县前知事平松守彦先生于 1979 年倡导发起的。追求的是充分利用本地特色资源优势，将专业设计的主导产品和主导产业做大做强，形成规模化发展，在促进农民增收的同时，振兴农村经济。形成了一套提高农村地区发展活力，挖掘或者创造本地区标志性的产品和项目，同时形成国内国际优质高端的产品和项目的农村开发模式。这些项目十分注重农特产品的开发，还包括一些文化和特色旅游项目。以政府发布相关政策、给予资金补贴等方式，引导农民将山体水文、生态人文等资源融入资本市场，密切生产、物流、市场价值链的联系并不断推进发展，将乡村各类特色的工农艺品推进旅游产业，促使乡村旅游产品链条式发展，还要允许社会其他组织进入市场，为农产品价格保底，让销售渠道多元化。

里山倡议②主要是保护乡村文化与生态环境。里山是指城市与深山之间的过渡地带，这些过渡地带主要是村落及村落周边的环境，又是村落与周围山林、田野、野生动植物等环境混合为一体的状态。里山倡议是 2010 年联合国生物多样性缔约国组织提出的倡议，倡议人与自然和谐共处、保护生物多样性。在日本，特别是地震和核泄漏过后，里山倡议的实践在很多乡村地方得到开展。典型的如针江聚落，该聚落对水环境的保护，是里山精神最好的体现：居住在溪流上中下游的居民，每个人都自觉地保护溪水的清洁，不影响溪流旁居民使用；在溪水栖息着鲤鱼，清洁蔬菜与食物残渣。

在日本乡村振兴中，总结出以下几点经验值得借鉴：

（1）出台一系列法律法规，成为推进乡村振兴的法律保障。日本政府以内容完善、覆盖全面、各有侧重的法律法规体系为首要目标，结合国家的现实发展需求和大量农业农村的发展规律，促进了乡村振兴发展，使农业生产活动有法可依。

（2）通过各种形式的补贴，将劳动力吸引回农村，从事农业活动。日本的农业补贴政策为了激发农户生产活力，改善农业种植环境，各方面考虑到位，涉及农业机械设备购买补贴、基础设施建设、农业贷款利息等。此外，日本为了山区农户更加有效获得帮扶，有针对性地设计专门补贴。补贴适用于贫困村镇各个地区，基础设施建设和收入直接补贴对半支持，从两个方面提高农民生活水平。另外，注重环境友好型

---

① 资料来源：《北京农村经济》。"一村一品"是指在一定区域范围内，以村为基本单位，按照国内外市场需求，充分发挥本地资源优势，通过大力推进规模化、标准化、品牌化和市场化建设，使一个村（或几个村）拥有一个（或几个）市场潜力大、区域特色明显、附加值高的主导产品和产业。

② 日本环境部与联合国大学高等研究所在 2010 年的《生物多样性公约》第十次缔约方大会会议。190 多个缔约方就生态系统的保护措施以及自然生物资源的可持续利用等议题展开讨论。此次会议主要有 3 个目标：制定 2010 年后保护生物多样性的国际目标；确定转基因生物的赔偿和救济方案；明确生物遗传资源的利用和利益分配。

农业发展并专门执行现金补贴。最后，完善土地整理费用和流转促进补贴。

（3）注重教育，大力培养专业性素质人才。日本重视教育，无论乡村城市区域，都进行专门化培养产生人才也能留住人才，为乡村振兴运动提供人才支撑。一是注重发展乡村教育事业。二是支持社会力量参与农村教育。三是改善乡村居住环境，吸引更多人投身于乡村建设。

（4）大力促进城乡融合和农村产业融合。城乡融合和农村产业融合是近年来经济发展的一个新途径，人才、资源的相互流动为公共事业的发展创造了更多机遇，给农村注入源源不断的活力。城乡融合又可促进精品民宿、农家乐等设施及服务水平的发展，促进乡村旅游的发展，鼓励农户更新设施设备，设计体验性更强的店铺及活动，又与城镇代理商合作，双向流动，完善特色农产品销售体系。

（5）立足本地资源优势，把资源优势转化为经济优势，发展特色产业。发展乡村振兴，立足本地独特资源优势，实现资源与产品的转化，为其发展提供优质独特产品。主导产品或产业要围绕特色资源塑造。例如，日本大分县就形成了以佐伯市等为代表的草莓产业基地，以大田村等为代表的香菇产业基地等。

（6）立足创新发展，走民间主导和内生发展的道路。日本虽然国土面积狭小，但农村面广量大，人口大多分布在农村地区，各方面问题比较突出。要建设新型农村发展结构，以提高积极性促进经济增速，以人民智力取胜发挥特色优势，不由政府包办代替，保证基于本地资源内核的同时，融入市场买卖，使农户增收获益。项目发展要连接农民主动创造性，如日本大分县由布院町的旅游产业是农民参与型，本地人民与外地游客合作发展，互利共享经营成果，极大地促进由布院的旅游经济。

二、韩国政府主导的新村运动

1945 年以后，韩国农村在经济方面非常穷困，不少村庄的居住环境也非常糟糕。加之战争的破坏，韩国基础设施基本为"零"，是当时典型的最贫困国家之一。为改变国民生活困苦，社会积贫积弱的局面，时任韩国总统朴正熙上台后以发展经济为重心，借鉴其他国家实施了两个五年计划，立足于国情，确立"出口导向型"经济战略，通过重点扶持重工业和扩大出口实现经济飞速增长，缔造了"汉城奇迹"。但随着韩国整体工业化和城市化的发展，大量人口离开农村，农业劳动力流失，导致村庄土地荒废，工农业发展严重不平衡，贫富差距拉大，各种社会问题频出，矛盾加剧。

在这种社会背景下，从 1970 年起，韩国政府结合本国实际，开始正式组织实施"新村运动"① 建设。"新村运动"是以农村村庄为对象开展的社会运动，

---

① 中国农村研究网．从韩国"新村运动"解锁乡村振兴新思路［EB/OL］．http：//ccrs.ccnu.edu.cn/．

目的是缩小城乡差距，克服地方经济困难，提高乡村生活质量。韩国政府借鉴他国发展经验，筛选出1.6万个村庄作为"新村运动"的样板，在实践的同时开展研究，带动全国农民积极主动创造美好家园。"新村运动"在短时间内改变了农村贫苦落后的面貌，并让农民获得了许多好处，得到了广大农民的支持，"新村运动"由此逐步演变为自发的人民运动。

根据韩国新村运动，总结出以下几点经验值得借鉴：

（1）政府主导型与农民自主精神相结合。政府提出并主导新村运动，联合广大农民共同促进实施。政府通过建立全国性的"新村运动中央协议会"，以此确保全国新村建设运动能得到全面指挥，统一协调。同时，政府根据不同区域农村的具体情况，把全国的农村分为不同的发展类型，因地制宜，选择各村合适的发展重点，并成立专门的机构对不同类型的农村建设进行分类指导。政府同时通过提供技术培训，农业补贴等多种形式的支持调动农民自主建设新村运动的积极性，较好地推动了新村运动的发展。

可以说，在如何激发乡村内生动力方面，韩国的新村运动给我国乡村振兴工作做了极有意义的示范。在乡村振兴过程中，政府的作用是主导性的，在主导的同时，通过一系列的制度和措施，激发农民的积极性。

（2）物质文明和精神文明建设共进。农村建设要注重文化建设，政府对农村的扶持可以说是多方面的，不能单一地停留在物质支持上，加强对农民的教育引导，强化精神建设也是十分重要的。农民的思想、道德、文化水平不断提升，形成崇尚科学、崇尚文明，民风淳朴、家庭和睦、稳定和谐的社会氛围，新农村建设才是全面的。将物质内容和精神内容相融合，革新农村风貌，农民获得利益，增产增收，也就克服"等""靠""要"等不良思想和作为，提升精神文明素质，形成社会全新风尚。

（3）重视农村专业型人才培养。新村运动重视对农民的培训和教育工作，尤其是围绕政府政策，运用技术改进，形成一体综合。乡村与城市已经形成了各自的发展方向和模式，但农村发展依然落后于城市，加之近年来城市较为迅猛地发展，导致城市与乡村的发展差距越来越大，引起人才不均衡的问题。城市工作岗位更多，吸引不少人才流入，更使城市发展充满动力，而乡村中青年文化水平低、力量薄弱，乡村发展越发缓慢。因此，人才对乡村旅游高质量发展起着关键性作用。

（4）结合产业发展经验。"新村运动"的主要任务是改善农民生活条件、改善农村生活环境以及促进农民思想观念转变。改善农村人居环境是"新村运动"的首要任务，韩国政府扩大了对农村基础设施的投入，通过整顿开发农地及周边水源、改良种子、奖励互助等措施改善耕种条件、提高农产品产量和质量，增加农民收入。因此，我国通过借鉴，可以大力发展农业生产，以此增加农民收入，提高农民的消费能力。政府大力支持村民投资建设新村工厂，打造村庄特产，增加村民收入，政府为保护农产品的价格，给予一定的财政补贴，发展完善农业结构，政府以新村运动的名义，支持农村经济可持续快速发展。

（5）乡村人居环境建设经验。为建设适宜人居环境，全国大多数农村都组织实施了修建桥梁、完善公路的工程，以此加快生产生活物资等的流通，提高生活的便利性。同时，政府也积极给予贷款资助农民改善居住条件和环境。

第二节　国内乡村旅游高质量发展经典案例借鉴

一、案例一：文化创意典型乡村——凤凰文旅　展翅高飞

1. 项目背景

凤凰古城，地处湖南湘西的西南部，其不仅是怀化、吉首、贵州铜仁的交通枢纽，也是 28 个少数民族的集中居住区，以独特的人文、自然风光和古典建筑而被列入湖南十大文物保护地，有"北平遥，南凤凰"之称。建于 1704 年的凤凰古城，其古老的东门和北门的塔楼保存至今。城内寂静幽深的青石板路、沿河的木质吊脚楼、沈从文故居、杨家祖祠、大成殿、长生殿等数不胜数，将一座古城的风貌表露无遗。

2. 项目内容

（1）突出文化优势，创新文旅发展的深度内涵。凤凰古城以其独特的文化底蕴，在诸多文化中独树一帜，成为带动该地区旅游开发的主要推动力。这里有特色鲜明的"哭嫁歌""摆手舞"等丰富的传统歌舞，以凤凰古城开发及"四月八""六月六"等少数民族节庆日等具有浓郁地方特色的庆典活动；此外，凤凰古城内还传承着诸如凤纹锦缎、蜡染、银饰品等具有显著地方特色的工艺品。在凤凰古城的开发区建设基础上，应该通过整合周边地区的旅游资源来提高其竞争力。以"南华山—神凤文化—古城"为主题的观光路线是以"凤凰九景"为主要观赏点，实现了有效的旅游资源整合。同时，为了加快旅游业的发展，当地政府采取了多种措施，增加了对旅游景点的扶持力度，扩大了旅游景点的接待容量，提高了旅游景点的服务水平，改善了旅游景点的环境，所有的这些举措都旨在将凤凰古城打造成为更适宜于居民生活和旅游的场所。

（2）深耕文化保护，创业推动乡村可持续发展。凤凰古城是一座具有悠久

历史文化的城市，曾一度成为湘西地区的政治、经济、文化中心。凤凰古城是湘西独特文化的典型代表城市之一，对其的保护发展应是当地居民和政府着重考量的问题，加强对其文化遗产的保护和修复迫在眉睫，将文物古迹及旅游景区结合起来，是一项既可以保护历史古迹，又能够发展经济、传播文化的完美措施。凤凰古城以旅游业为依托，以"可持续发展"为指导思想，在保留当地文化独立和民族特色的基础上，以"创新、协调、绿色、开放、共享"为融合特色，为古建筑保护增加新的手段，为乡村发展注入了新的动力，为文化宣传增添新的色彩。

（3）发展革故鼎新，创意聚集千年古城差异性。凤凰古城在旅游发展方式上进行了创新，通过举办"水上婚礼""夜游古城""展示民族文化"等多种形式的民俗活动，吸引了越来越多的游客。同时，凤凰古城也积极拓展国际旅游市场，与国外旅行社进行了广泛的合作，并已成功组织了一系列的国际旅游和文化交流活动。凤凰古城立足于其丰厚的文化底蕴，在保留原有特色的基础上进行了积极的创新开发，充分发挥了古镇的"差异"性，开展了多种形式的活动，彰显了其发展优势。通过国内外不同形式、不同文化内涵的活动，使凤凰古城得到了飞跃式的发展。

3. 经验与启示

（1）厘清城市与乡村界限，"想为"乡村文化内涵。随着对旅游资源的持续开发，更多人把目光放在了乡村旅游的资源上，进一步开发和挖掘乡村旅游文化资源，从而达到了乡村旅游的创新发展，在开发过程中，应注意合理利用文化创意，赋予乡村旅游文化产品更深层次的文化内涵。与此同时，一定要对城乡的关系有一个准确的认识，在制订发展计划的时候，要学会运用学术界的前沿理论，在大的旅游环境下，明确城市旅游与乡村旅游之间的界限，注意在城市文化的大背景下，要不断地充实乡村文化的内涵，在翔实的文化内涵下能进行具有创新性的旅游项目与旅游产品规划。

（2）因地制宜规划发展，"能为"新型文化资源。在文化创意的视野下，要想使乡村旅游得到更大的发展，就必须遵循"因地制宜"的原则，充分重视乡村旅游和乡村文化之间的相互影响，并加强理论和实践的结合，这样一来，规划就不仅能够积极促进乡村旅游发展并起到引导作用，还能够指导我们根据各自区域的特色政策与发展规划，制定明确的发展目标。在这个过程中，必须注重提高乡村居民对于乡村文化的认识度，通过结合本土特色、资源优势以及市场需求等因素，全方位、立体化和多层次地创新开发当地的旅游资源。比如，可以考虑打造独具特色的民俗文化展示村、采摘体验基地、农家乐餐饮业等，以及配套的休闲娱乐设施等，构建出富有当地特色的新型文化资源和品牌，使乡村旅游焕发出更为绚丽多彩的生命力。

（3）发挥外在力量作用，"善为"多方力量共治。从文化创意的角度来看，乡村旅游是具有巨大潜力和发展前景的。想要让它真正走向繁荣兴盛，就必须借鉴现代化的产业发展方法和理念，将村集体的内在优势和外部力量完美结合。为实现这一目标，我们不仅需要依靠村民自身的奋斗和汗水，更需要通过开放、包容、协同的方式，融合各种资源和人才，打造多方共赢的发展格局，将政府帮扶、社会加持、知名人士帮助等外部力量结合起来，形成一种强大的合作共治氛围，共同推动乡村的文化创意发展。要想让乡村得到长期、稳定地发展，不仅需要以内生力量为支柱，还需要以外部力量为牵引，充分发挥各种力量的共治作用，从而形成一股强劲的乡村旅游发展合力，这也是一种推动乡村旅游创新发展的强大力量。

二、案例二：康养度假乡村——剑阁康养度假休闲田园特色小镇

1. 项目背景

剑阁县地处四川盆地北部边缘，属于四川省广元市。剑阁县荣获"全国文明县"和"四川省县域经济发展先进县"等称号，这个地方以其自然之美和人文之盛闻名于世，并已成为游客旅游观光的热门打卡地。同时，作为"中国最大的西部县城"，其包含了中国最大的"川北金三角"，被誉为"川北粮仓"的肥沃土地和绵延不绝的山脉，还有"蜀道明珠"。居民一直引以为豪，由于其机遇与发展，区域可持续性已得到改善，该项目计划总投资 20 亿元，建设用地 18.69 平方千米（合 28035 亩）。

图 5.1　剑阁康养度假休闲田园特色小镇①

---

① 注：本书的照片资料来源均来自文旅官方网站。

2. 项目内容

（1）落实小镇定位，"相加"多项特色功能。依托剑阁康养度假休闲乡村特色小镇得天独厚、无可比拟的区位、人文、生态等优势资源，以市场的需求为导向进行开发，把握住剑门关旅游发展的机会，对其旅游形态进行独具特色的改善和提升，在旅游功能方面展开更丰富多彩的开发，致力于创造一个集休闲娱乐、度假放松、农业观光和健康养生体验为一体的综合性乡村特色小镇。

（2）完善小镇布局，"相融"独立地形结构。基于剑阁康养度假村的自然景观、人文景观和土地状况，制订了"一环、一心、四区、多点"的功能分区规划，以便更加科学地实现发展目标。"一环"是指将各个主题区域串联起来且以生态康养型为主线的旅游环线；"一心"是指以康养、养生、度假、休闲、娱乐等为主体的综合性服务中心；"四区"包括综合性的娱乐体验区、彩色的森林观光游憩区、康养的文化体验区、自然的乡村文化体验区；而"多点"是指由不同的景点、不同的功能项目组成的独立的旅游节点。"一环，一心，四区，多点"对该项目的结构与功能进行了科学的、全面的、协调的总结，使各功能间的布局形态更为统一。

（3）创新小镇规划，"深融"各大区域功能。计划打造一个综合性的娱乐体验区，将农林观光、儿童玩乐、康养休闲等多种游乐设施引入综合游乐体验区，为游客提供全方位的娱乐享受。在这个区域中，将布局各种综合游乐设施，包括生态菜园餐厅、桃花沟、儿童乐园、黄金酥梨果园和运动休闲公园等，带动整体游乐设施的开发，满足游客不同的游玩需求。彩色的森林观光游憩区是独具特色的一个项目，小区内规划了房车休憩、星空露营、木屋餐饮等多种功能，构成了一个集观赏、休憩和餐饮于一体的观光游憩区，在这里可以驾驶房车穿行在美丽的森林中，可以在星空下享受美妙的大自然露营，还可以享受舒适、美味的木屋餐饮。康养的文化体验区是另一个重要项目，以康养文化为主要特点，将其建设成一个以康养体验为主的休闲度假胜地，将建设乡村旅馆、医疗康复中心、康养村、康养林等设施，为游客提供全方位的康养体验。最后还将建设乡村文化体验区域，以重视乡村文化的开发，突出游客的乡村体验感，为游客提供更加深入的乡村旅游体验并感受乡村文化的独特魅力。

3. 经验与启示

（1）跳出传统思维，"敢想"新兴思路。剑阁康养休闲乡村特色小镇，超越了传统的旅游开发理念，不再是简单地模仿自然，而是将生态农业、休闲旅游、健康养老等多个方面的融合，并在绿色生态的前提下，以休闲农业为载体，以养生养老为特点。充分发挥自己的创新优势，以农业、生态、文化为依托，对旅游辅助功能进行补充，健全旅游产品体系，推动"旅游+"与"农业、康养、运动、文创"等产业的深度融合，将传统的思维转化为创新的势能，创造出与当下的新需求、新形势、新动能相匹配的新型项目形态，充分发挥旅游和文化的融合效益，形成了一种新型的文旅一体化的发展格局。

（2）依托自然环境，"敢造"生态体系。绿色资源主要指的是创造出一种天然的康养环境，如森林、温泉等自然环境，充分调动人们的视觉、听觉、嗅觉、味觉、触觉等感官，行走在山中，你可以享受到美轮美奂的自然风光，也能品味到回味无穷的美味佳肴；你可以感受到弥漫在空气中的香气，也可以听到萦绕在耳边的音乐。有机融合了人的艺术和自然的美，使人在运动中休息，在休息中锻炼。让人在精神与肉体的和谐中，达到一个极致的境界。从未来康养旅游的发展趋势来看，绿色的资源环境将是项目旅游发展的强劲支持和重要依托，加上人文因素的介入，能够充分发挥生态系统的协同作用，并通过健康康养来实现与旅游各方面的融合。

（3）基于个性体验，"敢创"产品体系。针对各个年龄段的孩子，设计个性化服务。比如，为孩童提供戏水玩耍的水上乐园，为青少年提供解放天性的户外运动基地，为中青年提供释放压力的户外活动和休闲活动，包括登山、跳伞等，为老年人提供体贴入微的医疗温泉等活动。为不同的人群提供多样的服务、更多的饮食、住宿和 SPA 的选择，对于一人、两人或多人的家庭来说，更多的计划天数就代表有更多的选择。根据不同的用途，进行相应的娱乐和休闲产品的设计，比如，为病患提供疗养服务，为参展商、商务人员等设计娱乐和休闲产品。打造全方位、多样化的旅游产品与服务，形成一个持续推动项目发展的产品体系，达到高质量发展的目的。

第三节　西南地区乡村旅游高质量发展规划范例

一、城口县三元村——"绿水青山周溪镇，人杰地灵三元村"

1. 项目背景

（1）区位条件。在重庆东北部的城口县，地处长江上游地区，并且位于四川、陕西、重庆三省份的交界处。全村辖区面积约 8.94 平方千米。

（2）资源分析。

1）地形地貌：三元村地貌以高山丘陵为主，属于典型山地型村庄，整体地势呈西高东低的态势，海拔为 606.6~2133.9 米。

2）气候条件：温和宜人，降水充沛，阳光充足，四季分明，夏短冬长。

3）风貌景观：三元村地处大巴山南麓，属于大巴山弧形断褶带的南缘地带。这里由一系列呈西北至东西走向的雁列式褶皱和冲断层所构成。

4）人文资源：三村内5组有保存较好的唐全道旧居，约有300年历史；村内还有唐全道古墓、唐全道父母古墓、唐全道祖父母古墓，唐全道祖父母古墓旁边有棵丛树古树，全部有300年以上历史（见图5.2）。

图5.2　大巴山南麓

（3）宣传口号。

"九重山下三元村，周溪河畔乡愁梦"。

"田园周溪河，文武三元村"。

"览胜周溪山水，领略科举文化"。

"绿水青山周溪镇，人杰地灵三元村"。

2. 项目分析

（1）发展目标。根据发展时间的划分，主要有两个发展目标，近期目标是九重山美丽乡村后花园——城口县乡村旅游创意示范基地，而中远期的目标则是重庆乡愁经济示范村——大巴山科举文化研学示范基地。

（2）坚持"文创+旅游"融合发展。推进农业、旅游、文创三类产业融合发展，农业包括传统种植业、养殖业、果业，旅游包括避暑旅游、研学旅游，文创包括科举文化、农耕文化、乡愁文化。建立一个现代化产业体系，促进不同产业之间的交叉融合。

（3）坚持城乡融合发展。以政府宏观调控为引导，推动城乡要素实现双向流动和平等交流，促进产业和农业的相互促进，城市和乡村的互补发展，全面融合，共同实现富裕，构建一种新型城乡关系。城口层面与县内教育部门合作，联合举办城口县师生艺术节，建设科举文化研学游基地，开展艺术夏令营活动，建设城口县乡村创客基地等。

3. 项目实施

（1）文化振兴思路。

1）乡村文化建设。在乡村文化振兴的过程中，必须高度重视铸魂强根的关键作用。这可以通过加强思想道德建设、树立文明新风、开展文明创建等一系列活动来实现。推进城口县乡村文化建设，弘扬"自强、包容、创新、跨越"的本土精神。为城口县建设渝川陕毗邻地区公共文化发展高地、秦巴地区文化生态保护高地、大巴山腹地文化旅游产业融合发展强县提供有力支撑。

2）公共文化服务。三元村目前主要的公共文化服务设施是三元村便民服务中心，面积约800平方米，设一站式服务大厅、农家书屋、多功能活动室、群众工作室和办公室、文化活动中心（见图5.3）。其中，农家书屋占地面积约17平方米，内藏书籍数量超过2000册，能同时容纳多人阅读。加强公共文化设施的兴建，并不断完善公共文化服务网络，可以全面提升公共文化服务的水平和普及程度。

图5.3 三元村便民服务中心

3）文化保护传承。大力传承农耕文化，积极发展科举文化，挖掘整理地方特色民俗文化，持续传承和创新本地优秀传统文化，加强对文物的保护，并积极进行非物质文化遗产的整理和申报工作，积极推进渝东北文化生态保护示范工程。积极开发科举文化、挖掘整理地方特色民俗文化。

（2）人才振兴战略。

1）加强队伍建设。一是拓宽培训对象。着重培训农业大户、返乡农业工人以及大中专毕业生。二是在政策上积极支持和引领。三是积极鼓励新型职业农民，加快发展家庭农场、种养大户等不同类型农业经营主体，并促进农业经营主体的多元化和现代化，鼓励农民积极参与农民专业合作社和农业企业的组建，推进农业产业的发展。四是加大教育培训的力度，积极推动农民接受全面的农业技术培训与管理指导，以提升他们的专业技能与经营管理能力为主要目标。五是扶持和着重培养一批农业领域的专业经营管理人、经纪人和乡村技艺匠人。文化人才和非物质文化遗产继承人。

2）吸引人才资源。实施引才回乡工程，激励并通过下乡义工、投资兴业、助村助项目等方式，吸引和支持企业家、政府官员等各界人士。促使更多人才参与现代农业，培育"新农民"并加强贷款支持、促进配套设施建设补贴、优化税收政策，以推动农业发展。

3）优化人才环境。优化人才环境同样从四个方向入手：建立健全培养机制、完善管理服务体系，以及激励机制的完备。为此，一是可以加大对农村人才培养的经费投入，设立专项资金来支持农村人才队伍的建设；二是利用移动互联网等信息资源，创新在线培训等新型服务方式；三是建立健全资金信贷、信息服务和引导支持农民创业的政治机制；四是积极探索城乡、区域和学校与地方之间的人才培养合作和交流机制等措施。

4. 主要项目内容

（1）唐家院子、唐全道旧居。唐家院子以科举文化为主题，主要分为三个方面展示：一是对科举制度的起源、发展、不同时期的考试内容、社会影响等方面以文字或图片的方式进行展示；二是对历朝历代的科举状元事迹，以及城口的科考名人进行介绍；三是根据古代科举考试流程设置游客体验项目，让游客对科举文化有更加深入的体验。唐全道旧居展示唐家宗祠文化，通过塑像、展示牌、小视频等方式对唐家的宗祠文化进行全方位的展示，让游客充分感受旧时宗族的建筑文化、教育文化，以及礼仪文化等内容。

（2）魁星楼。魁星楼（见图5.4）主体建筑采用传统川渝建筑风格，一共有4层。一方面体现了名人文化，在不同楼层向游者展示不同名人，包括城口古代名人、城口科举名人、城口现代名人、城口现代大学生名人等，留住城口乡愁；另一方面建设三元村景观景点，提高旅游竞争力，吸引游客观光览胜，让其成为外地人了解城口的窗口。

（3）牌坊与进士林。在三元村主入口处建设具有川渝风格的牌坊（见图5.5），作为三元村文化的标志之一。牌坊的主要雕刻内容为忠孝文化，展现了忠孝文化的具体内涵：礼、义、廉、耻、诚、信、忠、孝。从入口处营造浓厚的三元村文化氛围。

图 5.4　魁星楼

图 5.5　入口牌坊

在唐家大院周边区域建设进士林。进士林注重观赏价值，修建接待点、步道、休息亭等设施。进士林主要有三个方面作用：一是传承三元村科举文化，弘扬中华优秀传统文化；二是提供参与体验项目，增强旅游体验感；三是起到绿化环境、保持水土，维护三元村生态环境。

5. 创新点

（1）创新融合发展道路，实现农文旅全面振兴。三元村积极推进农业现代化进程，重视农业科技创新，提升生产效率，提高农产品数量和质量，为文化创意产业和旅游业的发展提供了坚实的支撑；大力推行返乡创业政策，完善基础设施建设，建立创客基地，培育创客社区，推动创意农业产品和文化创意产品的创新性发展，从而进一步推动农业和旅游业的发展；以生态农业和文创产业为基础，积极推进观光、体验、文化、休闲等旅游项目的融合发展，建立现代产业体系，同时利用旅游业的发展反向推动农业和文创产业的发展，从而实现"农业+文创+旅游"三方融合发展，实现农文旅全面振兴。

（2）加强部门战略合作，上下齐心共振乡村经济。与文化、教育部门展开合作，共同建设城口县艺术夏令营基地，为广大师生提供全方位、多元化的研学、参观、学习和交流平台。与旅游部门合作，共同打造城口县乡村旅游创客基地，以乡村旅游为主导，推动人文、生态、科技一体化发展。为了让中小学生有更多机会了解和学习优秀传统文化，将与教育部门合作，着力打造研学旅游基地，积极推广魁星楼、牌坊、进士林等传统文化地标建筑，以特色建筑勾起他们对中华优秀传统文化的熟悉感，培育传承者和弘扬者。

（3）因地制宜发展乡愁经济，打造乡村避暑胜地。在生态建设方面，大巴山乡村依托丰富的山水资源，深入推进"山清水秀、绿色家园"建设，建立起一整套环保的农业体系，强调生态保护和可持续发展。打造巴山原乡，把山旅游、水旅游、草原旅游、田园旅游等多个旅游项目有机结合，把这里建成"四季皆宜、宜居宜游"的"桃花源"。同时，政府提出发展"乡村深度游"，让游客进一步深入地了解当地的历史、文化和传统生活方式，细细感受浓郁的"乡愁"情怀。在农业发展方面，大力发展绿色农业和生态农业，打造大巴山特色农产品基地。政府注重发掘当地的农业文化和品牌效应，推广巴山雪梨、白果、竹笋等特色农产品。在文化旅游方面，以宜人的气候条件和丰富多样的文化资源为基础，大巴山努力成为重庆市备受青睐的文化旅游避暑胜地。

二、楠木坪乡镇——"主城度假休闲区，四季森林会客厅"

1. 项目背景分析

（1）区位分析。位于江津四面山人文度假旅游区核心，项目地与中山古镇、四面景区等知名景区相邻，处于区域旅游圈核心。往江津城区前去的车程大约为55千米，而距离重庆市中心则约为88千米，属重庆核心区1小时生活圈。

（2）周边环境。项目处于中山古镇与四面山景区的核心部位（见图5.6），紧邻双峰寺和爱情天梯等知名景点。项目的建设能够形成景区联动，拓展自身功能，借助周围景区弥补不足，完善区域的全域旅游发展。

（3）这片地区拥有丰富多样的珍稀动植物，包括桫椤、红杉、猕猴、中华大鲵等，数量已经超过3700种。森林覆盖率高，呈现出极其丰富的氧气含量。被联合国生态学会专家誉为"天然物种基因库"，基地气候条件十分优越（见图5.7）。

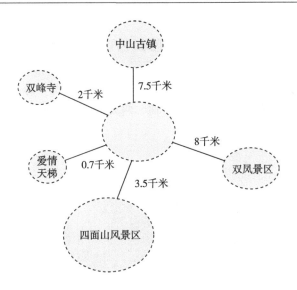

图 5.6　周边环境图示

图 5.7　江津红豆杉

（4）场地分析。

1）地形条件：坪上 900~1100 米高程，用地条件有限。

2）景观条件：整个区域高点在东侧，临崖区域视线较好，现有是大面积林地。

3）规划条件：规划过程中充分考虑土地规划、森林保护和地质风险等因素的条件。

2. 项目主要思路和分析

（1）规划定位。以乡村旅游和特色农业产业发展为驱动力，促进全域旅游的兴旺发展，同时打造江津特色农业示范区，推进乡村振兴目标的实现。

（2）规划范围与空间布局。该项目共需用地 3117 亩，总共修建建筑与景观设计点 46 个，总体规划结果分为"一轴、两翼、四大产业带"（见图 5.8）：

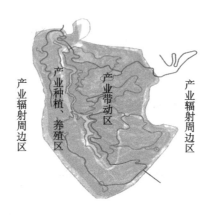

图 5.8　产业规划区分布

1）一轴：环滨湖主题轴。

2）两翼：西侧为高山中药材、富硒茶、生态养殖产业发展翼，东侧为乡村度假旅游发展翼。

3）四大产业带：高山中药材产业带、富硒茶产业带、生态养殖产业带和乡村文旅健康产业带。

3. 主要项目

（1）产业发展。

1）产业定位。以中药材、富硒茶为基础产业，结合健康养生理念，创建重庆知名特色避暑胜地，打造集乡村文旅于一体的高标准健康产业示范基地，成为集产业、旅游度假和健康养生于一体的江津全域旅游的重要组成部分。

2）产业发展。通过建立 1200 亩高标准高山中药材和富硒茶种植示范基地，形成药、茶核心产业区，同时配套 300 亩生态养殖园和蔬果采摘园，包括高品质牛羊肉、跑山猪、观赏游道、观景台等项目和设施。实现规模效应、养殖效益和旅游效应，推动产业优化升级，打造江津特色示范产业。

3）构建四大产业体系，打造以中药材、富硒茶为核心的四大产业融合乡村示范基地（见图 5.9）。

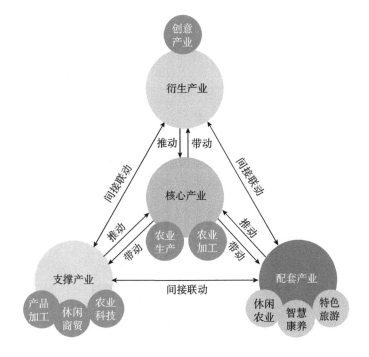

图 5.9　四大产业体系

核心产业：以中药材、富硒茶的种植、农产品生产和研发，以及基地农业生产、农业休闲活动为支撑，构筑起药茶核心产业链，助力产业持续高质量发展。

支撑产业：以药茶产品为基础，延伸产业链，推动休闲农产品的发展，包括研发、加工、广告宣传和推广，同时吸引金融和传媒企业等参与其中。

配套产业：以基地为核心，形成周边创意农业的产业群，包括旅游、餐饮、娱乐、培训、教育、养生度假等相关产业，为其提供良好的环境和氛围，推动技术交流和信息互通。

衍生产业：以药材和茶叶为主题，并结合相关的特色农产品文化创意成果，形成其他产业群发展要素。

（2）基础设施。

1）旅游接待中心。设计理念：将环境自然形态融入建筑当中，并将其作为整个项目的核心建筑，旅游接待中心依次承载游客接待、区域展示、休息区、茶歇休闲区、农产品展示区等功能，最大限度地服务旅游者（见图 5.10）。

图 5.10　旅游接待中心设计

2）特色民宿酒店。设计理念：特色民宿酒店作为整个项目的特色亮点，是由整体布局牵动内部布置而依次递进的，使游玩人群能够更加轻松地贴近自然，享受轻松惬意的悠闲时光。

3）邻湖餐厅。设计理念：邻湖餐厅整体给人休闲放松的装饰布局，室内设计则另辟蹊径，以远眺湖景为主题，将色彩和图案层层叠加到地毯、门牌、背景墙和艺术品上，给人以不同的视觉冲击和精神体验（见图 5.11）。

图 5.11　邻湖餐厅效果

4）民俗风情商业街。设计理念：打造旅游山水联动商业建筑，使人群在游走商业街的同时又能体会到旅游山水的感觉，做到商业与山水的融合效果，建筑整体带动文旅接待商业氛围，为后期宣传引流做铺垫（见图 5.12）。

图 5.12　民俗风情商业街效果

（3）景观规划。

1）艺术展销中心。设计理念：集艺术表演、艺术品展览、土特产销售于一体的综合性核心建筑，在艺术氛围浓厚的空间中加入农村特色产品，使游玩者眼前一亮。该艺术展销中心能够很好地提高园区建筑功能的多样性，满足游客的游玩性，提升其服务的能力和质量，且极具审美价值，给游玩者视觉、味觉和感觉的高度享受（见图 5.13）。

图 5.13　艺术展销中心效果

2）农业博物馆。设计理念：呈现和体验人类与大自然千百年来和谐相处的生态观念。在尊重自然地貌的前提下，巧妙地利用山势，根据不同地理条件灵活布局，形成富有情景化、生态化的公共人文空间。

3）茶叶园体验基地。设计理念：打造集摘茶、制茶、品茶等于一体的茶叶体验基地。传统民俗体验工坊作为民俗文化展示的一个载体，延续民俗特色，增强游客互动体验，更好地促使"农业+旅游"的有机结合发展（见图 5.14）。

图 5.14　茶叶园体验基地效果

4）休闲茶室。设计理念：整个园区不仅是人们休闲娱乐的场所，也是人们交流对话的空间。在园区设计中，为了更好地满足人们的休闲和交流需求，着重考虑如何打造一个开放、舒适、自由的环境。为此，在设计理念上，将为整个园区提供休闲对话空间作为重要目标之一。让游客可以在茶室的自然环境中舒适地休息，享受轻松的假日时光（见图 5.15）。

图 5.15　休闲茶室效果

5）中药材研究基地。设计理念：为了更好地推动当地中药材产业的发展，除致力于中药材种植的推广和培育，还着重考虑如何为中药材园的后续行为提供的活动空间，包括加工、提取、销售等一系列重要环节。为此在园区设计中注重加强对中药材园的整体规划和配套设施建设。为中药材加工厂、提取厂等中药材相关企业提供专门用地，并提供充足的场地和设备用于中药材加工和提取活动，旨在促进中药材的深加工和提纯，提高中药材的附加价值和市场的竞争力，以增强中药材产业的长期竞争优势和可持续发展能力（见图 5.16）。

图 5.16　中药材研究基地效果

4. 旅游活动设计

（1）田园体验民宿区。设计理念：为了提高旅游人群的幸福感和享受到更为丰富的旅游体验，注重打造亲近自然的田园体验，将自然生态与旅游文化融合为一体，为游客提供亲自体验自然之美的机会。提供多种交互式的活动方式，让游客可以更深入地了解和体验农村生活和传统文化（见图 5.17）。

图 5.17　田园体验民宿区效果

（2）林下露营区。设计理念：为了打造一个与大自然最为贴近的露营地，在设计中注重切合实际，顺势而为。结合楠木坪乡的地形地貌、气候、环保要求等因素，设计了一系列方便实用、符合生态环保标准的露营设施、布局、活动等。在露营的布局上，选择在景区内最优美的位置搭建帐篷或提供露营车，让游客能够在自然风景的环绕中感受身心的放松和愉悦（见图 5.18）。

图 5.18　林下露营区效果

（3）蔬果采摘园。设计理念：为了满足消费者对高品质蔬果的需求和追求天然、绿色、健康的生活方式，在设计中注重为蔬果种植园提供一系列活动、服务和管理机制。蔬果种植园作为本地农业产业的重要组成部分，并通过一系列措施确保消费者获得高品质、健康、安全、美味的蔬果产品。为消费群体提供高品质蔬果产品，以及带去采摘收获的趣味（见图 5.19）。

图 5.19　蔬果采摘园效果

（4）休闲文娱体验区。设计理念：为了让游玩者能更大程度地放松和娱乐，我们在设计中注重对休闲娱乐体验区的开发和优化，增加游玩活动，包括直升机坝、空中索道、月影篝火、云端廊桥+云崖茶室等诸多活动，丰富游玩者的经历，提升游客的体验感与满意度（见图5.20）。

图5.20　休闲文娱体验区实景

5. 创新点

（1）聚焦乡村全域旅游发展，联动共振实现乡村振兴。该项目紧邻双峰寺和爱情天梯等知名景点，处在区域旅游圈的核心位置，不仅拥有独特的旅游地理、人文和生态资源，同时也具备便利的交通和旅游接待设施，可以最大限度地为游客提供一个全面完整的旅游体验。楠木村乡项目正在形成景区联动和功能拓展相结合的"全域旅游发展模式"，培育乡村旅游经济增长新亮点，这不仅最大限度地利用了当地旅游资源，而且促使乡村旅游向纵深全方面发展。推动了当地特色产业的复兴与蓬勃发展，以此为中心，辐射带动其他产业高质量发展，形成了全方位、多元化、个性化的旅游体验方式，为当地乡村旅游注入了新的活力和动力。

（2）打造全龄化康旅农村，重振乡村康养功能。楠木村乡采取了产业融合式的保护性利用产业动能形成健康的协同化的发展思路。主要通过结合当地的自然生态、山体地貌和地方特色产业，实现旅游和当地经济社会发展的协同推进，同时还注重保护山体生态环境，真正做到"生态开发"。对于山体的规划开发，着重规划中药材和富硒茶叶产业，将其作为山体保护性利用的核心产业。同时，通过艺术化种植改造，促进药材林、茶林等产业在山地旅游中的应用，形成一个以药、茶产业及其附属产业为核心的全龄化康旅新农村。这样既满足了当地特色产业的需求，也为旅游开发提供了更多元化的旅游资源，提高旅游市场竞争力。

（3）引领科技前端产业创新，促进乡村振兴提质增效。通过以中药材产业链的构建为核心，促进了一二三产业之间的创新整合，将休闲娱乐、健康度假、文化艺术、农业科技、农副产品和农业活动有机结合，形成了集高文化品位、高科技、高附加值为一体的现代农业产业链，其蓬勃发展对于推动当地旅游、农业、文化和乡村振兴方面产生了广泛而深远的影响。并积极推动了当地的农业产业优化升级，在中药材产业的发展过程中，发挥中药材的健康保健作用，带动了本地茶叶、花卉、果品等一系列农业产业的纵深发展。坚持创新驱动和科技引领，关注农业的高科技性和附加值，积极开展科学研究、技术创新和人才培养，为中药材、茶叶和其他农产品的高质量发展提供支撑和保障，构建了一个健康、可持续、绿色的现代农业新生态体系。

第六章 基于 OOPP 的西南地区乡村旅游开发可持续发展研究

第一节 目标导向项目规划研究理论

一、目标导向项目规划介绍

ZOPP 是德语"Ziel Orientierte Project Planung"的缩写,即"目标导向的项目规划",又叫作 OOPP (Object Oriented Project Planning),是对城市建设、公共服务、区域经济发展和科学研究的综合分析法,有一套完整的理论体系、操作工具和工作技术。解决措施主要是基于项目调查、问题分析与诊断、项目设计、规划、实施、监测、评价与管理。

虽然目标导向的项目规划方法起源于德国,但在世界范围内,特别是在工程、项目和管理科学领域得到了广泛的关注和研究。作为项目管理体系中不可或缺的一种方法,在全球研究规范下都是适用的。基本过程包括核心问题发现、资源优势分析、问题树①的建立、目标树②的建立、项目选择与排序、项目可行性分析与项目实施。

1. 目标导向项目规划的特征

目标导向的项目计划方法(ZOPP)是一套针对具体项目的理论体系,主要

---

① 问题树又称逻辑树、演绎树或分解树等,是一种以树状图形系统地分析存在的问题及其相互关系的方法。

② 目标树是按照树形结构对目标或者设计标准进行组织的方法,它把不同的目标均归类到更高级的目标之下。

包括调查分析、分析诊断、制订计划与实施、监测与评价等。其具有以下特征：①是一个开放、准确、全面、具体的工作系统。②适用范围为团队制定整体规划发展以及具体项目的实施，在团队合作基础上进行项目实施，其难度会有所下降。③由于该方法所需要的时间较长，考虑较为周全，因此使组织更容易达成共识，实现组织目标。④采用定量与定性相结合的方法，为目标的实施指明方向，同时为后期的监督工作提供参考依据。⑤该方法是以组织目标为主导，制订工作计划并实施，同时纠正实施过程中产生的偏差，最终实现目标的过程。⑥计划的制订、实施以及实施过程中的偏差纠正都必须以目标为中心，使各利益方均满意。

2. 目标导向项目管理的原则

OOPP 在复杂的管理下也存在多样规律，涉及原则：①只有项目制订团队与实施团队就该计划达成共识，计划才有实现的可能性。②项目规划主要是找出区域内或者发展中存在的具体问题以及造成的不良影响，并且做出适当的解决方案。③项目规划的最终目标并不是必须完美，而是要找到一个各方参与者都满意的方案。

3. 目标导向项目规划的程序

它是对项目问题进行思考并从参与者那里解决问题的整个过程。研究涉及参与者分析、问题分析、优势分析、目标分析、项目规划和项目测试六个步骤，如表6.1所示。

表 6.1　目标导向项目规划实施步骤

步骤	名称	内容
1	参与者分析	将与西南地区乡村旅游发展紧密联系的个人、团体、组织和机构梳理出，并分别研究他们影响服务功能发挥起到的作用，他们即项目参与对象
2	问题分析	找出存在的问题并列出清单。把握关键问题，最后根据问题之间的关系来分析问题树
3	优势分析	通过对项目情况的调查分析，找出该项目的基本优势、一级优势、二级优势和三级优势。结合客观环境，分析可能面临的机遇、威胁和挑战
4	目标分析	将问题转化为目标，结合优劣势综合分析结果，分析转化途径和实施的可行性，形成目标树
5	项目规划	对每一个目标的工作内容、时间、成本、质量、实施方法和途径进行了详细的描述，并对目标树进行分组，形成目标群
6	项目测试	为了确保项目的顺利进行，对项目的检查和评估是按照计划和预算以及项目要求的技术性能和规格检查，检查和控制项目的所有活动

资料来源：笔者根据相关资料整理。

二、目标导向项目规划相关理论

项目管理法起源于美国，从"二战"以后作为一种全新的管理技术出现，主要内容包含各种制度、方法和人员的结合，在计算的时间、预算和目标管理内完成项目的工作：即从项目的参与者出发寻找项目到项目投资决策，直至项目完工实现项目目标的全过程。项目管理方法的适用范围主要为各种工程问题的研究，从项目的开始到结束，以及项目执行过程中的问题的反馈和纠正构成整个系统，具有较强的科学性和整体性。

1. 项目生命周期的含义

一个完整的项目有其属于自己的成长路径，这个成长路径分为几个阶段。一般包括：启动项目、制订规划、规划实施及项目结束，而具体的项目阶段和名称是由建设机构来决定的。项目的全生命周期成长还应包括项目实施后期的问题反馈和项目纠正，直至项目顺利运行，但项目实施过程的生命周期与整个项目过程的生命周期是有区别的。

2. 项目管理的五个过程

项目管理是由很多过程组成的系统。除上文提到的四个过程外，还额外增加了一个控制管理阶段。

每个阶段排列的顺序和强度不同，具体项目的实施过程也会有所不同，但是总体分为五个阶段，如图6.1所示。这五个阶段并不是独立存在的，在整个生命周期内可能会多次重复出现。不同项目的五个阶段的时间可能存在差异，但是过程大体一致。

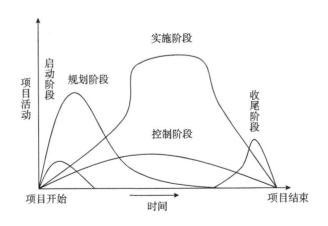

图6.1　项目管理的五个过程

资料来源：笔者根据相关资料整理。

项目生命周期反映了项目从开始到结束的整个过程的内在规律。在项目实施过程中，每一阶段结束时，项目经理、项目参与方和监理方将根据实际情况决定下一步项目是否具有持续实施的价值，项目的每个阶段都需要交接。阶段的结束与开始是连续的过程。

三、AHP 方法的具体计算步骤

1. 确定指标并构建层次结构

在具体问题分析基础上，对影响因素作出分类，设计符合对应的结构层次。层次结构一般分为三层：目标层、准则层和方案层，如图 6.2 所示。目标层既是层次结构里的最高层，也是整个项目的终极目标；准则层是实现目标所做出的规划；方案层是规划实施过程中的具体执行手段和措施。一般越复杂问题的层次结构也越多，但最多不应超过六层，层次结构越多，关系越复杂，对结果的真实性则会造成一定的影响。

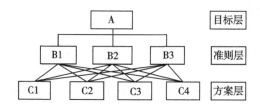

图 6.2　AHP 指标体系图例分析

资料来源：笔者根据相关资料整理。

2. 构造影响因素的判断矩阵

根据现有的层次结构模型，设目标层 A、准则层 B（具有 k 个准则因子）和方案量层 C（具有 n 个方案）。根据 Saaty 的九级标度法（见附录），通过对各层因子的成对比较，得到 A—B 和 B—C 判断矩阵（i=1，2，…，k）（见图 6.3）。

A	B_1	B_2	…	B_k	B_i	C_1	C_2	…	C_n
B_1	a11	a12	…	a1k	C_1	a11	a12	…	a1n
B_2		a22	…	a2k	C_2	a21	a22	…	a2n
…	…	…	…	…	…	…	…	…	…
B_k	ak1	ak2		akk	C_n	an1	an2		annn

图 6.3　层次分析法（AHP）的判断矩阵

资料来源：笔者根据相关资料整理。

矩阵中的具体数值需要经过大量的收集资料，或者通过专家和决策者的评判综合得出。

3. 检验判断矩阵的一致性

对关系结构复杂因子进行成对比较时，很难得出完全一致的判断，不可避免地会产生误差，进而导致特征值以及特征向量产生一定偏差。我们可以通过计算最大特征值来进行判断。

判断矩阵的一致性指标 CI 由公式 $CI = (\lambda max - n) / (n - 1)$ 获得。只要 $CI \leqslant 0.1$ 时，矩阵的一致性是可以接受的，说明误差在可忽略范围内，否则重新判断。在放宽判断矩阵一致性要求的基础上，维数 n 偏大，判断的统一性偏差。研究人员引入 CR，$CR = CI/RI$，只要 $CR \leqslant 0.1$ 是可以接受的，如表 6.2 所示。

表 6.2　RI 取值

RI	0.00	0.00	0.58	0.90	1.12	1.24	1.32	1.45	1.45

4. 判断矩阵的最大特征值和特征向量计算

关于特征向量和特征根的计算需要特别精确，一般采用方根法，当然还有很多其他的计算方法，如最小二乘法以及和积法等。方法的步骤如图 6.4 所示。

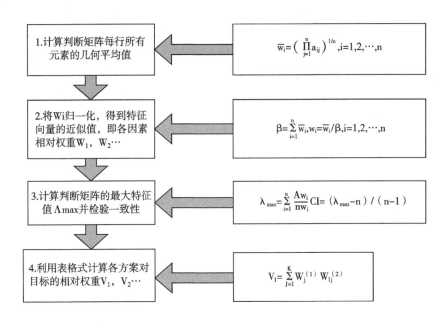

图 6.4　方根法的计算步骤

资料来源：笔者根据相关资料整理。

第二节 西南地区乡村旅游开发利益相关者分析

为了可以对西南地区乡村旅游开发可持续发展能力弱的问题进行综合全面的分析，在分析西南地区乡村旅游开发可持续发展现状和存在问题的基础上，使评价指标体系及系统变量的选取和模拟得到各方的认可。在西南地区乡村振兴、生态承载与社会治理方面，本书选取西南地区乡村旅游开发的代表性人员参与问题分析，以保证评价指标体系和关键变量的及时性和科学性。西南地区乡村振兴、生态承载、社会治理三大系统中各子系统的变量相互影响，利益参与者的思维变化和决策行为都会影响子系统的变化，进而导致系统的复杂性。利益相关者的分析可以全面反映西南地区乡村旅游高质量发展开发过程的细节，从而综合全面地考虑到利益相关者的利益。

在本案例研究中，起直接作用和间接作用的参与者包括旅游者、西南地区乡村居民、农业农户、企业业主、主管部门、专家学者。在调查之前，笔者从多个方面对影响因素进行了全面的分析，包括兴趣、特征、优势、问题及其在能力建设过程中的各类影响和作用。这应考虑到可持续发展过程中遇到的各方面因素，综合各方面意见，形成综合评价指标。指标体系的建立和数据的确定必须综合考虑更多，找出其能力建设的影响因素和相互之间的因果关系，得到西南地区乡村旅游开发协调发展的指标评价体系。关于OOPP在项目中的具体应用，采用分析现状、分析利益相关者、列举问题清单、构建问题树、确定关键问题、确定目标树、划分项目群的方法，构建了西南地区乡村旅游开发可持续发展能力评价指标体系（见表6.3）。

表6.3 西南地区乡村旅游开发利益相关者分析

分析内容＼影响者	旅游者	西南地区居民	农业农户	企业业主	主管部门	专家学者
特征分析	国内外游客；喜欢旅游；对乡村旅游有独特见解；具有丰富知识经验	直接影响西南地区乡村生态环境；政策落实的接受者	与西南地区资源息息相关；生活在西南地区周边；从事农业生产	从事各类制造业、加工业和饭店业；影响区域经济发展；承担社会责任	监督西南地区环境污染；打造特色文化产业；给予政策和资金扶持	以环境保护为研究对象；注重科学依据和实证；学科观点的科学性

续表

分析内容 ＼ 影响者	旅游者	西南地区居民	农业农户	企业业主	主管部门	专家学者
重点关注内容	得到特殊文化体验；参与休闲娱乐；感受乡村带来的乐趣	能够欣赏西南地区乡村美景；经济利益保持；生态环境良好	湖水对农作物的灌溉；西南地区乡村的鱼类和植物的收获；旅游资源带来收益	企业的经济效益和发展；政府政策的变化和调控；西南地区资源可利用程度	促进地区经济发展；提升民众满意度；提升地区形象；提高政府行政效率	树立可持续发展观念；以西南地区乡村旅游开发为研究对象；满足游客和不同居民的需求
问题分析	文化层次、道德修养和社会经验不一致；容易受到环境影响；对景区旅游资源要求较高	对西南地区乡村旅游开发可持续发展的观念有待转变；存在竭泽而渔的行为；对生态破坏不负责任	农业生产影响环境认识不够；农药化肥的滥用；对西南地区资源保护意识不足；缺乏长远考虑	各个企业对西南地区诉求不同；业主的发展理念落后；短期行为多；对生态破坏责任意识不足	资金和政策扶持力度不够；监督管理力度不足；生态补偿机制不完善；执法力度不足	对于非本专业的知识经验的缺乏；缺乏有力的政策支持；考虑得不全面
优势分析	旅游经验丰富；对乡村旅游发展有独特感受；给出的意见客观现实；能较好地体现评价客观性	长时间居住会带来对西南地区的情感；西南地区丰富资源带来实际利益；西南地区状况全面评价	西南地区生态的直接影响者；对西南地区变化有全面认知；对西南地区文化把握较深；热爱家乡和故土	企业的参与对生态保护有利；为政府政策制定提供建议；解决西南地区民众就业和生活	掌握一定的社会与经济资源；对社会稳定和经济发展的全盘考虑；管理经验丰富	根据专业知识提出合理建议；进行相关研究提出合理可行的意见和建议；科学性和操作性强
影响作用	影响西南地区净迁入数量；增加西南地区污染物废气、废水和废物；影响地区 GDP	自觉维护西南地区乡村生态环境；减少生活废气、废水、废物排放	直接影响西南地区环境；对制定政策有一定影响；对西南地区长远发展影响	企业"三废"排放；影响民众对发展与保护的观念；影响区域经济；政策制定	监督和控制乡村旅游开发可持续发展影响因素；对民众观念的引导；政策制定	评价和建议西南地区乡村旅游开发可持续发展改进方法；为政府提供思路参考

资料来源：笔者根据西南地区乡村旅游开发利益相关资料整理。

第三节 西南地区乡村旅游开发协调发展问题树分析

根据对上述问题的整理分析，用问题矩阵或问题清单等方法逐步发现关键所在，本书尝试建立西南地区乡村旅游开发协调发展问题树。因为研究内容主要是关于"西南地区乡村旅游开发协调发展"的综合研究，其服务功能发挥受国家政策、企业投融资、景区、消费者等影响。因此，在寻找问题树时，要注意深入思考问题的前因后果。运用原因、问题、结果的思维方式思考分析，有利于快速地找到关键问题所在。

采用自下而上的逻辑，从问题到原因的方向分析，西南地区乡村旅游开发协调发展能力弱是核心问题，主要原因是：环境保护压力大、经济发展速度迟缓、政策规划不到位等这几个方面，究其个别原因背后还有更深层次的本质内涵。根据核心问题的发展到结果的分析，西南地区乡村旅游开发协调发展能力弱又会导致废物大量排放、水土流失严重、生物多样性减弱、环保部门协调能力差等情况，当然具体的现状还会有更加具体的表现。按照逻辑思维，从原因到结果进行多角度综合分析，得出西南地区乡村旅游开发协调发展问题（见图 6.5）。

本章的主要研究内容是西南地区乡村旅游开发可持续发展指标体系，影响项目可持续性的因素有地区居民、生态环境变化、企业融资、国家政策等，所以在建立问题树时要更加深入研究其起因和引起的后果，在寻找核心问题的过程中，一定要不断调整制度清单，通过集思广益不断完善制度清单，做到说服力强、科学性强。在寻找核心问题时，可以采取征询专家意见的形式，集思广益，丰富制度清单。

从问题分析来看，西南地区乡村旅游开发协调发展弱是主要问题。主要原因包括：环保部门作用发挥不充分，环评部门监管不到位，地区居民环保意识不强，企业排污严重。每种原因背后还有很多详细具体的原因，要不断探索和发现。

从因果分析来看，西南地区乡村旅游开发协调发展能力弱，导致西南地区生态功能脆弱、生态环境受威胁、乡村振兴进度缓慢、社会治理质量不高等问题。在找到根源之前，得出原因和结果之后才能建立问题树。

一、西南地区乡村旅游开发可持续发展的问题矩阵

问题矩阵分析是找到关键问题的重要方法，主要运用于找出影响目标的核心

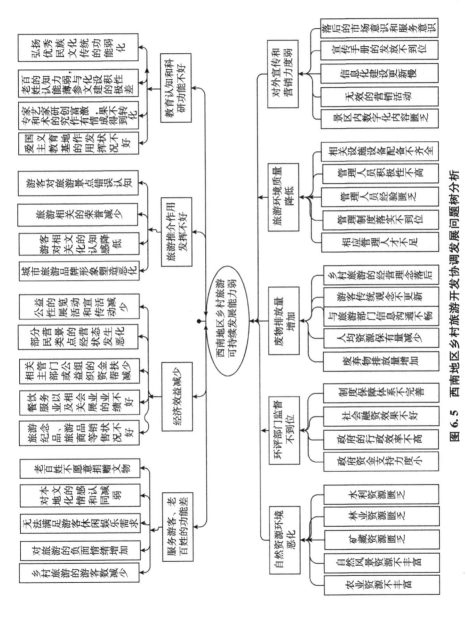

图 6.5　西南地区乡村旅游开发协调发展问题树分析

资料来源：笔者根据相关资料整理。

问题和相关问题。每位参与者对所给的影响因素进行打分，去掉最高分和最低分进行加权计算，找出每个类别的最高分，然后进行下一轮打分，最后得分最高的就是核心问题，也被称为"靶问题"。

在西南地区乡村旅游开发协调发展问题分析中，第一轮主要从社会治理问题、生态环境问题和乡村振兴问题三个方面打分；第二轮在第一轮的基础上对每个部分的内容进行评分。

通过参与者对上述两轮问题矩阵的评分和分析，得出西南地区乡村旅游开发可持续发展的主要问题是环境污染形势严峻、社会治理能力有待提升、宣传营销力度不够等。其中，最为核心的问题是西南地区乡村旅游开发协调发展能力不强。

二、乡村振兴部分的问题清单

1. 地形地貌阻碍乡村振兴

西南地区作为我国七大地理分区之一，虽然区域内相同资源较多，拥有丰富的自然旅游资源、民族特色资源等，但是成渝经济圈和云贵高原差异显著，四个省份由于地形和经济等因素形成了不同的空间格局，因此各省份间存在各自的差异性。

2. 产业基础有待提档升级

在一二三产业中，农业占比高，主导产业以传统产业为主，工业发展相对落后，产业发展不平衡，影响西南地区乡村旅游开发的可持续发展。与东部沿海等发达地区相比，乡镇企业数量少，规模小，带动效应不强，尚未形成集聚效应。西南地区属于长江上游地区，工业发展比较受限制。

3. 交通设施建设存在滞后

西南地区乡村旅游开发可持续发展受自然地理条件、硬件设施严重不足、交通设施网络密度小等多个因素影响。虽然整体交通比较通达，但部分区县尚未通火车，高速公路行驶耗时长，互联互通能力有待进一步加强。在重庆地区的63条河流中，具有较大航运价值的只有12条[①]。

4. 区域合作协调机制有待完善

西南地区乡村旅游开发可持续发展需要各市政府的共同关注。虽然彼此都在积极作为，共同建设美丽西南地区，但仍然存在资源开发恶性竞争、旅游宣传缺少联动意识、司法案件处理沟通难等问题。

5. 群众乡村振兴内生动力不足

西南地区乡村民众思想观念陈旧，科技意识薄弱，生产经营能力不高，缺乏创造财富的方式，抵御风险能力弱。部分居民依然存在"等""靠""要"的思

---

① 资料来源：中国水利网站（http://www.chinawater.com.cn/）。

想，发展产业不积极，乡村振兴产业实力有待提高。农村留守人员中老人和小孩居多，青壮年劳动力缺乏。

三、生态承载部分的问题清单

1. 人地关系紧张诱发生态问题

近年来，西南地区乡村人口不断增长，人均土地面积占比不断下降，各类生产生活垃圾随处可见，西南地区的乡村生态环境每况愈下。人多地少的矛盾越发突出，同时大量开垦荒地，破坏植被，导致水土流失更加严重，部分土地已无任何农用价值，直接造成农耕面积减少，加剧人与土地资源之间的紧张关系。

2. 生态环境存在脆弱性问题

西南地区乡村自然环境容易受到破坏，水土流失，污染加剧，其脆弱性可见。西南地区乡村土质结构特殊，并形成独有的自然气候。复杂的地势、频发的洪涝、暴雨和移民安置工程加剧灾害的发生。

3. 工业"三废"对环境带来威胁

西南地区城市工业排放的"三废"对生态环境有直接影响。在工业发展较快或者工厂较为集中的地方，二氧化硫的浓度往往也比较高，在一定气候如逆温、日照等条件下，极易形成酸雨。工业的废渣①和废水②中含有大量水体无法自净的元素，在水体当中会产生沉降，污染水体。

4. 生活废水污染对生态造成危害

西南地区乡村旅游开发的其中一个环境问题就是废水污染。西南地区城镇产生的废水很多未经处理直接排放进乡村河流区域。乡村河流蓄水后，由于水流静止，污染物不能及时排放，遗留在河流中，导致水质恶化，产生大量细菌等有害物质。

四、社会治理部分问题清单

1. 西南地区乡村旅游开发用地紧张

由于地势复杂，用于建设的土地资源十分有限，土地资源的匮乏与居民的需求不匹配。西南地区乡村旅游开发对于土地的占用是不可避免的。如果在原有地域开发旅游景点，会影响街道整体风貌和形象。行人空间面临缺失危机，想要增加街道设施和布置景观绿化困难大，这又导致乡村环境变差。

---

① 工业废渣是指在工业生产中，排放出的有毒的、易燃的、有腐蚀性的、传染疾病的、有化学反应性的以及其他有害的固体废弃物。

② 工业废水是指工业生产过程中产生的废水和废液，其中含有随水流失的工业生产用料、中间产物、副产品以及生产过程中产生的污染物。

2. 部分地区基础建设发展受限制

西南地区部分偏远地区基本的通信设施不配套，信息传达严重落后。在交通方面，山路崎岖，道路狭窄，可进入性不高，就算是可以修路搭桥，其地形原因也很难满足一些自驾游客对交通方面的需求。部分偏远地区条件简陋，环境卫生不佳，存在诸多不便。

3. 商业化或对原有文化风俗带来损害

对于一些拥有自己独特风俗文化的乡村地区，若进行旅游开发，引起的商业化现象或多或少地会对原有的淳朴乡村文化带来损害或淡化。这些地区的民俗文化也将失去其特性，让乡村旅游开发陷入尴尬的境地。

4. 西南地区乡村老龄化问题比较严重

西南地区乡村老年人逐年增加，青壮年人数减少，人口红利期已过，导致劳动力缺乏，部分地方出现招工难的现象。人口老龄化严重，子女在外工作，导致"空巢老人"增多，老年人生活孤单。

第四节　西南地区乡村旅游发展目标树分析

一、西南地区乡村旅游开发可持续发展分析

根据《项目管理知识体系指南》对目标的阐释，目标是指项目要达到的预期效果。从这个定义中可以看出目标的三个特征：时间性、方向性和目标与问题的联结性。目标分析有三个步骤：第一，目标分析的基础就是先把具体的问题变成相应的目标；第二，根据指定的目标和具体问题，需要注意的是将问题变成目标的可行性；第三，构建目标树和问题树时，需要检查问题的描述以及问题之间的相关度，做好调整与修改工作。

二、问题与目标的转化

问题和目标的转化是目标分析的关键要素，首先要考察项目问题和目标之间的可转换性和可实现性，在此基础上，问题与目标的转换将更加顺畅。结合西南地区乡村旅游高质量开发协调发展优势分析和机遇分析结果，定位好项目具体目标与问题的关系，按照因果—方法—结果的逻辑关系进行判断。在转化过程中需要考虑全面，并结合各方意见，保障结果的科学性和合理性。

研究分别对社会治理问题、生态环境问题、乡村旅游发展共识不足、政策规

划不到位这几个方面的根本问题进行目标转化，发现基本问题目标。当然，这是自上而下看的结果，在问题对象的转化上也要采取自下而上的形式，分析服务游客质量下降、宣传效果不佳、教育和科研功能缺失以及旅游效益降低等具体内容，在充分了解核心问题的基础上，进行问题与目标的转化。

三、西南地区乡村旅游开发可持续发展目标树的建立

项目计划以问题为基础，建立目标，解决问题。在做项目规划的同时，研究人员应进一步检验目标树的因果逻辑关系和顺序，如果发现问题和目标的转化过程中存在逻辑问题或者常识问题，则需要对问题树做进一步检验，并且进行调整。

在检查和纠正问题树的过程中，需要检查的内容包括：一是检验问题与目标的转化关系，以及它给项目参与者附加的好处是否能达到预期，实现既定目标。二是各目标之间应该独立且与总目标的方向一致。三是结合各方意见，将问题和目标转化，构建目标树（见图6.6）。

通过思考，重点解决国家和政府政策法规不健全不完善、西南地区乡村旅游开发可持续发展建设资金不足、居民环境意识不强、企业污染排放严重、环评部门监管不到位五个根本性问题，并从基础上进行目标转化，找到问题目标。当然，这是自下而上看的结果，在问题对象的转化上也要采取自上而下看的形式，分析西南地区乡村旅游服务功能下降、经济效益差、环境污染严重等问题。在充分把握问题树核心问题的基础上，采用自上而下和自下而上相结合的方式实现问题与目标的转化。

四、项目群的划分和归类

通过问题与目标的转化，形成目标树，接下来就是要将目标树中所出现的相近或相似的目标分类积累，建立目标群。目标"群"的寻找是研究者在对问题和目标进行全面调查和分析的基础上，以相似原则建立。每个目标"组"都是许多特定子项目的集合，通过对目标的性质和其间相似性的判断，以西南地区乡村旅游高质量开发协调发展为例，项目群及具体子项目如下：

项目群A1：社会治理项目群。

（1）提高公民生态意识保护子项目。

（2）拓展谏言纳策通道子项目。

（3）树立绿色旅游意识子项目。

（4）树立法治意识子项目。

项目群A2：生态环境项目群。

（1）加强污染治理子项目。

（2）优化监管机制子项目。

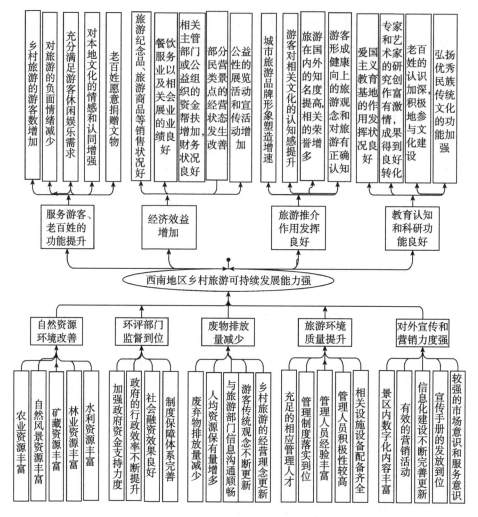

图6.6 西南地区乡村旅游开发协调发展目标树

资料来源：笔者根据相关资料整理。

（3）加强宣传教育子项目。

（4）增加绿化覆盖率子项目。

项目群A3：加强乡村振兴项目群。

（1）政策法规的完善和健全子项目。

（2）政策支持子项目。

（3）监管机制建设子项目。

（4）可持续发展专项基金建设子项目。

根据项目的综合排序和可行性分析，选择排名前三的项目分析，是实现西南地区乡村旅游开发可持续发展的关键步骤，需要说明的是，关键优化项目并不代表西南地区乡村旅游开发可持续发展问题的彻底解决，要想根本解决，需要把所有子项目都落到实处，由于篇幅问题，本书只选择重点优化项目做出分析，展示其核心内容及流程，为其他子项目提供参考依据（见图6.7）。

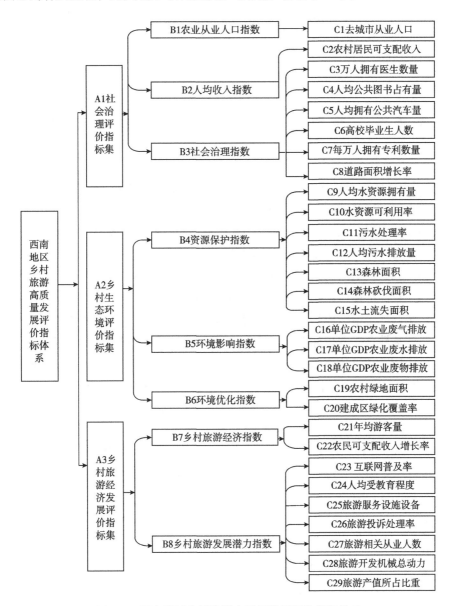

图 6.7　西南地区乡村旅游高质量发展评价指标体系

资料来源：笔者根据相关资料整理。

根据西南地区乡村旅游高质量开发协调发展指标构建原则，在整理国内外可持续发展指标的基础上，建立了西南地区乡村旅游开发可持续发展能力评价指标体系。结合对西南地区乡村旅游开发协调发展建设问题分析、目标分析和项目群分析，本书将评价指标体系划分为三个大系统，根据对西南地区经济社会发展实际情况的调研，反复修订指标，最终确定指标。在指标确定时我们确定可被统计和核算的数据为最终核定标准，结合项目群统计年鉴等原始资料数据的定量考虑确定29个指标[①]。

第五节 西南地区乡村旅游开发指标体系构建

所谓指标体系的优化，不仅优化单个指标体系，还要考虑到指标体系整体的优化，因此在优化过程中应该覆盖以下两个方面：

（1）单一指标优化是分析指标的准确度与可行性，准确度是指计算方法是否科学合理，可行性是指取值是否存在误差。

（2）整体指标优化是指多个指标之间是否一致、协调以及完整。

1）一致性是指所有指标是否均是为最终目标服务，是否存在偏差。

2）协调性是指构成所有指标之间是否存在一定联系，相辅相成。

3）完整性意味着指标系统可以全面反映系统需要实现的目标和任务。

基于国内外现有研究成果，本书的指标体系根据西南地区乡村旅游开发可持续发展的特点，采用多种方法收集数据和统计数据，并选择不同层次的指标建立西南地区乡村旅游开发可持续发展评价指标体系，如表6.4所示。

表6.4 西南地区乡村旅游开发协调发展评价指标体系

	一级指标	二级指标	三级指标	指标性质
西南地区乡村旅游开发可持续发展指标	社会治理评价指标集	农村从业人口指数	去城市从业人数（人）	越大越好
		人均收入指数	农村居民人均可支配收入（元）	越大越好
		社会治理指数	万人拥有医生数（人）	越大越好
			人均公共图书拥有量（本）	越大越好
			人均拥有公共汽车量（辆）	越大越好

① 部分定性指标通过前期对利益相关者的数据问卷调查统计而得。

续表

一级指标	二级指标	三级指标	指标性质
社会治理评价指标集	社会治理指数	高校年毕业生人数（人）	越大越好
		每万人专利量（个）	越大越好
		道路面积增长率（%）	越大越好
乡村生态环境评价指标集	资源保护指数	人均水资源量（立方米/人）	越大越好
		水资源可利用率（%）	越大越好
		污水处理率（%）	越大越好
		人均污水排放量（立方米）	越小越好
		森林面积（平方米）	越大越好
		森林砍伐面积（平方米）	越小越好
		水土流失面积（平方米）	越小越好
	环境影响指数	单位GDP农业废气排放量（亿吨）	越小越好
		单位GDP农业废水排放量（亿吨）	越小越好
		单位GDP农业废弃物排放量（亿吨）	越小越好
	环境优化指数	农村绿地面积（增建）（平方米）	越大越好
		建成区绿化覆盖率（平方米）	越大越好
乡村旅游经济发展评价指标集	乡村旅游经济指数	年均游客量（人）	越大越好
		农村支配收入增长率（%）	越大越好
	乡村旅游发展指数	互联网普及率（%）	越大越好
		人均受教育程度	越大越好
		旅游服务设施设备	越大越好
		旅游投诉处理效率（%）	越大越好
		旅游相关从业人数（人）	越大越好
		旅游开发机械总动力	越大越好
		旅游产值占比（%）	越大越好

（注：一级指标最左侧为"西南地区乡村旅游开发可持续发展指标"）

第六节　西南地区乡村旅游开发指标权重确定

利用AHP对西南地区乡村旅游开发协调发展所需实施的项目进行排序，按照以下步骤得以实现：

一、建立目标层次结构

根据前文对西南地区乡村旅游开发可持续能力进行综合分析，以及问题树和目标树的建立，得到西南地区乡村旅游开发可持续发展耦合评价指标体系层次结构图。再根据 AHP 法将本书的项目分别归纳为目标层、准则层以及措施层。

二、构建两两项目比较判断矩阵

本书主要采用问卷调查法，通过收集专家意见、评分得到整理后的数据。问卷主要包括电子版和纸质版两种，主要用于前期调研到的各政府职能部门和景区职能部门人员以及相关人士，同时根据问卷需要结合各个方面专家的评估，包括项目管理、财务管理、旅游管理以及战略管理的专家以及高校老师，准确度较高。问卷共收回 50 份，其中电子版 30 份，纸质版 20 份，最初，各专家学者对于项目的排序争议很大，分歧很多，但是经过多轮调查后，专家的意见逐渐趋同，得到判断矩阵：

$$A1 = \begin{bmatrix} 1 & 1/3 & 1/4 \\ 3 & 1 & 4 \\ 4 & 1/4 & 1 \end{bmatrix}$$

$$B1 = \begin{bmatrix} 1 & 3 & 1/2 \\ 1/3 & 1 & 1/2 \\ 2 & 2 & 1 \end{bmatrix}$$

$$B2 = \begin{bmatrix} 1 & 3 & 1/3 \\ 1/3 & 1 & 1/4 \\ 3 & 4 & 1 \end{bmatrix}$$

$$B3 = \begin{bmatrix} 1 & 1/2 \\ 2 & 1 \end{bmatrix}$$

$$C3 = \begin{bmatrix} 1 & 3 & 2 & 1/2 & 1/3 & 1/5 \\ 1/3 & 1 & 1/3 & 1/4 & 2 & 1/2 \\ 1/2 & 3 & 1 & 1/2 & 3 & 1 \\ 2 & 4 & 2 & 1 & 4 & 1 \\ 3 & 1/2 & 1/3 & 1/4 & 1 & 1/3 \\ 5 & 2 & 1 & 1 & 3 & 1 \end{bmatrix}$$

$$C4 = \begin{bmatrix} 1 & 1/2 & 1/3 & 2 & 1/3 & 1/4 & 1 \\ 2 & 1 & 3 & 1/2 & 4 & 1/2 & 1/2 \\ 3 & 1/3 & 1 & 1/3 & 3 & 2 & 1/3 \\ 1/2 & 2 & 3 & 1 & 1/2 & 2 & 1 \\ 3 & 1/4 & 1/3 & 2 & 1 & 1/3 & 2 \\ 4 & 2 & 1/2 & 1/2 & 3 & 1 & 3 \\ 1 & 2 & 3 & 1 & 1/2 & 1/3 & 1 \end{bmatrix}$$

$$C5 = \begin{bmatrix} 1 & 1/5 & 1/2 \\ 5 & 1 & 3 \\ 2 & 1/3 & 1 \end{bmatrix}$$

$$C6 = \begin{bmatrix} 1 & 1/3 \\ 3 & 1 \end{bmatrix}$$

$$C7 = \begin{bmatrix} 1 & 3 \\ 1/3 & 1 \end{bmatrix}$$

$$C8 = \begin{bmatrix} 1 & 3 & 4 & 5 & 1/2 & 7 & 2 \\ 1/3 & 1 & 2 & 4 & 2 & 5 & 1/2 \\ 1/4 & 1/2 & 1 & 3 & 1/2 & 4 & 1/3 \\ 1/5 & 1/4 & 1/3 & 1 & 1/3 & 4 & 1/3 \\ 2 & 1/2 & 2 & 3 & 1 & 5 & 1/2 \\ 1/7 & 1/5 & 1/4 & 1/4 & 1/5 & 1 & 1/4 \\ 1/2 & 2 & 3 & 3 & 2 & 4 & 1 \end{bmatrix}$$

三、利用方根法计算具体权重和进行一致性检验

运用第一个判断矩阵进行举例验证，准则层相对于目标层的权重和一致性检验，其他判断矩阵运算过程类似。

1. 准则层相对于目标层的权重和一致性检验

（1）根据判断矩阵计算每行元素几何平均数。

$$W_1 = \sqrt[n]{\prod_{j=1}^{n} a_{ij}} = \sqrt[3]{1 \times 1/3 \times 1/4} = 0.4368$$

$$W_2 = \sqrt[n]{\prod_{j=1}^{n} a_{ij}} = \sqrt[3]{3 \times 1 \times 4} = 2.2894$$

$$W_3 = \sqrt[n]{\prod_{j=1}^{n} a_{ij}} = \sqrt[3]{4 \times 1/4 \times 1} = 1$$

$$W_i = (0.4368, \ 2.2894, \ 1)$$

（2）对 W 进行归一化处理，求出特征向量 W，$W = \dfrac{W_i}{\sum\limits_{i=1}^{n} W_i}$。

计算得到 W =（0.1172，0.6144，0.2684），即 A1，A2，A3 相对于目标的权重。

（3）计算判断矩阵最大特征值并进行一致性检验。

$$\lambda 1 = \dfrac{\sum\limits_{j=1}^{n} a_{ij} w_j}{W_1} = 3.3193 \quad \lambda 2 = \dfrac{\sum\limits_{j=1}^{n} a_{ij} w_j}{W_2} = 3.3196 \quad \lambda 3 = \dfrac{\sum\limits_{j=1}^{n} a_{ij} w_j}{W_3} = 3.3196$$

$\lambda \max = 3.3195$

$$CI = \dfrac{\lambda \max - n}{n-1} = 0.10657 \quad CR = \dfrac{CI}{RI} = \dfrac{0.029}{0.90} = 0.032 = 0.01776$$

通过计算得到 CI<0.1 满足一致性，通过检验（n=3，RI=0.60）。

2. 方案层相对于准则层 B1 的权重和一致性检验

（1）根据上图判断矩阵计算每行元素的几何平均数。

$$W_1 = \sqrt[n]{\prod_{j=1}^{n} a_{ij}} \approx 1.1447 \quad W_2 = \sqrt[n]{\prod_{j=1}^{n} a_{ij}} \approx 0.5503 \quad W_3 = \sqrt[n]{\prod_{j=1}^{n} a_{ij}} \approx 1.5874$$

$W_i =$（1.1447，0.5503，1.5874）

（2）对 W 进行归一化处理，求出特征向量 W，$W = \dfrac{W_i}{\sum\limits_{i=1}^{n} W_i}$。

计算得到 W =（0.3487，0.1677，0.4836），即方案层 C1，C2，…，C9 相对于准则层 B1 的权重。

（3）计算判断矩阵的最大特征值并进行一致性检验。

通过计算得到 CI<0.1 满足一致性，通过检验（n=3，RI=0.60）。

3. 方案层相对于准则层 B2 的权重和一致性检验

（1）根据判断矩阵计算每行元素几何平均数。

$$W_1 = \sqrt[n]{\prod_{j=1}^{n} a_{ij}} = 1 \quad W_2 = \sqrt[n]{\prod_{j=1}^{n} a_{ij}} = 0.4368 \quad W_3 = \sqrt[n]{\prod_{j=1}^{n} a_{ij}} = 2.2894$$

$W_i =$（1，0.4368，2.2894）

（2）对 W 进行归一化处理，求出特征向量 W，$W = \dfrac{W_i}{\sum\limits_{i=1}^{n} W_i}$。

计算得到 W =（0.2684，0.1172，0.6144），即 C4，C5，C6 相对于目标的权重。

（3）计算判断矩阵最大特征值并进行一致性检验。

通过计算得到 CI<0.1 满足一致性，通过检验（n=3，RI=0.60）。

4. 方案层相对于准则层 B3 的权重和一致性检验

（1）根据判断矩阵计算每行元素几何平均数。

$$W_1 = \sqrt[n]{\prod_{j=1}^{n} a_{ij}} \approx 0.7071 \quad W_2 = \sqrt[n]{\prod_{j=1}^{n} a_{ij}} \approx 1.4142$$

$$W_i = (0.7071, 1.4142)$$

（2）对 W 进行归一化处理，求出特征向量 W，$W = \dfrac{W_i}{\sum\limits_{i=1}^{n} W_i}$。

计算得到 W = （0.3333，0.6667），即方案层 C7、C8 相对于准则层 B3 的权重。

（3）计算判断矩阵最大特征值并进行一致性检验。

通过计算得到 CI<0.1 满足一致性，通过检验（n=3，RI=0.60）。

5. 措施层相对于准则层 C3 的权重和一致性检验

（1）根据判断矩阵计算每行元素几何平均数。

$$W_1 = \sqrt[n]{\prod_{j=1}^{n} a_{ij}} \approx 0.7647 \quad W_2 = \sqrt[n]{\prod_{j=1}^{n} a_{ij}} \approx 0.5503 \quad W_3 = \sqrt[n]{\prod_{j=1}^{n} a_{ij}} \approx 1.1447$$

$$W_4 = \sqrt[n]{\prod_{j=1}^{n} a_{ij}} \approx 2 \quad W_5 = \sqrt[n]{\prod_{j=1}^{n} a_{ij}} \approx 0.5888 \quad W_6 = \sqrt[n]{\prod_{j=1}^{n} a_{ij}} \approx 1.7627$$

$$W_i = (0.7647, 0.5503, 1.1447, 2, 0.5888, 1.7627)$$

（2）对 W 进行归一化处理，求出特征向量 W，$W = \dfrac{W_i}{\sum\limits_{i=1}^{n} W_i}$。

计算得到 W = （0.1123，0.0808，0.1681，0.2936，0.0864，0.2588），即方案层 D3，…，D8 相对于准则层 C3 的权重。

（3）计算判断矩阵最大特征值并进行一致性检验。

6. 措施层相对于准则层 C4 的权重和一致性检验

（1）根据判断矩阵计算每行元素几何平均数。

$$W_1 = \sqrt[n]{\prod_{j=1}^{n} a_{ij}} \approx 0.5993 \quad W_2 = \sqrt[n]{\prod_{j=1}^{n} a_{ij}} \approx 1.1699 \quad W_3 = \sqrt[n]{\prod_{j=1}^{n} a_{ij}} \approx 0.9437$$

$$W_4 = \sqrt[n]{\prod_{j=1}^{n} a_{ij}} \approx 1.1699 \quad W_5 = \sqrt[n]{\prod_{j=1}^{n} a_{ij}} \approx 0.8548 \quad W_6 = \sqrt[n]{\prod_{j=1}^{n} a_{ij}} \approx 1.5112$$

$$W_7 = 1$$

$$W_i = (0.5993, 1.1699, 0.9437, 1.1699, 0.8548, 1.5112, 1)$$

（2）对 W 进行归一化处理，求出特征向量 W，$W = \dfrac{W_i}{\sum\limits_{i=1}^{n} W_i}$。

计算得到 W =（0.0827，0.1614，0.1302，0.1614，0.1179，0.2085，0.1380），即方案层 D9，…，D15 相对于准则层 C4 的权重。

（3）计算判断矩阵最大特征值并进行一致性检验。

7. 措施层相对于准则层 C5 的权重和一致性检验

（1）根据判断矩阵计算每行元素几何平均数。

$$W_1 = \sqrt[n]{\prod_{j=1}^{n} a_{ij}} \approx 0.4642 \quad W_2 = \sqrt[n]{\prod_{j=1}^{n} a_{ij}} \approx 2.4662 \quad W_3 = \sqrt[n]{\prod_{j=1}^{n} a_{ij}} \approx 0.8736$$
$$W_i =（0.4642，2.4662，0.8736）$$

（2）对 W 进行归一化处理，求出特征向量 W，$W = \dfrac{W_i}{\sum\limits_{i=1}^{n} W_i}$。

计算得到 W =（0.122，0.6483，0.2297），即方案层 D16，…，D18 相对于准则层 C5 的权重。

（3）计算判断矩阵最大特征值并进行一致性检验。

8. 措施层相对于准则层 C6 的权重和一致性检验

（1）根据判断矩阵计算每行元素几何平均数。

$$W_1 = \sqrt[n]{\prod_{j=1}^{n} a_{ij}} \approx 0.5774 \quad W_2 = \sqrt[n]{\prod_{j=1}^{n} a_{ij}} \approx 1.7321$$
$$W_i =（0.5774，1.7321）$$

（2）对 W 进行归一化处理，求出特征向量 W，$W = \dfrac{W_i}{\sum\limits_{i=1}^{n} W_i}$。

计算得到 W =（0.25，0.75），即方案层 D19，D20 相对于准则层 C6 的权重。

（3）计算判断矩阵最大特征值并进行一致性检验。

9. 措施层相对于准则层 C7 的权重和一致性检验

（1）根据判断矩阵计算每行元素几何平均数。

$$W_1 = \sqrt[n]{\prod_{j=1}^{n} a_{ij}} \approx 1.7321 \quad W_2 = \sqrt[n]{\prod_{j=1}^{n} a_{ij}} \approx 0.5774$$
$$W_i =（1.7321，0.5774）$$

（2）对 W 进行归一化处理，求出特征向量 W，$W = \dfrac{W_i}{\sum\limits_{i=1}^{n} W_i}$。

计算得到 W = （0.75，0.25），即方案层 D21，D22 相对于准则层 C7 的权重。

（3）计算判断矩阵最大特征值并进行一致性检验。

10. 措施层相对于准则层 C8 的权重和一致性检验

（1）根据判断矩阵计算每行元素几何平均数。

$$W_1 = \sqrt[n]{\prod_{j=1}^{n} a_{ij}} \approx 2.3700 \quad W_2 = \sqrt[n]{\prod_{j=1}^{n} a_{ij}} \approx 1.4478$$

$$W_3 = \sqrt[n]{\prod_{j=1}^{n} a_{ij}} \approx 0.8203 \quad W_4 = \sqrt[n]{\prod_{j=1}^{n} a_{ij}} \approx 0.4962$$

$$W_5 = \sqrt[n]{\prod_{j=1}^{n} a_{ij}} \approx 1.4724 \quad W_6 = \sqrt[n]{\prod_{j=1}^{n} a_{ij}} \approx 0.2640$$

$$W_7 = 1.8422$$

$$W_i = （2.3700，1.4478，0.8203，0.4962，1.4724，0.2640，1.8422）$$

$$W = \frac{W_i}{\sum_{i=1}^{n} W_i}$$

（2）对 W 进行归一化处理，求出特征向量 W。

计算得到 W = （0.2720，0.1662，0.0941，0.0570，0.1690，0.0303，0.2114），即方案层 D23，…，D29 相对于准则层 C8 的权重。

（3）计算判断矩阵最大特征值并进行一致性检验。

根据以上公式得出西南地区乡村旅游开发评价指标体系各指标权重，如表6.5所示。

表 6.5　西南地区乡村旅游开发评价指标体系

一级指标	二级指标	三级指标	指标性质	三级指标权重
社会治理评价指标集	农村从业人口指数	去城市从业人数（人）	越大越好	0.0143
	人均收入指数	农村居民人均可支配收入（元）	越大越好	0.0176
	社会治理指数	万人拥有医生数（名）	越大越好	0.0207
		人均公共图书拥有量（本）	越大越好	0.0118
		人均拥有公共汽车量（辆）	越大越好	0.0095
		高校年毕业生人数（人）	越大越好	0.0166
		每万人专利量（个）	越大越好	0.0121
		道路面积增长率（%）	越大越好	0.0147

续表

一级指标	二级指标	三级指标	指标性质	三级指标权重
乡村生态环境评价指标集	资源保护指数	人均水资源量（立方米/人）	越大越好	0.0136
		水资源可利用率（%）	越大越好	0.0266
		污水处理率（%）	越大越好	0.0215
		人均污水排放量（立方米）	越小越好	0.0266
		森林面积（平方米）	越大越好	0.0194
		森林砍伐面积（平方米）	越小越好	0.0344
		水土流失面积（平方米）	越小越好	0.0228
	环境影响指数	单位 GDP 农业废气排放量（亿吨）	越小越好	0.0088
		单位 GDP 农业废水排放量（亿吨）	越小越好	0.0467
		单位 GDP 农业废弃物排放量（亿吨）	越小越好	0.0165
	环境优化指数	农村绿地面积（增建）	越大越好	0.0944
		建成区绿化覆盖率（平方米）	越大越好	0.2831
乡村旅游经济发展评价指标集	乡村旅游经济指数	年均游客量（人）	越大越好	0.0671
		农村支配收入增长率（%）	越小越好	0.0224
	乡村旅游发展指数	互联网普及率（%）	越大越好	0.0487
		人均受教育程度	越大越好	0.0297
		旅游服务设施设备	越大越好	0.0169
		旅游投诉处理效率（%）	越小越好	0.0102
		旅游相关从业人数（人）	越大越好	0.0303
		旅游开发机械总动力	越大越好	0.0054
		旅游产值占比（%）	越大越好	0.0378

第七节　西南地区乡村旅游开发协调发展对策建议

一、加快推进政策落实，保障各项规划顺利实施

西南地区各省份的地方性法规是不同的，就乡村旅游方面应制定合作规章，各省市要定期协调组织召开联席会议，解决有关问题。各省市政府也应当时常加强彼此间的交流沟通，信息共享，促进多层面合作。

一方面，明确各级政府的职责。国务院领导小组及发展改革委负责监督项目计划的实施，各省政府主要负责本省计划制订，地方政府主要负责计划的具体实施，确保计划的完成。无论是省政府或当地政府都要做到政策的落实，在上级部门的领导下，下级部门要做好配合工作，做好项目实施工作，各级部门之间也要加强沟通，互助互进。

另一方面，重点抓好以下几个方面的法规建设：在民族文化政策方面、在市场共建方面、在交通一体化建设方面、在科技文化一体化建设方面、在产业合作方面、在宣传促销策略方面、塑造区域良好形象方面、在财税合作政策方面、在实施监督管理方面、关于生态环境保护方面，努力做到政策的一致协调，贯彻落实相关指导政策。

二、增大政府资金投入，确保政府转移支付落地

为加快建立健全县级基本财力保障机制需要增加财政投入，确保政府转移支付落实，增加转移支付基数和额度。中央财政拨款主要集中在西南地区乡村旅游开发可持续发展的重点地区，加大对基础设施建设的补贴力度，地方财政要确保资金落到实处。

积极推动西南地区乡村旅游开发可持续发展的金融产品创新，包括鼓励大型金融机构在西南地区设立分支，支持设立地方银行，建立和利用多层次资本市场，拓宽各方面发展的融资渠道。

三、改善教育建设发展，完成大量人才吸收计划

教育是根本所在，实施"因地制宜发展高等教育，鼓励中心城市创建特色大学"计划，以西南地区的各重点大学为中心，大力发展高等教育。文化传承、人才培养、思维创新是当代大学的主要职能。

一方面，加强学科专业结构调整。大学的两个重要载体分别是学科和专业，也是办学的立身之本，加强学科结构调整，关注当地经济发展重点和未来发展需要，促进学科转型，与社会发展和经济建设融为一体。该地区的重点大学应该突出学科特色，发挥学科效用为当地的经济和社会发展提供支持。

另一方面，努力提高学校办学质量。质量才是高等学校办学的重点，为社会培养高技术人才，解决存在的问题，才是教育的根本，这样的高校才能被称为学习的摇篮，因此提升教学质量是学校发展的终极目标。为提升办学质量，应继续深入推进质量工程建设，积极更新教育理念，培养高质量人才；改善教学环境，做到教研结合，加强学校工程建设，提高师资水平。高校不仅要教学环境良好，

拥有高水平的人才也是重中之重。如果没有高水平老师就不可能创办高水平学校。要重视理论与实际的教育结合，培养高素质人才。

四、建立旅游联盟体系，塑造西南地区整体旅游形象

充分依托西南地区特色，凸显西南地区乡村旅游形象高地的地位，强化西南地区乡村旅游综合形象的推广与集聚优势发挥。根据西南地区产业布局特点，科学合理确定不同区域的发展格局，以发挥优势。同时适当向旅游产业倾斜，培养当地的龙头产业。

整合旅游产业链，搭建统一的旅游信息网络平台。建立西南地区和谐统一的景区形象推广和营销渠道，把西南地区乡村自然资源和文化属性相似的地区整合起来，形成统一整体，推出西南地区乡村旅游的整体形象。依靠网络技术，将西南地区的历史文化和特色资源整合起来，构建全球旅游发展区域链，进行线路优化，盘活各类旅游资源，吸引广大游客。促进地区之间的信息流通，实现地区间游客的流通。想要打开旅游市场，还应该提供优质旅游服务与产品，做到保质保量，实施优质战略，创建优质旅游路线，吸引海外游客。

围绕西南地区乡村旅游可持续发展，将原生态自然风光和民族风情相融合，构建"山地休闲度假观光"等旅游形式，重点主打"奇山异水、自然观光、红色革命、商务会议、森林度假、山地休闲、民俗体验"七类旅游产品。从战略层面构建西南地区乡村旅游产品结构，提升产品内涵，针对主要客源市场西南地区城镇及周边省市，通过深度包装与组合，形成多元化、个性化的产品组合，塑造西南地区乡村旅游整体品牌。

第七章　西南地区社区居民参与乡村旅游开发全过程的机理研究

第一节　社区居民参与开发的背景

旅游开发为解决旅游资源丰富的乡村地区实现经济发展做出积极贡献，目的地社区（居民）作为实现这一路径的重要利益相关者，引发诸多学者对其参与水平和参与程度的密切关注。对于旅游目的地来说，在该范围内的旅游资源、相关活动内容以及空间位置、地域范围等都与社区有着密切关系，所以社区参与在旅游目的地的管理与建设过程中是较为关键的因素，因此，旅游业与社区之间的协同发展对旅游业全面可持续发展至关重要。本书采用制作 MOA 模型，研究西南地区居民参与旅游开发机制，探索影响参与旅游开发的若干因素，并探究这些因素对社区居民参与旅游开发影响程度的大小。本书选取参与动因、参与选择与参与效能三种因素研究西南地区旅游开发过程中社区居民参与状况，在此基础上针对社区居民的参与能力进行探讨，为西南地区居民参与旅游开发提供决策参考，为乡村经济发展贡献力量。

一、国外研究现状

社区参与是指社区居民在社区的各种事务中发挥主观能动性从而促成社区与人融合发展。社区参与旅游是指旅游社区或社区的居民自愿参与旅游活动，表达自己的意见和建议，并影响旅游社区的决策过程。这是公众参与的一种形式，意味着公众对旅游社区负有一定的责任，并分享其成果，以此在旅游开发、空间规划、利益分配机制等方面参与执行与决策。

然而，在现实的旅游发展过程中，社区居民仍然存在参与意愿不强、参与水平较低、参与效果较差等问题，导致社区参与在旅游开发中并没有广泛普及。社区居民对自己职责权能认识不足，表现为参与能力较弱，社区居民参与形式缺少制度化的组织与整合以及贫困地区文化教育水平受限也是重要原因，以致社区接受旅游开发的整体水平也受到一定限制。长此以往，社区虽参与旅游资源的开发、规划及管理，却没能从实际出发解决居民返贫问题。此外，确保社区利益获得发展机会，必须使旅游获益地位由边缘转向中心，但在社区居民参与旅游开发过程中，存在居民自治率较低问题，缺乏居民自发组织机构对此进行管理，因此多数居民仅对具有直接经济利益的项目感兴趣，而对关于旅游业长期发展与规划关注度不够。

在国外很早就开始对社区参与旅游开发进行研究，学者大多同意社区参与对于旅游业的可持续发展起着至关重要的作用。国外 1990 年左右第一次提出尝试旅游发展改善贫困，并且认为社区参与是有效途径。随后，学者对 PPT 战略的实施进行了大量的试点研究，并开始关注社区居民参与对其旅游开发有效实施的影响。在评估旅游开发对当地居民的实际影响时，Arbache J S 得出结论，社区参与旅游开发有助于实现该倡议的战略目标。Moore 认为，旅游开发是一种高效的致富模式。Jepson 等指出社区居民的参与动机、外在机会以及个人能力对参与旅游节庆活动以及促进旅游可持续发展的作用明显。

在旅游开发研究方法上，由于其跨区域的特点，其研究通常是结合经济学与地理学方法。Blake 等通过一般均衡理论对旅游开发效应进行测算；Mayer 等运用乘数效应理论研究旅游发展的影响。刘曙霞在新媒体视角下研究了乡村旅游社区参与机制。Hung 等首次运用 MOA 模型，研究影响社区参与的因素，得出社区参与行为与动机、机会和能力有关的结论。Rasoolimanesh 等以世界遗产旅游地为例，通过构建 MOA 模型探究社区居民参与旅游业开发的方式。

二、国内研究现状

国内的社区参与乡村旅游研究起步较晚，社区参与旅游这一概念虽然来源于国外，但历经二十几年的研究，已取得一定的发展和理论突破。在国内初期，主要使用定性研究方法从社会学、经济学和管理学视角研究社区参与旅游业的基础，也是将理论基础置于具体国情中。就目前来看，其研究内容主要集中在社区旅游增长、生态旅游、乡村旅游、民俗旅游等方面。其中具有代表性的有：田世政和杨桂华以九寨沟为例，通过分析九寨沟兼顾保景、富民和景区和谐发展的经验，提出在社区参与下自然遗产型景区发展的五点建议。刘曙霞基于新媒体视角，提出发挥新媒体的传播、监督和管理方面优势的主张，并据此对乡村旅游社区参与机制提出意见和建议。冯伟林和冉龙权以民族地区为例，对西南地区社区参与旅游开发的方式进行研究，从多个维度提出若干机制，主要涉及分配制度、环境保护、民族文化保护以及旅游开发方面等。王纯阳和黄福才运用增权理论讨论开平碉楼社区参与旅游开发的效率。赵磊和方成以朱家角和西塘两个地区为例，通过问卷调查，利用调研数据结合二值 Probit 模型、有序 Probit 模型和删失 Tobit 模型，对影响社区居民参与古镇经营意愿的因素进行研究。

综上所述，国内外学者对于社区参与旅游开发的研究已经取得了丰硕成果。伴随着旅游业的快速发展以及国家旅游发展战略的制定与实施，很多学者对少数民族地区、城市旅游地以及乡村旅游地的发展现状、时空分布特征、演化规律、旅游地发展面临的困境进行研究并提出建议对策。然而，现有的研究仍然缺乏社区参与旅游发展的实践机制。社区参与旅游开发看起来比较容易借鉴和操作，但是由于参与主体的复杂性，参与方式的多样性，利益分配的冲突性和实施的困难性，使实现公平公正的社区参与变得极为复杂。因此，对社区参与旅游开发的影响因素和形成原因进行深层次的整体性研究迫在眉睫。

本书以西南地区为例，采用制作 MOA 模型的方法，研究西南地区居民参与旅游开发机制，探索影响参与旅游开发的若干因素，以及这些因素对社区参与水平的影响。通过动机、机会、能力三个要素分析西南地区社区居民参与旅游开发的情况，并在此基础上针对社区居民的参与能力进行探讨，为西南地区居民参与旅游开发提供决策参考，为乡村振兴贡献力量。

第二节　社区居民参与开发模型构建

MOA（Motivation，Opportunity，Ability）模型最早用于分析信息行为，包含能力、机会、动机三个方面。之后又在公共管理、社会资本等领域不断完善和丰富。本书应用该模型进行旅游开发的研究，从全新的视角出发去探索其影响因素。

一、研究假设

动机是以需要为根本的关于心理学的概念，是对某一行为发生的合理解释，MOA 模型把动机看成确定行为中意愿、兴趣和愿望的结合。对参与该研究的社区居民，其动机主要体现在参与兴趣、愿望及意愿方面。以往研究表明，三者之间存在正向关系，并会影响社区参与结果。据此，提出了西南地区社区居民参与乡村旅游开发的三个假设：

假设 7.1：社区参与中社区居民的参与动机对其有正向影响。

假设 7.2：社区参与中社区居民的参与机会对其有正向影响。

假设 7.3：社区参与中社区居民的参与能力对其有正向影响。

在 MOA 模型中，动机是意愿，可以激发行为发生，机会是外在影响行为发生的条件，能力是个人所具备导致行为发生的条件。动机、机会、能力三者相互联系，互相影响，并且共同影响行为动机的产生。动机、机会、能力三者共同影响的结果表现为旅游开发过程的社区参与行为。同时，动机、机会、能力的相互影响和联系也不能忽视。

二、概念模型

根据以上假设，回顾相关文献，在社区参与旅游开发研究中将引用 MOA 模型，创造动机、机会、能力与社区参与之间的概念模型（见图 7.1）

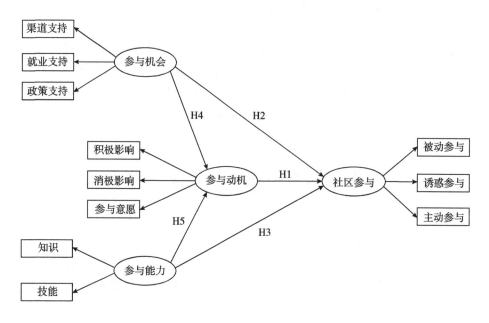

图 7.1 研究模型概念

资料来源：笔者根据 MOA 模型资料整理。

如图 7.1 所示，外生潜在变量有参与机会、参与动机、参与能力，社区参与为内生潜在变量，参与机会、参与动机、参与能力相互间和社区参与间存在五种假设关系。

机会对社区参与的影响特征是当社区成员对社区渠道支持，各种政策支持感知度越强，社区参与旅游开发积极性越高，同时社区成员对自己能力认识越强，社区参与旅游开发积极性越高。动机对社区参与有正向影响，居民对积极影响的感知越明显，社区参与旅游开发的参与度越高。在一定情况下机会和能力会推动社区居民参与动机，进而提高社区参与旅游开发的积极性。

三、研究方法

1. 问卷设计及变量测量

问卷内容主要包括四部分，第一部分为填写居民的基本信息，第二部分为调查社会治理的参与情况，第三部分为移民情况，第四部分为针对西南地区治理方面的总体感知与评价。

第一部分是社区居民的人口统计特征，包括居民的四项基本信息，即性别、年龄、学历、平均年收入。

第二部分采用李克特五点式量表进行测量，题项描述内容包括五项分别是："非常不关心、不关心、一般关心、关心、非常关心"由数值"1、2、3、4、5"表示。经过大量文献阅读以及现有量表的参考，最后得出一个较成熟的量表，其中包括43个测量变量、11个观测变量以及4组观测变量。

根据文献综述，笔者借鉴 Nicholas 量表测量了社区参与动机，在参与动机这部分中，调查问卷的设计包括6项积极与消极的旅游影响感知和3项参与意愿。该量表测量了三个方面：人们对旅游发展影响的感知、当地居民的主观参与愿望、对积极影响的认识和对消极影响的认识。旅游影响感知主要包括对旅游给人们的日常生活、生产、生态环境、思维习惯等带来影响，其中包括正向影响与负向影响。参与意愿是指社区居民是否对旅游相关职业感兴趣、是否愿意参与旅游相关活动、是否有对旅游业的发展建言献策的愿望，以及这种愿望的强弱程度。

参与机会通常指政策支持、就业支持、渠道支持以及各级政府和主管部门提供帮扶和更有效的支持条件。问卷中测量指标包括政策支持、就业支持3项、渠道支持2项。政策支持是指各级政府及主管部门通过对旅游发展政策的解读，了解旅游发展趋势，制订详细旅游的发展计划并付诸实施。就业支持是指地方各级政府和投资者对旅游从业人员进行培训，提供资金支持。渠道支持主要是指地方政府和投资者为社区居民能够表达意见及想法提供平台，听取当地居民的意见和建议，使其意识到自身可以参与到旅游开发中，从而激发当地居民参与旅游开发的积极性并真正参与到旅游管理决策中。

通过相关文献梳理发现，可以从知识与技能两个方面体现参与能力。问卷中的测量指标包括三项知识和四项技能。其中，参与旅游的知识包括自身具备的旅游意识和环境观念、对当地旅游资源特色的掌握甚至对当地旅游项目规划开发的认识。参与旅游所需的技能主要是指社区居民能够在旅游开发中提高自身的生存能力，可以从事旅游职业和旅游经营。社区参与是借鉴 Rasoolimanesh 等的研究，将社区参与旅游发展分为三个层次：被动式参与、诱惑式参与和主动式参与。

被动式参与是一种低层次的社区参与。社区居民在整个旅游开发的过程中没有实质性的权力，唯有配合政府规划发展。诱惑式参与是属于中级层次的社区参与，大多是通过社区参与旅游活动，其基础是当地政府和投资者对旅游发展政策的理解和支持，以及一部分居民从旅游发展中受益，在这一阶段，社区居民对旅游和经济参与感兴趣，并通过适当的旅游发展渠道提供建议，进而越来越多的居民逐渐参与旅游开发，但仍然存在弊端，社区居民在乡村旅游开发的过程中缺乏管理和决策权。主动式参与属于较高层次的社区参与，社区居民基于自身的利益和需要自觉地在创造旅游效益和保护旅游环境中发挥积极作用，并参与到旅游社区的营销中。这种参与过程社区居民具有一定的权力，能够参与到旅游开发的决策中并发挥重要的作用。问卷测量指标中包含被动式参与 3 项、诱惑式参与 4 项、主动式参与 5 项。

问卷法可以更准确、更详细地描述社会现象，更合理地解释在治理中被研究对象行为。本书笔者通过问卷调查的主要目的：一是为了解并收集当地的社会治理现象；二是通过分析这些现象，发现这些现象背后的原因，并针对这些原因能够提出相应的有效对策；三是为西南地区社会治理工作提供一些有益的思考。

2. 数据收集与处理

本书研究对象为西南地区社区居民，采用便利抽样的方法发放问卷。本书的问卷数据均来自 2019 年 2~6 月在西南地区居民的调查结果。采用随机抽样的方法选取研究对象。具体而言，一是通过当地政府官员向当地居民分发了调查问卷；二是本人当面询问调查进行代填；三是通过手机二维码进行填写。问卷数量方面，委托治理干部发放的问卷数量是 100 份，本人当面询问代填 100 份，二维码填写 300 份。本次总共发放了 500 份问卷，回收 500 份。

表 7.1　调查对象统计

性别	比例（%）	年龄（岁）	比例（%）	学历	比例（%）	平均年收入（元）	比例（%）
男	33	25 以下	4	小学	26	10000 以下	20
		25~50	83	初中	43	10000~20000	49
女	67	51~65	8	高中	20	20001~30000	19
		65 以上	5	大专及以上	11	30000 以上	12

资料来源：笔者根据西南地区社区居民资料整理。

得到问卷结果后，使用SPSS22.0和结构方程模型软件Amos22.0对数据进行处理分析。通过SPSS分析样本基本情况，通过处理获得最终分析数据。样本分析中，女性占样本总量大多数，占比为67%；25~50岁是集中的年龄分布，占比83%；大专以下是集中的文化程度分布，占比为89%；30000元以下年收入占比为88%。对模型及研究假设进行验证的同时运用结构方程模型软件，研究在旅游开发过程中各要素发挥的作用。

第三节　社区居民参与旅游开发模型验证

通过峰度系数与偏度系数对正态性进行检验，其次对结构方程模型估计（见表7.2）。各观察变量的峰度系数为-1.091~0.995，绝对值没有大于正态偏离临界值7；各观察变量的偏度系数为-0.800~0.308，绝对值没有大于正态偏离临界值3。可以注意到，根据峰顶数据和回归系数，样本数据基本符合正态分布，因此模型估计方法采用最大似然法。

表7.2　各测量指标的因素负荷及信效度、正态性检验结果

潜在变量	观察变量	偏度	峰度	因素负荷量	信度系数	组合信度	平均方差抽取值	Cronbachs α
参与动机	参与意愿	-0.104	-0.251	0.790	0.624	0.552	0.454	0.556
	积极影响	-0.223	-0.329	0.834	0.696			
	消极影响	-0.380	-0.622	-0.203	0.041			
参与机会	就业支持	0.000	-0.421	0.712	0.507	0.799	0.571	0.780
	渠道支持	-0.335	-0.398	0.775	0.601			
	政策支持	-0.800	0.995	0.777	0.604			
参与能力	技能	-0.212	-0.893	0.858	0.736	0.762	0.618	0.755
	知识	0.308	-1.091	0.707	0.500			
社区参与	被动参与	0.127	-0.825	0.764	0.584	0.786	0.551	0.792
	诱惑参与	-0.201	-0.441	0.714	0.510			
	主动参与	-0.148	-0.777	0.747	0.558			

资料来源：笔者根据西南地区社区居民资料整理。

Cronbachs α 系数是用来评估报表结构是否合适，从表7.2得出，各量表的Cronbachs α 系数为0.556~0.792（>0.5），说明量表可靠性高。结构方程模型的

可靠性标准是按照潜在变量组合信度，表明潜在变量组合的信任度>0.5，参与机会、参与能力和社区参与度>0.7，表明潜在变量的测量有更大的一致性，模型中的质量较高。因素负荷量路径系数均显著，除观察变量消极旅游影响感知的因素负荷量数值<0.5以外，其他因素负荷量的数值均在0.7以上，这表明了潜在变量的最优积累水平。

根据表7.2，没有偏度系数大于3，也没有峰度系数大于8，因此样本数据服从正态分布。在此基础上，通过最大似然法对模型进行估计之后运用α系数来测量问卷信度大小，系数越大，问卷信度越高。参与动机、参与机会、参与能力、社区参与的信度分别为0.556、0.780、0.755、0.792，均在0.5以上，因此说明信度较好。在收敛效度中，参与动机的组合信度为0.552，平均方差抽取值为0.454，除消极影响因素负荷量低于0.5，略低于标准外，其他潜在变量及观察变量均高于标准，因此说明测量模型收敛效度较好。

一、模型拟合优度分析和假设检验

拟合检验样本数据与假设模型，以确定模型的估计参数中是否存在异常值。不存在异常值表示模型收敛情况良好，反之不好。模型拟合优度分析是模型分析的前提。增值适配、绝对适配和简效适配指标共同构成拟合优度（见表7.3）。

从表7.3可以看出 χ^2/df 的值为1.343，处于适配标准之间，GFI的值为0.942（>0.9）；近似误差均方根为0.049（<0.8）；调整适配指标AGFI为0.901（>0.9）；增值适配指标NFI、TLI、CFI、IFI均达到适配标准0.9，甚至大于0.95，只有RFI为0.863，未达到适配标准0.9，说明模型拟合较好；简效适配指标PNFI、PGFI分别为0.640、0.556（>0.5），以上结果表明社区参与旅游发展概念模型拟合较好。

表7.3　生理适配度指标

统计检验量	绝对适配指标				增值适配指标					简效适配指标	
	χ^2/df	GFI	AGFI	RMSEA	NFI	TLI	CFI	IFI	RFI	PNFI	PGFI
适配标准	(1, 3)	>0.9	>0.9	<0.8	>0.9	>0.9	>0.9	>0.9	>0.9	>0.5	>0.5
初始模型	1.343	0.942	0.901	0.049	0.903	0.961	0.972	0.973	0.863	0.640	0.556
模型适配判断	是	是	是	是	是	是	是	是	否	是	是

资料来源：笔者根据西南地区社区居民资料整理。

在对概念模型检查拟合良好基础上运用路径分析与参数估计验证研究假设（见表7.4）。

表7.4　结构模型路径系数

指标拟合		非标准化参数				标准化参数
		估计值	标准误	临界比值	P 值	估计值
		Estimate	S. E.	C. R.	P	Estimate
参与动机	<——— 参与机会	0.608	0.163	3.717	***	0.411
参与动机	<——— 参与能力	0.199	0.084	2.386	0.017	0.254
社区参与	<——— 参与动机	0.065	0.104	0.63	0.528	0.071
社区参与	<——— 参与能力	0.354	0.09	3.918	***	0.493
社区参与	<——— 参与机会	0.462	0.152	3.045	0.002	0.341
参与意愿	<——— 参与动机	1	—	—	—	0.79
消极影响	<——— 参与动机	−0.26	0.12	−2.163	0.031	−0.203
积极影响	<——— 参与动机	0.743	0.134	5.568	***	0.834
政策支持	<——— 参与机会	1	—	—	—	0.777
就业支持	<——— 参与机会	0.791	0.106	7.491	***	0.712
渠道支持	<——— 参与机会	1.344	0.172	7.812	***	0.775
技能	<——— 参与能力	1	—	—	—	0.858
知识	<——— 参与能力	0.822	0.161	5.104	***	0.707
被动参与	<——— 社区参与	1	—	—	—	0.764
主动参与	<——— 社区参与	1.032	0.137	7.551	***	0.747
诱惑参与	<——— 社区参与	0.979	0.133	7.348	***	0.714

注：*** 表示 P<0.001。

资料来源：笔者根据西南地区社区居民资料整理。

从表7.4可以看出，参与机会对参与动机存在正向影响，且作用效果显著（β=0.608，P<0.001），参与能力对参与动机存在正向影响，且作用效果显著（β=0.254，P<0.05），参与动机对社区参与不存在显著影响（β=0.071，P>0.05），参与能力对社区参与存在正向影响，且作用效果显著（β=0.493，P<0.001），参与机会对社区参与不存在显著影响（β=0.341，P<0.01）。因此假设除参与动机对社区参与不成立外，其他假设均成立。

这说明可能由于乡村地区较为特殊，与外界交流不畅，存在根深蒂固的传统观念，不愿意冒险参与，比较保守，参与动机的形成对社区参与并没有显著推动作用，因此外部刺激及良好的发展环境，能够提升社区居民自身能力，这对于推动社区参与旅游发展具有重要意义，这也与假设 7.4 及假设 7.5 检验结果相一致。显著性 P 值 0.004 是参与能力对参与动机的数值，说明参与能力对参与动机影响作用显著，同时其余路径系数显著性 P 值均小于 0.001，假设均得到验证。

二、模型结果

根据社区参与旅游开发模型的标准化路径系数（见图 7.2），进一步的分析表明，直接影响社区参与的变量是参与能力，路径系数达到 0.49，P 值在 0.001 水平上显著，事实证明，社区居民对自身能力的认识对社区参与的选择有着直接而具体的影响。参与能力在社区参与旅游发展的模式中占有突出的地位，参与能力在很大程度上决定了社区参与的行为。

参与动机对社区参与的标准化路径系数 P 值大于 0.05，未达显著水平，说明参与动机对社区参与不产生影响。参与机会、参与能力与参与动机对社区参与有很大的影响，路径系数分别为 0.41、0.25，表明参与动机发挥其间接作用，对参与机会和参与能力产生影响，进而影响社区参与。通过模型构建得出社区居民对外部环境及自我能力的感知直接影响到社区参与。

社区参与对三个观测变量路径系数分别为 0.76、0.71、0.75，均大于 0.7，且解释变异量分别为 58%、51%、56%，均高于 50%，其中被动参与的解释变异量最高，目前，西南地区社区居民参与旅游开发积极程度不高，自身能力不足，当地居民的参与是由于外部原因，如旅游发展政策的解读和部分居民从旅游收入中受益。

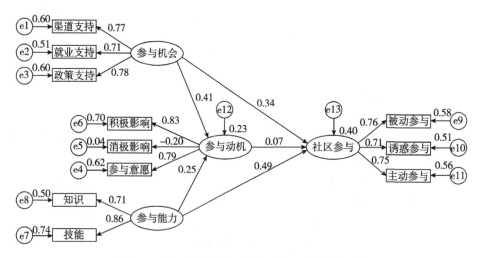

图 7.2 社区参与旅游开发模型的标准化路径系数

资料来源：笔者根据西南地区社区参与旅游开发模型资料整理。

三、社区居民参与旅游开发的研究结论

通过研究我们发现：假设 7.1 不成立，参与动机对社区参与不存在显著的正向影响；参与能力对社区参与存在显著的正向影响；参与机会、参与能力对参与动机存在显著的正向影响，并通过参与动机间接影响社区参与；在参与动机、参与机会、参与能力对社区参与三个不同水平的影响中，诱惑式参与的影响最显著。

结论具体解释如下：

（1）参与动机对社区参与的直接影响表现并不显著，假设 7.1 未得到支持。旅游建设时参与动机作用薄弱，就难以推动社区参与乡村旅游的发展。对于经济欠发达地区，由于资金、政府支持等的不足，参与动机的形成过程相对比较困难，需要结合外部和自身优势来实现社区参与。首先，通过精准解读地方的旅游发展政策，增加社区参与的渠道，减少社区参与的风险，并促进社区居民的自愿和知情参与，加强积极的激励措施。其次，在当地社区居民接受教学活动过程中要注重旅游影响教育，要使当地居民在享受旅游发展带来效益的同时注意到旅游开发带来的负面影响。认识到经济发展与环境保护之间的关系，把握发展方向，坚定发展信念。

（2）参与能力对社区参与存在正向影响且影响效果显著，在社区参与旅游开发模型中起到重要作用。社区居民的参与能力在整个旅游开发的过程中都起着至关重要的作用，对自身参与能力的认识影响社区居民对旅游开发的参与程度进一步影响自身利益的获得。在社区居民综合素质的培养过程中，首先，需要注重各种旅游相关基础知识的培养以及良好的精神面貌。在能力的培养过程中最重要的就是使社区居民直接参与旅游经营和管理活动。其次，大多数社区居民都是受到传统观念的束缚，因此，应该从增强社区居民的参与意识入手，使居民真正感受到参与旅游开发带来的切实利益，认识到社区参与对于自身、社区都有积极的影响，建立责任感，进而转化为实际行动，促进自身与社区的共同发展。最后，利用优势强化当地和民族文化特色和社区居民的自豪感，实现最大的文化凝聚力，提高社区居民的自信心，使社区居民真正感受到参与旅游开发带来的好处，鼓励他们积极参与乡村旅游开发。

（3）在对参与动机的影响因素研究过程中发现参与机会与参与能力起着显著的正向作用。假设 7.1 不支持参与激励对社区参与有显著的正向影响，但参与动机对社区参与存在间接影响。在某种程度上，在促进社区参与形成的过程中参与机会与参与能力起着正向影响作用。因此需要采取措施改进社区参与方式，提高社区参与程度。首先，提供社区参与旅游开发的机会与保障，在制度层建立保

障机制和利益分配机制，同时提供可靠的参与渠道。其次，社区参与旅游发展有利的外部条件，通过内外部增权来鼓励社区参与。包括正式的外部制度和非正式的内部制度，外部制度增强经济和政治赋权，内部制度增强社区和心理赋权。最后，政府应以为社区居民服务为目的，注意角色转变，最终建成政府组织、非政府组织、公司等共同参与的以人为本的旅游发展框架。

（4）在影响社区参与的三个不同水平中，被动式参与的影响最显著。这意味着目前西南地区居民不能很好地主动参与到旅游开发中，自主意识薄弱，社区居民大都从自己切身利益出发提出意见与建议，主要体现在经济方面。在初级阶段中被动式参与效果最小，存在很大的提升空间。因此社区参与需要实现被动式参与到主动式参与的转变，向更高的阶段过渡，进而实现旅游业全面可持续发展。

本书将 MOA 模型引入社区参与旅游发展的过程，建立了社区参与旅游发展模型，从新视角和新起点出发，深入研究社区参与旅游发展的影响因素。通过对不同地方调研样本对比发现，不同地方相同阶段的旅游发展现状存在差异，社区居民的参与程度也不同。同时该研究存在一些不足，MOA 模型包含的可能性大，当前社区参与旅游发展的研究有待完善；对社区参与旅游开发不同水平的影响空间分异特征分析不够，未来可以进一步研究影响各级社区参与的各种因素，明确同一因素在不同层次和不同因素在不同层次的不同影响，分析居民参与乡村旅游现状将范围扩大，将参与力度提高，并将目标有效实现。

第四节　社区居民参与乡村旅游的对策及建议

充分发挥社区居民参与乡村旅游的积极性对于解决农村经济发展问题具有重要意义，同时促进农村产业结构调整和转变，是解决我国"三农"问题的有效途径。

一、基于社区增权的西南地区旅游开发政策

1. 对居民进行教育和培训

因各方条件不成熟，社区参与存在很大的不足。政府宏观指导就应该驱动社区居民由"被动参与"变为"主动参与"。对问卷调查结果进行分析，可以得到的结论为：社区参与的有效度受到西南地区居民文化水平的限制。在走访过程中发现，大部分居民不会说普通话，这给外来游客带来了不便。在普通话教育发展

的这几十年里，经营者不会说普通话，是影响地区发展的重要因素。部分经营者可以无障碍与游客交流，在满足各自所需的同时给游客也带来了良好的体验。因此，需要对社区居民进行各方面的培训，使其具备基本技能，从而实现西南地区乡村旅游高质量发展。

2. 打通信息通道，建立信息交流平台

如果一个社区认真分析该地有关旅游业的各项信息，从中找出旅游发展的途径，那么这个产业就会更受欢迎。随着信息的公开化、透明化发展，信息可获得性的增强，政府部门作为主导部门可以通过网络平台向西南地区社区居民公开本地旅游发展情况的信息，便于居民从中寻找新的契机。

二、保障西南地区社区旅游利益分配共享，风险共担

旅游社区居民主动参加旅游活动，是一种公众的参与，表现出居民对旅游社区的责任感。在参与社区活动的过程中，每人为谋取旅游社区共同利益的机会都是均等的，这就需要个人结合自身情况与经验，充分发挥自身才能，为社区旅游发展献计献策，参与决策过程。

1. 加强基础培训，提高参与度

通过相关教育，增强农民的旅游意识和环境观念。该项培训教育，主要由乡村旅游行政管理部门或行业协会组织实施，通过教育培训对居民参与旅游观念进行强化，转换其观念，使接受教育后的居民能够主动参与旅游发展。通过在生活中的实践过程形成绿色可持续发展理念。社区居民参与旅游相关培训的主要目的就是提高居民在旅游开发中发挥的作用，居民能够真正通过参与旅游开发获益。农民通过参与培训了解乡村旅游运行过程，意识到旅游开发对于社区可持续发展的重要意义，从而提高服务质量与个人能力，促进乡村旅游发展。

2. 加强沟通，营造优良环境

通过建立咨询机制为社区参与乡村旅游提供咨询平台，同时充分考虑居民的目标和愿望，为社区居民参与乡村旅游发展创造良好环境。在乡村内，可设立乡村旅游协会等组织，定期召开商谈旅游发展的相关问题，每年派代表外出学习其他乡村的旅游发展经验，其目的是社区参与乡村旅游效益的最大化。虽然居民普遍存在自身素质不高，参与能力也有不强的现象，但他们也能结合自身实际提出一些建设性的意见，或是盲目的小农思想，或是起到启发性作用，通过居民的积极参与也取得他们对决策的支持。还可以利用一些机会增强居民环境保护意识，监督他们的情况，如倡导可持续发展、绿色发展和环境保护，让社区居民知道如何保护环境和生态，同时积极有效地引导居民获利，同时顾及旅游区的长期发展目标。

3. 建立机制，推进共建共享

加大社区参与力度，完善利益分享机制，村民作为乡村旅游发展的主体，在自身劳动的过程中，把劳动付出和获得基本的回报和收益结合在一起。乡村旅游的目的就是利用当地农业资源来提高本地居民的经济收入，其中居民参与利益分享机制是各方协调发展共赢的关键点。

三、加强宣传，吸引广大游客

发展乡村旅游，以社区参与为指导，并使社区参与这一状态能够长期维持下去，其基本保障应该是源源不断的游客和大有看头的利益。为了实现这种保障，不仅是"练内功"，还应该"引外力"，也就是吸引消费者前来旅游消费，实现旅游收入。首先，该社区应该抱成一团，合力打造一个对外宣传的形象主题，将旅游营销理念与所处阶段的整合，大力开发"注意力经济"。其次，社区在对外宣传方面需要采取合适的方式进行宣传推介，重点是营销方式与细分市场的整合，如老市场的新方法，新市场的老方法，老市场的产品销售，新市场的以"形象+产品"进行推广。同时，将旅游营销机制纳入主流，强调营销的重要性和独特性。不同的营销策略适用于不同的市场，目的是刺激消费，满足消费者需求。各旅游目的地需要根据自身的市场情况进行分级，在不同市场旅游条件反映下，思考目标市场旅游消费的心理驱动因素。在此基础上，采取各种有效的方式，有针对性地展开宣传，从而对潜在的游客产生强烈的吸引力。以此引进游客前来旅游，保证参与到旅游活动经营的消费者获得相应的收益和福利。

西南地区的乡村旅游资源非常丰富，因此要大力发展全域旅游，"乡村旅游"必然是其中重要的发力点。发展乡村旅游的过程中，村民是否参与、如何参与到旅游业中是一个难以逾越的问题。激发村民参与旅游积极性，让更多的村民更有效参与旅游，可以促进乡村旅游的健康持续发展，有利于调整整个西南地区的旅游格局，也有利于促进整个西南地区的旅游发展。

四、提高参与程度和广度，增强社区居民的归属感

在提升人民生活幸福感、提高社区经济水平，旅游开发过程中社区参与至关重要。社区居民只有切实地获益才会激发其参与旅游开发的决心，因此，重点放在扩大社区参与增强其归属感，使其自愿加入旅游开发中。居民参与乡村旅游的开发途径有很多，如资源产品化、产业多元化和服务专业化。

第八章 西南地区乡村旅游高质量发展利益协调机理研究

第一节 西南地区宏观主体博弈分析

一、宏观主体博弈模型建立

根据上述现状，假设在西南地区的乡村旅游领域中，涉及川渝两地的博弈。具体而言，四川和重庆存在直接竞争的情况。假设四川和重庆在实际运营中，采取协同发展模式或自由竞争模式这两种不同的行为策略。当西南双方选择协同发展模式，西南地区内乡村旅游统筹规划优势互补，共同发展，会使整个西南地区获得协同的额外收益；如果在西南地区的产业博弈中，一方采取竞争发展模式，而另一方选择协同模式，那么协同发展的一方将需要承担更高的成本，而竞争一方则将获得更多的收益；当双方都采取自由竞争行为，则过度竞争将会阻碍西南地区乡村旅游发展，导致收益下降。

二、不干预情况下西南地区演化博弈支付矩阵

假设代表四川区域乡村旅游基础收益，即无措施状态下原始的乡村旅游收益的符号为 S1；代表川渝两方在选择协同发展时，四川区域方面乡村旅游额外收益的符号为 M1；代表四川区域选择协同发展模式时所需付出的机会成本的符号为 F，而 G 则代表着四川区域选择协同发展时，重庆区域选择自由竞争的可能性收益；R1 代表重庆区域选择协同发展模式下乡村旅游发展获得的额外收益。此外，重庆区域如果选择自由竞争模式会获得基础收益，我们将其记作 A2。当它选择协同发展模式的时候，将会付出一个机会成本，我们将其记作 E。最后，H

代表另一方协同发展时，四川区域选择自由竞争的可能性收益。西南地区乡村旅游博弈模型如表8.1所示。

表8.1 西南地区乡村旅游博弈模型

博弈主体及策略选择		重庆区域 B	
		协同发展（合作）模式	自由竞争模式
四川区域 A	协同发展（合作）模式	$(A_1+M_1,\ A_2+R_1)$	$(A_1-F,\ A_2+G)$
	自由竞争模式	$(A_1+H,\ A_2-E)$	$(A_1,\ A_2)$

资料来源：笔者根据相关资料整理。

三、不干预情况下西南地区演化博弈模型分析

现在假设四川区域采取协同发展模式为 x，采取自由竞争模式则为 1-x；重庆区域选择协同发展模式的概率为 y，选择自由竞争模式的概率则为 1-y。可以得知当四川区域选择协调发展和自由竞争的情况下收益为 U_{A1}，U_{A2} 和收益为 U_A。

$$U_{A1}=y(A_1+M_1)+(1-y)(A_1-F) \tag{8.1}$$

$$U_{A2}=y(A_1+H)+(1-y)\cdot A_1 \tag{8.2}$$

$$U_A=X\cdot U_{A1}+(1-X)\cdot U_{A2} \tag{8.3}$$

也可以得知重庆区域选择协同发展模式或者自由竞争模式时收益 U_{B1}，U_{B2} 和平均收益 U_B。

$$U_{B1}=X\cdot(A_2+R_1)+(1-X)(A_2-E) \tag{8.4}$$

$$U_{B2}=X\cdot(A_2+G)+(1-X)(A_2) \tag{8.5}$$

$$U_B=y\cdot U_{B1}+(1-y)\cdot U_{B2} \tag{8.6}$$

由式（8.1）~式（8.3）可得，四川区域协调发展模式策略的复制动态方程为：

$$F(x)=d_x/d_t=x(1-x)[(M_1-H+F)y-F] \tag{8.7}$$

由式（8.4）~式（8.6），可以得知重庆方面策略的复制动态方程为：

$$F(y)=d_y/d_t=y(1-y)[(R_1-G+E)x-E] \tag{8.8}$$

式（8.7）和式（8.8）构成了西南地区博弈的动态复制系统，根据 Friedman 思想，对本系统的雅克比（Jacobi）矩阵进行局部均衡点稳定分析：

$$det.J=\partial F(x)/X\cdot\partial F(y)/y-\partial F(y)/x\cdot\partial F(x)/y \tag{8.9}$$

$$trJ=\partial F(x)/x+\partial F(y)/y \tag{8.10}$$

根据 Friedman 思想，如果要策略（x，y）成为稳定均衡，则需满足 det. J>

0、trJ<0 这两个条件，若策略（协同发展、协同发展）为稳定均衡将（1，1）代入应满足条件：$\det \cdot J = (H - M_1) \cdot (G - R_1) > 0$ 且 $\text{try} = H - M_1 + G - R_1 < 0$ 同时成立 M1、R1 代表西南地区博弈双方协同发展时获得额外的协同发展收益，博弈一方采取协同发展模式，而另一方选择竞争模式，协同发展一方将付出较大成本，竞争一方则产生大幅度收益，可知 H、G 均大于 M1、R1 的 $\text{try} = H - M1 + G - R1 > 0$，与上面相矛盾所以说明重庆与四川乡村旅游之间无法通过自身演化实现西南地区的公共价值，同时也间接表明如果要想实现西南地区乡村旅游高度协调发展，需要一些外来积极因素进行干预协助。

第二节 引入第三方的双方演化博弈模型

一、干预情况下西南地区演化博弈支付矩阵

其中干预情况下，A1，A2，M1，R1，H，F，E 与上文一致，H1 是指国家政府采取政策和补贴支持西南地区乡村旅游协同发展；而 H2 则是国家政府对博弈中选择自由竞争方的违约金，即选择协同发展方所获得的违约补偿；H3 是川渝双方都不采取协同发展时的处罚。干预情况博弈下西南区域支付矩阵结构如表 8.2 所示。

表 8.2 干预情况下西南区域的支付矩阵

博弈主体及策略选择		重庆区域 B	
		协同发展（合作）模式	自由竞争模式
四川区域 A	协同发展（合作）模式	$A_1 + M_1 + H_1$，$A_2 + R_1 + H_1$	$A_1 - F + H_1 + H_2$，$A_2 + G - H_2$
	自由竞争模式	$A_1 + H - H_2$，$A_2 - E + H_1 + H_2$	$A_1 - H_3$，$A_2 - H_3$

资料来源：笔者根据相关资料整理。

二、干预情况下西南地区演化博弈模型分析

现在假设四川选择协同发展为 x，选择竞争的概率则为 1−x；重庆区域选择协同发展概率为 y，选择自由竞争模式概率则为 1−y。可以得知当四川区域选择协同发展和竞争的情况下收益 U_{A1}，U_{A2} 和平均收益 U_A：

$$U_{A1} = y(A_1 + M_1 + H_1) + (1-y)(A_1 - F + H_1 + H_2) \tag{8.11}$$

$$U_{A2} = y(A_1 + H - H_2) + (1-y) \cdot (A_1 - H_3) \tag{8.12}$$

$$U_A = X \cdot U_{A1} + (1-X) \cdot U_{A2} \tag{8.13}$$

也可以得知重庆、四川选择协同发展和竞争的情况下收益 U_{B1}，U_{B2} 和平均收益 U_B：

$$U_{B1} = X \cdot (A_2 + R_1 + H_1) + (1-X)(A_2 - E + H_1 + H_2) \tag{8.14}$$

$$U_{B2} = X \cdot (A_2 + G - H_2) + (1-X) \tag{8.15}$$

$$U_B = y \cdot U_{B1} + (1-y) \cdot U_{B2} \tag{8.16}$$

西南地区演化博弈的复制动态过程的微分方程为：

$$\frac{dx}{dt} = x(1-x)\left[(M_1 + H_3 - H + F)y - (F - H_1 - H_2 - H_3)\right] \tag{8.17}$$

$$\frac{dy}{dt} = y(1-y)\left[(R_1 - G + E + H_3)x - (E - H_1 - H_2 - H_3)\right] \tag{8.18}$$

式（8.17）和式（8.18）构成了该博弈系统的动态复制系统，根据 Friedman 思想，对本系统的雅克比（Jacobi）矩阵进行局部均衡点稳定分析，可以检验该博弈系统的稳定状态。

$$det. J = \partial F(x)/X \cdot \partial F(y)/y - \partial F(y)/x \cdot \partial F(x)/y > 0 \tag{8.19}$$

$$trj = \partial F(x)/x + \partial F(y)/y < 0 \tag{8.20}$$

同时，可得 5 个局部均衡点处，即 (0, 0)，(1, 0)，(0, 1)，(1, 1)，(x, y)

$$x^* = \frac{E - H_1 - H_2 - H_3}{R_1 - G + E + H_3}, \quad y^* = \frac{F - H_1 - H_2 - H_3}{M_1 + H_3 - H + F} \tag{8.21}$$

代入 $\partial F(x)/X$、$\partial F(y)/y$、$\partial F(y)/x$、$\partial F(x)/y$ 具体取值（见表 8.3）。

表 8.3　均衡点相关值

均衡点	$\partial F(X)/X$	$\partial F(X)/Y$	$\partial F(Y)/X$	$\partial F(Y)/Y$
(0, 0)	$-(F - H_1 - H_2 - H_3)$	0	0	$-(E - H_1 - H_2 - H_3)$
(0, 1)	$(M_1 + H_2 - H + H_1 + 2H_3)$	0	0	$(E - H1 - H2 - H3)$
(1, 0)	$(F - H_1 - H_2 - H_3)$	0	0	$(R_1 - G + H_1 + H_2 + 2H_3)$
(1, 1)	$-(M_1 + H_2 - H + H_1 + 2H_3)$	0	0	$-(R_1 - G + H_1 + H_2 + 2H_3)$
(x, y)	0	N	N^*	0

资料来源：笔者根据相关资料整理。

其中：

$$N = \frac{E - H_1 - H_2 - H_3}{R_1 - G + E + H_3} \times \left(1 - \frac{E - H_1 - H_2 - H_3}{R_1 - G + E + H_3}\right) \times (M_1 + H_3 - H + F) \tag{8.22}$$

$$N^* = \frac{F-H_1-H_2-H_3}{M_1+H_3-H+F} \times \left(1 - \frac{F-H_1-H_2-H_3}{M_1+H_3-H+F}\right) \times (R_1-G+E+H_3) \qquad (8.23)$$

显然，在局部均衡点(x，y)处迹 $trJ = \partial F(x)/x + \partial F(y)/y = 0$ 不符合条件 $trJ = \partial F(x)/x + \partial F(y)/y < 0$，因此(x，y)均衡点肯定不是 ESS。因此，只用考虑另外四个均衡点的情况。依据 Friedman 思想，对本系统的雅克比（Jacobi）矩阵进行局部均衡点的稳定性分析，获得各个均衡点处行列式和迹的值，得到川渝博弈双方协同发展 ESS 条件：

情景一：当西南地区内川渝两区域的协同成本偏大（即 $\min\{F, E\} > H_1 + H_2 + H_3$），且采取自由竞争的收益与协同的额外收益差值大于某一个阈值时（即 $\min\{H-M_1, G-R_1\} > H_1 + H_2 + 2H_3$），西南区域都会选择自由竞争策略。各均衡点局部稳定性如表 8.4 所示。

表 8.4　局部均衡点的稳定性分析结果

均衡点	Tr	Det	稳定性
$F_1(0, 0)$	$-$	$+$	ESS
$F_2(1, 0)$	$\pm$	$-$	鞍点
$F_3(0, 1)$	$\pm$	$-$	鞍点
$F_4(1, 1)$	$+$	$+$	不稳定点
$F_5(x^*, y^*)$	0	$-$	鞍点

资料来源：笔者根据相关资料整理。

情景一行为相位图如图 8.1 所示。

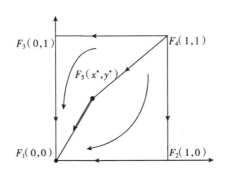

图 8.1　情景一行为相位图

资料来源：笔者根据相关资料整理。

情景二：当西南地区内川渝两区域的协同成本满足 $E > H_1 + H_2 + H_3 > F$，且采取自由竞争的收益与协同的额外收益差值满足 $G-R_1 > H_1 + H_2 + 2H_3 > H-M_1$ 时，四川区域的协同成本偏小，而此时采取自由竞争策略的收益与协同策略收益的差值小于一定阈值，该主体倾向于协同。同理，此时重庆区域倾向于竞争。各均衡点局部稳定性如表8.5所示。

表8.5   局部均衡点的稳定性分析结果

均衡点	Tr	Det	稳定性
F_1 (0, 0)	±	−	鞍点
F_2 (1, 0)	−	+	ESS
F_3 (0, 1)	+	+	不稳定点
F_4 (1, 1)	±	−	鞍点

资料来源：笔者根据相关资料整理。

情景二行为相位图如图8.2所示。

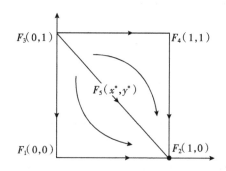

图8.2   情景二行为相位图

资料来源：笔者根据相关资料整理。

情景三：当西南地区内川渝两区域的协同成本满足 $F>H_1+H_2+H_3>E$，且采取自由竞争的收益与协同的额外收益差值满足 $H-M_1>H_1+H_2+2H_3>G-R_1$ 时，四川区域的协同成本偏大，而此时采取自由竞争策略的收益与协同策略收益的差值大于一定阈值，该主体倾向于竞争。同理，此时重庆区域倾向于协同。各均衡点局部稳定性如表8.6所示。

表8.6   局部均衡点的稳定性分析结果

均衡点	Tr	Det	稳定性
F_1 (0, 0)	±	−	鞍点
F_2 (1, 0)	+	+	不稳定点

均衡点	Tr	Det	稳定性
F_3 (0, 1)	−	−	ESS
F_4 (1, 1)	±	−	鞍点

资料来源：笔者根据相关资料整理。

情景三行为相位图如图 8.3 所示。

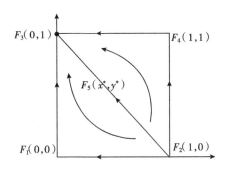

图 8.3 情景三行为相位图

情景四：当西南地区内川渝两区域的协同成本偏小（即 $\max\{F, E\} < H_1 + H_2 + H_3$），且采取自由竞争的收益与协同的额外收益差值小于某一个阈值时（即 $\max\{H - M_1, G - R_1\} < H_1 + H_2 + 2H_3$），西南区域都会选择协同策略达到我们想要的（协同发展模式，协同发展模式）。各均衡点局部稳定性分析结果如表 8.7 所示。

表 8.7 局部均衡点的稳定性分析结果

均衡点	Tr	Det	稳定性
F_1 (0, 0)	+	+	不稳定点
F_2 (1, 0)	±	−	鞍点
F_3 (0, 1)	±	−	鞍点
F_4 (1, 1)	−	−	ESS

资料来源：笔者根据相关资料整理。

情景四行为相位图如图 8.4 所示。

从以上的演化博弈模型中可以看出，影响西南地区乡村旅游协同发展系统演化的参数有：西南地区博弈双方都选择协同发展模式而产生的超额利润 M1、R1；博弈一方选择协同发展模式，而另一方选择自由竞争模式时，竞争一方产生的收

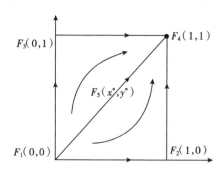

图 8.4　情景四行为相位图

资料来源：笔者根据相关资料整理。

益 H 和自由竞争方可能获得的可能性收益 G；不选择协同发展方可以获得的收益 E；坚守协同发展时的补贴和政策支持 H_1；采取不协同发展行为由国家政府强制要求付出的违约金，即协同发展一方所获得的违约补偿 H_2；西南双方都不采取协同发展时的处罚 H_3。

这些参数都将影响乡村旅游的协同发展模式选择和收益分配，因此需要认真权衡和分析，以制定最优的乡村旅游发展政策。同时，我们也需要注意减轻模型权重，避免不必要的复杂性和模糊性。

第三节　西南地区乡村旅游系统动力学仿真结果及研究

本节研究以西南地区中重庆和四川两个省市为例，探究川渝地区乡村旅游系统动力学仿真结果，采用类比推理，以个别推一般，总结归纳出适用于西南地区乡村旅游的一般规律，为西南地区乡村旅游发展提供优化方案和发展建议。

一、无政府状态系统动力学仿真

为了验证模型的性质和实用性，将川渝两地乡村旅游博弈两方中的变量具体化为真实数值，利用系统动力学软件模拟无中央政府干预、弱中央政府干预、强中央政府干预三种情况下的演化稳定策略以及模型变量的变动对双方行为策略选择的影响。整个系统演化假设在初始值（$A_1 = 10$，$A_2 = 10$，$M_1 = 2.5$，$R_1 = 2.3$，$F = 15$，$G = 15$，$H = 15$，$E = 15$）下进行。各类情况中不同的复制情况如表 8.8 所示。

表 8.8　系统动力学赋值

变量表类	A₁	A₂	M₁	R₁	H₁	H₂	H₃	F	G	H	E
图 8.6 和图 8.7	10	10	2.5	2.3	0	0	0	15	15	15	15
图 8.9 和图 8.10	10	10	2.5	2.3	3	2	1	15	15	15	15
图 8.11 和图 8.12	10	10	2.5	2.3	12	10	8	15	15	15	15

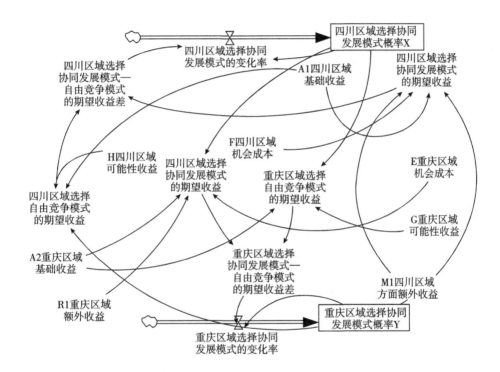

图 8.5　无中央政府干预下系统动力学流程

资料来源：笔者根据相关资料整理。

情况一：如图 8.6 和图 8.7 所示，政府不干预川渝地区乡村旅游协同发展。根据西南实际情况考虑分别取双方协同发展意愿博弈曲线 1 协同概率为 0.7，博弈曲线 2 协同概率为 0.5，博弈曲线 3 协同概率为 0.7，不管怎么改变川渝两区域初始协同概率，重庆区域与四川区域博弈曲线最终都趋向 0，且稳定。它表明，不管重庆区域和四川区域参与区域协调发展如何变化，川渝地区乡村旅游博弈协同发展的长期趋势都是趋向于不协同发展，这也与前文复制动态方程吻合。

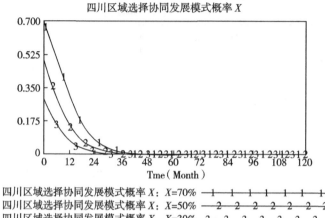

图 8.6 四川区域策略行为演化

资料来源：笔者根据相关资料整理。

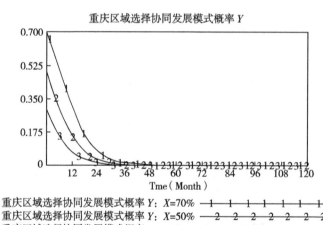

图 8.7 重庆区域策略行为演化

资料来源：笔者根据相关资料整理。

二、政府干预下系统动力学仿真

政府调控经济、社会、科技等，上文无政府参与的博弈模型中，川渝双方长期博弈的结果是趋向于不协同发展，因此体现政府干预的必要，也为下文中引入政府干预变量奠定了基础。由此，研究构建了干预变量的模型如图 8.8 所示。

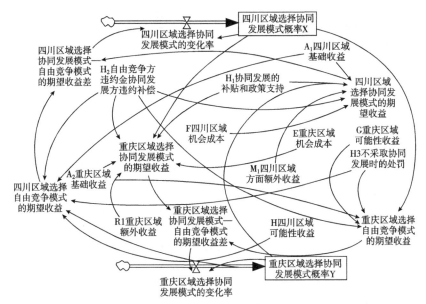

图 8.8　政府干预下系统动力学流程

资料来源：笔者根据相关资料整理。

情况二：如图 8.9 和图 8.10 所示，研究加入政府干预这一变量，在原内生变量不定的前提下，将 H_1、H_2、H_3 分别取较小值并代入，得到输出结果见图 8.9 和图 8.10。两图表明：在加入政府干预变量后，重庆和四川两地参与区域乡村旅游协同发展的概率仍趋于 0，但是与之前没有中央政府干预情况下的博弈曲线相比，显而易见博弈曲线变得相对平缓，表明政府干预变量的加入在一定程度上抑制了政府政策行为的统一。

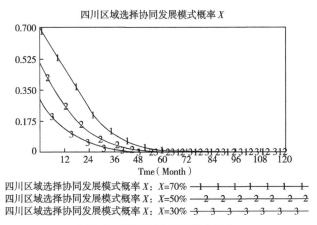

四川区域选择协同发展模式概率 X

四川区域选择协同发展模式概率 X：$X=70\%$ ——1——1——1——1——1——1——1——1

四川区域选择协同发展模式概率 X：$X=50\%$ ——2——2——2——2——2——2——2

四川区域选择协同发展模式概率 X：$X=30\%$ ——3——3——3——3——3——3——3

图 8.9　四川区域策略行为演化

资料来源：笔者根据相关资料整理。

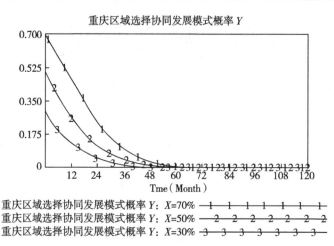

图 8.10   重庆区域策略行为演化

资料来源：笔者根据相关资料整理。

情况三：如图 8.11 和图 8.12 所示，研究维持政府干预这一变量。将 H_1（协同发展中国家政府补贴和政策支持）、H_2（违约金，也称违约补偿）、H_3（不采取协同发展时的处罚）提高，得到输出结果见图 8.11 和图 8.12。两图表明：在之前干预变量不变的情况下，通过修改 H_1、H_2、H_3 的赋值，不断增大其赋值，同时增加 H_1（协同发展中国家政府补贴和政策支持）、H_2（违约金，也称违约补偿）、H_3（不采取协同发展时的处罚）时，西南地区乡村旅游双方的博弈曲线趋近于 1，且稳定。西南地区乡村旅游博弈的长期趋势趋于协同发展，且随着川渝

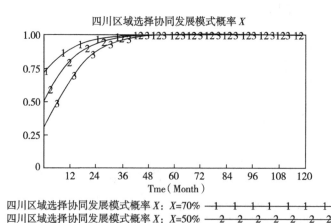

图 8.11   四川区域策略行为演化

资料来源：笔者根据相关资料整理。

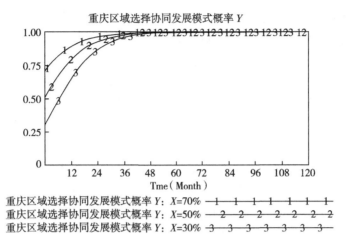

图 8.12　重庆区域策略行为演化

资料来源：笔者根据相关资料整理。

两地的协同发展的可能性增加，四川和重庆地区实现我们想要的协同发展的时间也会随之加快。

第四节　西南地区微观主体博弈分析

一、微观主体博弈模型建立背景

乡村旅游的开发受到各方面的关注，特别是地方政府、旅游企业和消费者三个具有代表性的主体，虽然各方存在不同的利益诉求，但拥有着共同的发展目标。只有缓和各主体的矛盾，建立积极友好关系，才能提高乡村旅游的整体效益。我们将对乡村旅游开发过程中触及相关指标进行数据分析，主要包括利益对象的收益水平、活动策略和博弈关系。

消费者与旅游企业之间的博弈关系。旅游企业本身就是一个比较复杂的主体。在开发过程中，一些旅游企业没有重视社会效益，单纯追求利益最大化，在乡村旅游开发建设中不惜以破坏环境为代价。对于此种现象，旅游企业在开发当地环境的过程中，会受到严格的法律限制和社会各界的监督。企业选择保护性开发，其成本代价相对较高，所得的效益在短期内也是比较少的，但随着时间的推移，保护性开发的效益要大于非保护性开发的效益。同时，旅游企业对当地开发方式的选择也影响着当地居民的支持程度，居民的积极合作能够一定程度降低本地劳动力成本，从而提高经济效益；但居民的消极合作会给企业带来开发成本高、居民不配合以及设施遭到损坏等风险。

旅游企业和地方政府之间的博弈关系。政府积极引导和帮扶基础设施的投资建设等。乡村旅游开发所在地的主导是政府，着眼全局，纵览发展的始终。政府结合地方建设等，为乡村旅游开发提供了资金支持，保障补贴，提高农户支持力度。政府必须考虑到环境保护的长期效益，可以通过税收、管制、激励和制度改革等手段鼓励旅游企业提供保护性支持。在发展乡村旅游的过程中，地方政府在监督和管理发展旅游企业家时，可以通过处罚等措施，监督和鼓励企业采取保护性开发行为。当人力资源和政府物资的分配和管理不平衡时，则被视为失职，引起人们抗议，会严重影响政府的形象和造成其他损失。

当地居民的策略选择和博弈行为。乡村旅游开发所在地的居民是当地社区或村组居民，这是一个有条件性的理性博弈主体。就利益协调方面而言，当地居民在其中处于非主动的地位。如若旅游企业与乡村旅游开发发生冲突，当地居民可以取消与企业的合作，并终止项目。当地居民积极配合开发战略，有利于节约建设成本，使劳动资源提高，经济生活改善。当地居民不配合开发战略时，企业开发存在一定经济的安全风险。当旅游企业违背社会效益开发乡村时，它会给乡村生态资源以及名誉保障带来一定的反作用。政府为促进乡村旅游的发展，鼓励当地人还可以向地方政府举报非法经营情况并给予居民一定的鼓励。

微观主体企业要与乡村旅游企业共谋发展以实现西南乡村旅游协同的目标。此外，西南地区乡村旅游发展的前提是消费。因此，在乡村旅游的发展中，政府、乡村旅游企业以及消费者都是非常重要的主体。本书从微观角度出发，将利益博弈的主体聚焦于当地政府、乡村旅游企业和消费者，架构分析消费者、当地政府和乡村旅游企业之间的博弈模型。博弈的基础定位在政府、企业、消费者基于不同的利益诉求进行博弈。政府可能会考虑提供更多资金支持和政策扶持，以鼓励乡村旅游企业发展和吸引更多的消费者。因此，为了实现西南地区乡村旅游的协同发展，必须充分考虑政府、乡村旅游企业和消费者的利益诉求，协调各方的关系，以达到持久而稳定的发展局面。

在本部分中，我们通过构建西南地区乡村旅游演化博弈模型，计算分析和仿真模拟等方法，从微观角度研究了西南地区乡村旅游的发展。

首先，我们以西南地区的主要利益相关者（政府、乡村旅游企业和旅游者）为切入点，将其博弈过程视为动态系统，并探讨了不同发展状态下各自最优的均衡策略。通过系统动力学 Vensim 软件的仿真模拟，我们进一步验证了它们博弈行为的可行性。其次，我们建立了乡村旅游微观资源演化博弈模型，详细分析了政府、企业和消费者的利益博弈过程，并研究了不同因素对于博弈结果的影响。通过模型的计算和仿真分析，我们得出了一些有关西南地区乡村旅游发展的有益结论。这些结论对于我们有针对性地制定乡村旅游的发展战略和政策有着重要作用。

总之，在这个微观角度的研究过程中，我们深入挖掘了西南地区乡村旅游发展中各利益相关者之间的博弈关系，揭示了各种因素对于博弈结果的影响，为西南地区乡村旅游的发展提供了理论和实证依据。

二、消费者—乡村旅游企业—地方政府微观主体博弈模型建立

研究消费者—乡村旅游企业—地方政府微观主体在不同决策选择中的收益情况，参照博弈参数，并根据西南地区内微观主体实际情况适当进行改进。

我们假设这三方利益相关者：企业为参与人 A；消费者为参与人 B；地方政府为参与人 C。企业对于西南地区乡村旅游协同发展的策略集为（配合，不配合）；消费者的策略集为（消费，不消费）；当地政府的策略集为（落实，不落实）。我们假设参与人 A 选择配合的概率为 x，选择不配合的概率为 $1-x$（$0 \leqslant x \leqslant 1$）；参与人 B 选择消费的概率为 y，选择不消费概率为 $1-y$（$0 \leqslant y \leqslant 1$）；参与人 C 选择落实概率为 z（$0 \leqslant z \leqslant 1$），选择不落实的概率为 $1-z$。

假设 1：政府选择不落实西南地区乡村旅游协同发展的固有成本为 C_1，C_2 为选择落实西南地区乡村旅游协同发展的额外成本，R_1 为选择落实的额外收益，R_2 为基础收益。M_1 为落实乡村旅游协同发展政府补贴时中央政府的扶持资金。

假设 2：乡村旅游企业选择不配合时，G 为消费者消费旅游产品的费用，H_1 为在配合下消费有着高附加值的产品消费者获得的收益，H_2 为乡村旅游企业经营没有得到额外的提高时消费者获得的收益，其中 $H_1 > H_2$。

假设 3：乡村旅游企业不配合时经营成本为 C_3，乡村旅游企业只要运营不管是否配合都会有游客消费，设 G 为乡村旅游企业的基础收益，随着中央对西南地区的提出，乡村旅游企业选择不配合对其带来的损失为 C_4，当地方政府选择落实西南乡村旅游协同发展遏制恶性竞争，乡镇政府落实对乡村旅游企业的处罚 F_1，以及消费者消费激情下降造成的损失 F_2。乡村旅游企业选择配合协同发展时，成本为 C_5（$C_5 > C_3$）。带来的初始收益仍然为 G 带来的后续利益 R_3。

由以上假设构建西南地区建设中乡镇政府、乡村旅游企业以及消费者博弈策略支付矩阵（如表 8.9 所示）。

表8.9　地方政府、乡村旅游企业与消费者的策略支付矩阵

乡村旅游企业	消费者	地方政府		不落实 $1-Z$
		落实 Z		不落实 $1-Z$
配合 X	消费 Y	$G+R_3-C_5$, H_1-G, $R_1+R_2-C_1-C_2+M_1$		$G+R_3-C_5$, H_1-G, R_2-C_1
	不消费 $1-Y$	0, 0, $-C_1-C_2+M_1$		0, 0, $-C_1$
不配合 $1-X$	消费 Y	$G-C_4-C_3-F_1-F_2$, H_2-G+F_2, $R_2+F_1-C_1-C_2+M_1$		$G-C_4-C_3$, H_2-G, R_2-C_1
	不消费 $1-Y$	0, 0, $F_1+M_1-C_1-C_2$		0, 0, $-C_1$

资料来源：笔者根据相关资料整理。

三、微观主体博弈分析

设乡村旅游企业选择"配合"的概率为 x，$1-x$ 为选择"不配合"概率，设消费者"消费"的概率为 y，"不消费"的概率为 $1-y$；地方政府对落实的概率为 Z，不落实的概率为 $1-z$。

设乡村旅游企业选择配合的收益为 U_1，采取不配合的期望收益为 U_1，乡村旅游企业平均收益为 U_L，消费者选择消费的期望收益为 U_3，消费者选择不消费的期望收益为 U_4，消费者平均收益为 U_x，地方政府选择落实期望收益为 U_5，地方政府选择不落实的期望收益为 U_6，地方政府平均收益为 U_z。

根据演化博弈理论乡村旅游企业采取"配合"和"不配合"策略的概率期望收益分别为 U_1，U_2，同时得到乡村旅游企业的平均收益为 U_L：

$$U_1=(G-C_5+R_3)y(1-Z)+(G-C_5+R_3)yZ=(G-C_5+R_3)y \tag{8.24}$$

$$U_2=(G-C_3-C_4)y-(F_1+F_2)yz \tag{8.25}$$

$$U_L=xU_1+(1-x)U_2=(G-C_5+R_3)xy+(1-x)\left[(G-C_3-C_4)y-(F_1+F_2)yz\right] \tag{8.26}$$

根据演化博弈理论消费者消费期望收益为 U_3，消费者不消费期望收益为 U_4，消费者平均收益为 U_x：

$$U_3=(H_1-G)x+(H_2-G)(1-x)+F_2(1-x)z \tag{8.27}$$

$$U_4=0 \tag{8.28}$$

$$U_x=yU_3+(1-y)U_4=(H_1-G)xy+(H_2-G)(1-x)y+F_2(1-x)yz \tag{8.29}$$

地方政府监管期望收益为 U_5，地方政府不监管期望收益为 U_6，地方政府平均收益为 U_z：

$$U_5=F_1+M_1-C_1-C_2+(R_1y-F_1)x+R_2y \tag{8.30}$$

$$U_6=R_2y-C_1 \tag{8.31}$$

$$U_z=U_5Z+(1-Z)U_6=[F_1+M_1-C_1-C_2+(R_1y-F_1)x+R_2y]Z-(R_2y-C_1)(1-Z) \tag{8.32}$$

由前文 U_1 到 U_L 可以得到乡村旅游企业群体复制动态：

$$F(x) = d_x/d_t = x(1-x)\left[(R_3-C_5+C_3+C_4)y+(F_1+F_2)yz\right] \qquad (8.33)$$

由前文 U_3 到 U_x 可以得到消费者群体复制动态为：

$$F(y) = d_y/d_t = y(1-y)\left[(H_1-G)x+(H_2-G)(1-x)+F_2(1-x)z\right] \qquad (8.34)$$

由前文 U_5 到 U_z 可以得到政府群体复制动态为：

$$F(Z) = d_z/d_t = Z(1-z)\left[(R_1y-F_1)X+F_1-C_2+M_1\right] \qquad (8.35)$$

式（8.33）、式（8.34）、式（8.35）发展动态方程构成了西南地区乡村旅游协同发展的动态复制系统，进行演化博弈模型分析，并检验其稳定状态。

$$J = \begin{pmatrix} J_1 & J_2 & J_3 \\ J_4 & J_5 & J_6 \\ J_7 & J_8 & J_9 \end{pmatrix} \qquad (8.36)$$

基于此，研究将雅可比矩阵代入方程组可以得到：

$$J_1 = \partial F(x)/\partial X = (1-2x)\left[(R_3-C_5+C_3+C_4)y+(F_1+F_2)yz\right]$$

$$J_2 = \partial F(x)/\partial Y = (1-x)X\left[(R_3-C_5+C_3+C_4)+(F_1+F_2)z\right]$$

$$J_3 = \frac{\partial F(x)}{\partial Z} = X(1-X)Y(F_1+F_2)$$

$$J_4 = \frac{\partial F(Y)}{\partial X} = Y(1-Y)(H_1-H_2-F_2Z)$$

$$J_5 = \frac{\partial F(Y)}{\partial Y} = (1-2Y)\left[(H_1-G)x+(H_2-G)(1-x)+F_2(1-x)z\right]$$

$$J_6 = \frac{\partial F(Y)}{\partial Z} = F_2(1-X)Y(1-Y)$$

$$J_7 = \frac{\partial F(Z)}{\partial X} = z(1-z)(R_1y-F_1)$$

$$J_8 = \frac{\partial F(z)}{\partial Y} = z(1-z)R_1$$

$$J_9 = \frac{\partial F(Z)}{\partial Z} = (1-2Y)\left[(R_1y-F_1)X+F_1-C_2+M_1\right] \qquad (8.37)$$

四、演化博弈理论的分析

由关系式（8.24）可知，该系统的均衡点为 E1（1，1，1），E2（1，0，0），E3（0，1，0），E4（0，0，1），E5（1，1，0），E6（1，0，1），E7（0，1，1），E8（0，0，0）及 E9（X_1，X_2，X_3）。其中（1，1，1）是方程组式（8.37）的解

$$\begin{cases} (R_3-C_5+C_3+C_4)y+(F_1+F_2)yz=0 \\ (H_1-G)x+(H_2-G)(1-x)+F_2(1-x)z=0 \\ (R_1y-F_1)X+F_1-C_2+M_1=0 \end{cases} \qquad (8.38)$$

表8.10　均衡点的演化稳定条件

均衡点	条件		
(0, 1, 0)	$R_3-C_5+C_3+C_4<0$	$-(H_2-G)<0$	$F_1-C_2+M_1<0$
(0, 1, 1)	$R_3-C_5+C_3+C_4+F_1+F_2<0$	$-(H_2-G+F_2)<0$	$-(F_1-C_2+M_1)<0$
(1, 1, 0)	$-(R_3-C_5+C_3+C_4)<0$	$-(H_1-G)<0$	$R_1-C_2+M_1<0$
(1, 1, 1)	$-(R_3-C_5+C_3+C_4+F_1+F_2)<0$	$-(H_1-G)<0$	$-(R_1-C_2+M_1)<0$

资料来源：笔者根据相关资料整理。

由表8.10均衡点分析如下：

均衡点1：当$(R_3-C_5+C_3+C_4)$，$-(H_2-G)$，$(F_1-C_2+M_1)$全为负，分析得均衡点E3(0，1，0)是演化稳定策略。

对于乡村旅游企业来说，在考虑是否配合共同发展时，需要比较所获得的后续收益和所需要付出的成本和配合付出成本之差。只有当所获得的收益大于这个差值时，乡村旅游企业才会选择配合共同发展。如果差值很小，乡村旅游企业就有可能选择不配合共同发展。对于消费者来说，他们会考虑自己所获得的收益和所需要付出的费用之间的关系。当消费者获得的收益大于他们所付出的费用时，他们更可能选择进行消费。对于地方政府来说，他们需要在考虑成本和收益之间权衡来做出决策。如果在落实政策的情况下，成本比选择不落实所得到的政绩回报小，那么地方政府可能会选择不落实政策和措施。

均衡点2：当$(R_3-C_5+C_3+C_4+F_1+F_2)$，$-(H_1-G+F_2)$，$-(F_1-C_2+M_1)$都是负数时，均衡点E7(0，1，1)是演化稳定策略。

对于乡村旅游企业来说，如果选择配合共同发展所获得的后续收益比与不配合得到的收益相比较小，那么它们可能不会选择配合。因为在对成本和收益进行比较时，这个差值不够大，不足以抵消所要付出的配合成本和不配合成本之差，这时乡村旅游企业可能会选择不配合共同发展。对于消费者来说，他们会根据自身利益判断是否消费。当消费所获得的收益大于所付出的费用时，他们更可能选择消费，否则他们就可能会选择不消费。政府在落实政策和措施时，也需要考虑成本和收益之间的平衡。如果在落实时的成本比选择不落实得到的政绩回报小，那么政府可能会选择落实。

均衡点3：当$-(R_3-C_5+C_3+C_4)$，$-(H_1-G)$，$R_1-C_2+M_1$都是负数时，均衡点(1，1，0)是复制动态系统的演化稳定策略。

当乡村旅游企业选择不配合共同发展时，如果所获得的后续收益比该模式下付出的成本和不配合付出成本之差大，那么乡村旅游企业就会选择配合。对于消费者来说，他们会根据自身的需求、目的和付出的费用，判断是否选择进行消费。当消费获得的收益大于所付出的费用时，消费者通常会选择消费。对于政府来说，在落实政策时也需要考虑成本和收益之间的平衡。如果选择落实政策所得到的政绩回报比选择不落实大，那么政府就更有可能会选择落实该政策或措施。

第五节　微观主体博弈及 SD 仿真研究

一、微观三方主体演化博弈系统仿真

系统动力学（SD）在了解和处理系统问题上有较强的作用。系统动力学理论将西南地区微观利益关系确定于当地政府、相关旅游企业管理负责人、旅游者三者之间。结合前文演化博弈理论，运用系统动力学 Vensim 软件对西南地区微观主体利益协调机制进行探究，构建系统动力学流图，设置三个状态变量，状态变量旁设置政府、消费者、乡村旅游企业等区位变量，其受改变风险程度、态度支持改变引发额外费用、成本规划等辅助变量的影响，进而构建多变量，双流动强传统动力学模型。

模型假设：①乡村旅游企业配合协同进行建设和发展的额外费用成本设置大于不配合时经营成本。②西南地区协同发展需要一定的适应磨合期，所以在初始时间内乡村旅游企业为自己带来的后续利益并不会很快生效，将乡村旅游企业所带来的后续利益初始值设置较低。③消费者在察觉西南地区乡村旅游协同发展模式下旅游质量提升需要一定时间，形成口碑传播后，质量效应增强，因此该收益值设定的初始值较小，但增长幅度较大。

我们在本书假设流位变量与外部变量都是正数，支付和收益为正值，在此基础上构建微观三方主体博弈（系统和动力学）SD 模型，如图 8.13 所示。

根据图 8.13 中西南地区微观主体的系统动力学模型，得到微观主体演化博弈系统动力学模型的主要系统动力学方程为：

消费变化速率=消费者消费概率 $y\times(1-$消费者消费概率 $y)\times[$消费者高附加值收益 H_1-消费者费用企业基础收益 $G''\times$企业配合概率 $x+$消费者基础收益 H_2-消费者费用企业基础收益 $G''\times(1-$企业配合概率 $x)+$消费者减少企业损失 $F_2\times(1-$企业配合概率 $x)\times$地方政府落实概率 $z]$

落实变化速率=地方政府落实概率 $z\times(1-$地方政府落实概率 $z)\times($政府额外收益 $R_1\times$消费者消费概率 $y-$政府对企业处罚 $F_1\times$企业配合概率 $x+$政府对企业处罚 F_1-政府额外成本 C_2+中央补贴 $M_1)$

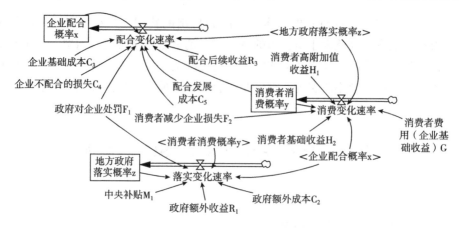

图 8.13　微观三方主体利益机制 SD 流程

资料来源：笔者根据相关资料整理。

配合变化速率＝企业配合概率 x×（1−企业配合概率 x）×（配合后续收益 R_3−配合发展成本 C_5＋企业基础成本 C_3＋企业不配合的损失 C_4×消费者消费概率 y＋政府对企业处罚 F_1＋消费者减少企业损失 F_2×消费者消费概率 y×地方政府落实概率 z）

通过前文几部分的内容可知，企业惩罚额 F_1 与公众惩罚额 F_2，和中央的补贴 W_3 对政府是否重视整体发展有较好的作用，为更有效地提出措施，运用 VensimDSS 版本进行灵敏度分析，通过随机函数得出外来影响因素对政府重视发展程度的灵敏度，带宽与灵敏性成正比关系。灵敏度分析结果验证：W_3（中央与地方政府的支持）对政府重视整体发展较大，符合实际，真实有效（见图 8.14）。

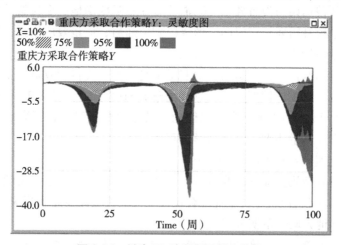

图 8.14　川渝 SD 流程图灵敏度检验

注：▨ 50%　▨ 75%　▨ 95%　▨ 100%

资料来源：笔者根据相关资料整理。

二、微观三维演化博弈动力学仿真分析

基于该模型的结构特征与西南地区的实际情况，比较和探索未来不同情况下西南地区乡村旅游协同发展的变化趋势。假设三种情境下政府落实成本、乡村旅游企业配合成本、消费者成本，每个值不等于现实乡村旅游开发协同中各方的效率。利用 Matlab 数值模拟多种情况下的演化稳定策略以及模型变量的变动对双方行为策略选择的影响。

第六节 微观三维演化博弈动力学仿真分析

一、乡村旅游企业收益的影响

改变旅游企业收入对博弈的影响。首先对各变量进行初始赋值在其基础上通过改变变量数值分析变量改变对演化结果的影响。改变 R 的值，分别取 R 的值为 100、150、200、230，分析企业收益变化对演化博弈的影响。由图 8.15 可知，在系统演化过程中，随着企业收益的增加，企业选择配合发展的概率会增加，政府重视整体发展的概率会下降。企业收益增加协调了企业内部资金，企业对旅游发展有更多的资金投入，促使企业选择配合发展的概率大大增加。政府在对旅游企业进行监督时，对于自觉选择配合发展企业有较高的认可度，重视其配合发展的概率会下降。

因此，政府应加强对旅游企业监管，保证企业污染物排放达到标准要求，提高对企业绿色发展的重视程度，对加强治理污染的企业给予适当奖励和荣誉，鼓励企业治理污染，达到产业绿色发展、保护生态环境的目的。

二、消费者费用的影响

改变 C_3 的值，分别取 $C_3 = 20$，$C_3 = 40$，$C_3 = 60$，$C_3 = 75$ 分析消费者费用的扩大对演化博弈的影响。

由图 8.16 可知，本章模型认为消费者选择消费的行为与费用成正比例关系，即消费者对于消费成本的敏感度十分高。因此，在西南地区乡村旅游的企业协同发展中，提高消费者的获得感是十分关键的，需要让消费者感受到自己对于消费的付出是值得的，才能促使消费者进一步消费。而乡村旅游企业选择协调发展的概率也受到消费成本的影响，消费成本越高，企业就越可能不选择协同发展，这表明

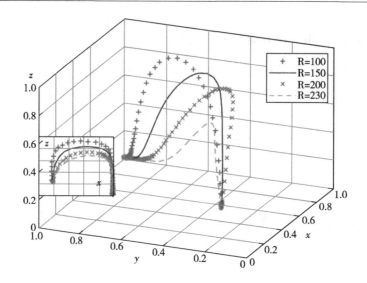

图 8.15　乡村旅游企业收益的影响

资料来源：笔者根据相关资料整理。

西南地区乡村旅游协同发展比较复杂，需要建立完善的奖惩机制和激励措施。

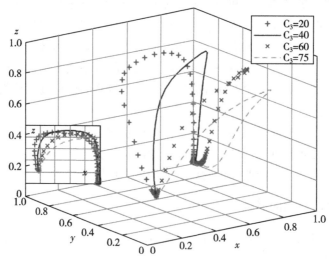

图 8.16　消费者费用的影响

资料来源：笔者根据相关资料整理。

　　此外，政府选择落实西南地区乡村旅游协同发展也受到消费成本的影响，但是相对于消费者来说，政府选择落实的概率呈波动上升趋势。当消费者成本上升初期，即使政府不落实也能达到更好的收益，因此政府可能会选择不落实。但是当消费者成本不断上升时，政府需要采取措施提高消费者的获得感，维持消费者的消费积极性，才能选择落实西南地区乡村旅游协同发展。

三、政府对消费者惩罚力度的影响

改变 F_2 的值，分析政府对消费者的处罚对演化博弈。F_2 的值分别取（F_2 = 0，20，40，60），由图 8.17 可知，随着政府对消费者处罚的增加，消费者对政府监督力度加强，政府提高对乡村旅游开发发展的管理协助。政府对消费者的处罚约束消费者对企业进行严格监督，有效地提高消费者协助政府监管的概率。

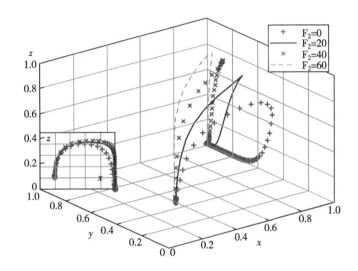

图 8.17　政府对消费者惩罚力度的影响

资料来源：笔者根据相关资料整理。

而政府因为消费者协助企业，更加重视整体的长期发展，因此在加强自身重视程度的同时会采取措施促使消费者对企业加强监督。政府应制定完善的奖惩措施，既要寻找消费者协助监管，也要让乡村旅游企业配合政府发展，从而各方加强联系与合作，共同促进乡村旅游开发。

四、政府对消费者奖励力度的影响

改变 W_1 的值，分析政府对消费者消费行为奖励力度的变化对演化博弈的影响。由图 8.18 可知，随着政府对消费者消费行为协助政府监管奖励值的增加，消费者消费行为协助政府监管的概率上升，政府对长期发展的重视程度增强。

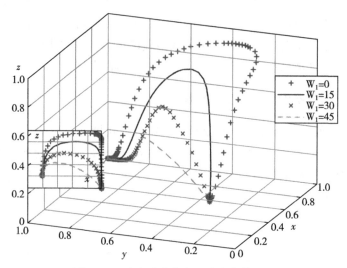

图 8.18　政府对消费者奖励力度的影响

资料来源：笔者根据相关资料整理。

五、政府对乡村旅游企业配合行为奖励的影响

改变 R_1 的值，分析政府对乡村旅游企业配合协同发展战略奖励的影响。分别取（$R_1=0$，$R_1=20$，$R_1=40$，$R_1=60$），其演化博弈如图 8.19 所示。在演化稳定过程中，随着 R_1 的增大，政府严格监管的概率会下降，且旅游企业乡村协助政府的概率会提升。

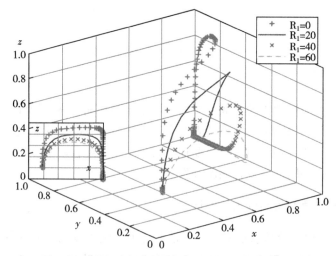

图 8.19　政府对乡村旅游企业配合行为奖励的影响

资料来源：笔者根据相关资料整理。

政府应制定合理的奖惩机制，在对乡村旅游企业和游客消费行为进行奖惩时把握好尺度，发挥奖惩机制的最大有效程度，促进乡村旅游企业、游客与政府三方的和谐发展。游客应加强自我监督，有效利用政府奖励，提高严格监督的概率。

六、中央政府对地方政府监管不力进行处罚的影响

改变 W_2 的值，分析中央政府对地方政府监管不力进行处罚对演化博弈产生的影响。从图 8.20 可以看出，随着中央政府对地方政府处罚资金的增加，中央政府重视乡村旅游长期发展的态度愈加强烈。中央与地方政府的处罚为了促使地方政府发展旅游，刺激地方政府协同工作，提高地方政府重视开发过程中的社会效益。中央对消费者、企业、地方政府三方都摆明了对区域乡村旅游发展的重视，能够从政治政策等方面促进在地方政府发力下区域乡村旅游长期发展，消费者协助政府监督，乡村旅游企业配合协同发展意识。

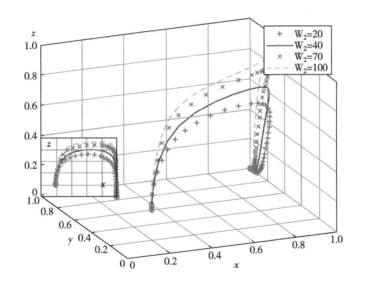

图 8.20 中央政府对地方政府监管不力进行处罚的影响

资料来源：笔者根据相关资料整理。

七、政府对乡村旅游企业及消费者奖励的影响

为探究更多的演化情况，我们采取了同时改变两个变量的方法进行演化模拟。如图 8.21 所示，同时改变 R_1 和 W_1 的值，分析中央政府对乡村旅游企业和消费者进行奖励时可能产生的影响。从图 8.20 可以看出，政府加大奖励力度，

乡村旅游企业和消费者也积极响应政府政策，二者很快地做出决策，即趋向于合作。政府的鼓励无疑会增强乡村旅游企业和消费者的配合进行乡村旅游开发的信心，配合政府做出改变。这说明，政府对乡村旅游企业和消费者的行为具有很大的作用，可以带动二者的行为。

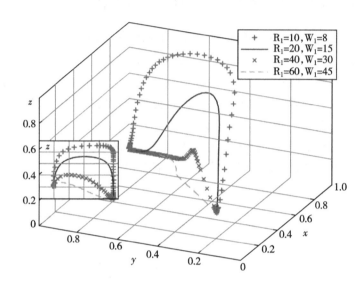

图 8.21　政府对乡村旅游企业及消费者奖励的影响

资料来源：笔者根据相关资料整理。

八、政府对消费者的处罚和消费者消费行为的影响

如图 8.22 所示，同时改变 C_3 和 F_2 的取值，C_3 代表的是乡村旅游企业促进消费者消费，F_2 代表的是政府对消费者的处罚额度，该图探究的是企业和政府同时对消费者做出行为时所产生的具体影响，由图可得，随着政府对消费者的处罚力度不断加大，消费者消费费用越来越多，尽管最终的结果都是消费者趋向于选择合作，但不难看出，其做出决策的速度越来越慢，政府和乡村旅游企业同时地牵制影响着消费者的行为。

将两组数值分别从不同初始策略组合出发随时间演化 50 次，结果如图 8.23 和图 8.24 所示。

由图 8.23 可知，仿真结果的 E10（$x1$, 0, $z2$）为不稳定的均衡点，系统此时仅存在一个演化稳定策略组合（放松监管，积极帮扶政策，加强政府监管），与上文结论一致。图 8.24 表明，系统存在两个演化稳定点（0，0，1）（1，1，0），即企业、游客、各级政府监管部门规划组合策略（积极帮扶政策，放松政

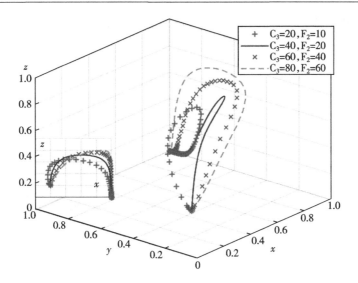

图 8.22 政府对消费者的处罚和乡村旅游企业促进消费者消费行为的影响

资料来源：笔者根据相关资料整理。

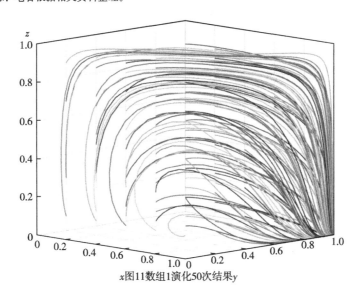

x图11数组1演化50次结果y

图 8.23 数组 1 演化 50 次结果

资料来源：笔者根据相关资料整理。

府监管，严格监管）和（积极帮扶政策，加强政府监管，放松监管），这是两个
演化稳定策略组合。故而，监管部门应加强网络信息建设，全面考察企业、游客
的利益，确保对各方罚款和奖励之和高于各方的收益。可见，仿真分析与各方策

略稳定性分析结论相同且具有一定研究意义，对西南地区乡村旅游发展有着重要意义。

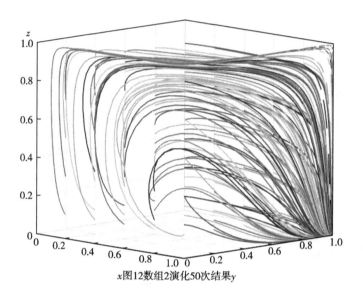

图 8.24　数组 2 演化 50 次结果

资料来源：笔者根据相关资料整理。

第九章 西南地区乡村旅游自发性共生联盟组织形式变革研究

本章通过对西南地区乡村旅游组织方式改变，寻求西南地区各乡村旅游区的新型合作方式。旅游共生联盟是以契约为基础、利益为纽带的具有共生关系的旅游联盟。旅游共生联盟自发组织形式是将西南地区乡村旅游的组织方式从由国家和省级政府推动的自上而下的组织为主，转变为由西南地区乡村旅游区域各经济单元以契约为基础，各区县基层政府推动的自下而上的自组织为主的新模式。

第一节 西南地区乡村旅游自发性共生联盟发展研究

一、研究现状与概念界定

西方经济学认为，解决外部化问题有两种方式，一是签订契约，二是直接内部化。在第一种方式中，无论是旅游资源同质化还是差异化，在各自利益最大化的条件下均有解。学者邹光勇和刘明宇在"区域旅游一体化能实现吗？——基于Salop模型的SPNE研究"中证明了这一观点。

一般而言，只有当合作、联盟能够对参与的每个利益相关者的关系进行有机协调，并通过长期的品牌管理途径将它们适宜地整合到一起时，联盟才可能成功。

合作组织形式包括两种类型：一种是自上而下的他组织和自下而上的自组织。自发性共生联盟（合作）是一种自组织联盟，它使旅游合作更加广泛、旅游互动更加深入，共生演化的驱动力更强。

张华根据自己研究的专业和领域针对我国省级联盟的问题和建议给出三个针对性强、有效性好和科学合理的建议：政府强化联盟制度建立并定期召开联席会议；强化区域间或省市间旅游品牌战略联合和营销推广；建立利益共享机制和财税分享机制。从目前西南地区乡村旅游联盟的情况看，问题在于，上述途径往往成为一种良好的主观愿望，而非是利益主体，利益群体自主意识到必需的努力，"不能不"的行为。

于永海等从契约的不完全性、公平性、沟通、成员的数量及其利益五个方面对旅游企业战略联盟信任的影响因素进行了分析。柳春锋在其相关研究中，发现联盟成员的匹配性、联盟文化协同性、联盟成员领导和联盟协议、监管机制等是影响旅游联盟成功运作的关键因素。同时，从博弈论视角出发，柳春锋分析了旅游联盟成功运作的重要因素，包括寻求和维持联盟两个阶段：对于寻求阶段，成员对合作的认识程度有必要提高；对于维持联盟阶段，成员的违约成本需要提高，资源投入与利益分配机制有待进一步完善。这比前一种观点更加前进了一步。提高认识，提高违约风险，按劳分配，提升了联盟的共识高度并提高进入门槛，促进分配机制的进一步优化。

问题是，是"他"要还是"我"要这样的要求和标准，这是一种更加良好的主观期待。就像国有体制下对管理制度不断地改革，对员工的考评越来越细化量化，但仍然达不到民营企业老板与员工之间共荣共生的"必然"联系和生存所依。这是制度与体制的根本冲突，是量变与质变的矛盾。基于共生进化理论，卜华白和高阳对战略联盟展开了相关研究，发现共建共享思想、共生发展演化、共生环境维护和共生渠道畅通的构建是战略联盟的重要影响因素。

吴冠之和刘阳提出共生联盟管理框架，主要包括联盟共同目标、发展模式选择、战略框架协议、合作伙伴选择和运营监督管理五大方面。丁永波等利用共生联盟理论对参与者和利益相关者进行参与条件、合作方式和淘汰机制方面的设定。卜华白和高阳利用耗散理论和自适应理论研究共生演化模型并给出优化建议和意见。共商共建、共治共享是战略联盟的目标。作为一种组织分析理论，共生联盟用合同框架和法律机制的形式从根本上扫清协同发展的质疑和障碍，给出省域间和地区间协同发展、共生发展、和谐发展的最佳解决方案。

对于西南地区乡村旅游区的联盟、合作，学界、政界、业界长期关注，研究的侧重是来自上级政府自上而下的宏观管理。饶光明认为云贵川藏桂渝等地区旅游产业发展迅猛，对于取消地区壁垒并组建统一的旅游大市场的要求变得更加迫切。因此，创建西南旅游经济发展圈的战略很有必要，并且应该重视政府在其中发挥的作用。刘连银认为我国西南地区应该结合资源禀赋和客源市场状态，通过体制机制创新和市场运作方式改革对现有资源进行盘活和优化整合，在政府政策的引导下激发内生动力，通过产业转型、产品打造和管理创新着重树立西南地区旅游品牌的实力和区域竞争力。通过资本引进、人才引进、技术引进和客源引进的方式，着力构建具有西南特色的大西南旅游产业协作区、示范区和试验区。王建芹认为，有必要发展西南民族地区特色旅游业，促进乡村振兴，发挥政府主导地位，做好顶层设计，企业要积极配合，履行社会责任，农户要共同参与，共建美好家园。

二、西南地区乡村旅游自发性共生联盟内涵与特点

旅游自发性共生联盟以联会的方式，在旅游区内外，从双向互利、互动发展旅游合作，到多个旅游区集合与组合，个性化、差别化、板块化成为旅游发展的重要构面，个性化、开放性、包容性与共享性成为区域旅游自发性共生联盟的关键特征和联动的重要表现。由于联盟是基于群体行为自组织，可实现各同盟者旅游互动和大规模的参与。

西南地区乡村旅游协作存在的问题

西南地区的少数民族村落历史悠久，建筑环境、建筑风貌、民俗习惯独具一格，形成了形态各异、风情各具特色的民族村寨和传统村落景观，是当地旅游发展十分重要的人文旅游资源之一，尤其是乡村旅游发展。西南地区幅员辽阔，地形地貌复杂多变，气候类型复杂多样，动植物资源丰富多样，涵盖了绝大部分旅游资源类型，具有良好的旅游资源禀赋条件。西南地区拥有自然风光、遗址遗迹、火山奇观、三国文化、丝绸文化、红色文化、边贸集市、温泉等多种类型的旅游资源。其中，贵州土司遗址、云南丽江古城、四川九寨沟风景区等10余项人文和自然景观在国内外享有较大的知名度和影响力。丰富的旅游资源和优越的资源环境为乡村旅游发展创造了良好的条件。

西南地区各省市、区县之间既有合作，也有竞争，全局与局部之间的矛盾是开展西南地区乡村旅游合作所面临的主要困难。

（1）契约化程度差。乡村旅游协作是一种跨区间的空间联动，涉及多个层面和利益主体，因此牵扯复杂的利益分割问题。为避免协作停留在口头或者意识层面，在西南地区乡村旅游发展过程中，建立起区域旅游协作组织及常设机构和制定协作章程等一系列契约优化建设显得尤为关键。因此，应当加强省级、区县等各层面的合作，逐步尝试探索建立制度化的可操作性强的区域协作。

（2）缺乏战略层面的联盟。目前，虽然西南地区乡村旅游协作区提出了一系列相互营销、共同树立统一的区域旅游形象、共享资源与市场等愿景，不过由于缺乏战略层面的协作，联盟并没有成为战略联盟。这意味着，联盟成员之间缺乏充分的战略规划和目标协调，在资源配置、市场开发和品牌建设方面难以形成有效的合作机制，从而限制了联盟的整体发展。所以在协作中经常出现"头痛医头、脚痛医脚"的现象。由于战略协作更多的是停留在设想和美好愿景上，没有

制定出相对统一和完善的区域旅游发展总体战略规划，协作效果欠佳。

（3）缺乏要素链接的互惠共生。西南地区乡村旅游合作缺乏旅游要素的有序流动和合理配置，各地旅游互惠共生等高级共生要求。目前，旅游协作在市场宣传和形象推广合作方面强调得更多，在旅游其他要素合作方面却表现得相对较弱。

（4）他组织为主的组织形式难以协作。政府旅游行政部门是目前西南地区乡村旅游协作的主推手，从旅游获益的操作者却处于第二梯队协助，这与市场原则极为不符。

在西南地区旅游发展中，存在多个区域出现大量同一性质或主题的旅游资源的现象，这既激发了区域旅游协作的产生，也阻碍了旅游协作发展。部分旅游资源区域考虑自身利益，选择不相让、不合作，还做出很多不恰当竞争行为，损害了旅游市场形象。

有没有一种自下而上的旅游组织形式？它是由旅游群体的意愿产生，由基层平级政府助推，在双赢共生的目标下形成一种新型互动旅游组织方式，并通过自由行专业旅游平台的搭建，实行自助旅游。

重庆市渝中区旅游局于2007年率先推行城际旅游模式，它促进了旅游联盟组织方式的革命性变化，实现了"城市友好、市民亲善、文化认同、产业互动"的价值互动。2012年已联动国内外100余个城市，成功开辟"多方共赢"的新局面。城际旅游是一种旅游地之间良性互动的发展模式，以新的旅游组织、运行、营销方式，开创中国旅游的新局面。

西南地区是一个区域的旅游地，长期以来受行政区制约，旅游区域内的交流与互动存在诸多问题，借鉴城际旅游组织方式有望实现联动突破。

三、西南地区乡村旅游自发性共生联盟战略发展途径

1. 西南地区乡村旅游自发性共生联盟现实背景

（1）同盟者拥有紧密的连接纽带。随着高铁时代的到来，西南地区乡村旅游正在面临全新的机遇，便利的交通为游客的出行提供了极大的便利。高速公路发展引发自驾车出游潮，高铁的密集建设，高铁出游将改变西南地区乡村旅游格局。以可进入性为导向的旅游业，其发展严重依赖着对交通网络的完善。因此，西南地区乡村旅游自发性共生联盟要构建空间联系必须在便捷的立体式交通网络中进行。

西南地区面临一系列交通网络的改变：重庆将成为西部交通枢纽，重庆机场成为国际空港，长江成为西部内陆出海主通道，同时随着宜万铁路的顺利通车，重庆至成都、上海的高铁要道全线开通；一个上午的时间经高速公路到达市内与

周边省会城市，半天时间内可以经铁路到达长三角、珠三角和东南亚等地区不是问题。又加上高速与水路通达的便捷，从而使重庆交通从海陆空三维度交错联结成了一张点多面广路捷的交通网，将重庆与周边省份城市的距离拉近，为旅游发展创造了一个前所未有的契机。西南地区各省市之间随着交通网络体系的贯通，外部高铁、高速、航空联动，景区之间呈网络状水路、陆路延伸，为旅游提供了坚实的保证。

（2）联盟成员拥有高品质的共生性资源。"中国香格里拉生态旅游区"区域范围包括凉山、攀枝花、甘孜、澜沧江、怒江等，奇特的自然风光雪域高原生态和物种的多样性景观，以及藏族聚居区神秘的旅游文化资源汇聚在该生态旅游区。

滇东南、贵州东部等地区，石芽、峰丛、峰林、孤峰、残丘、溶蚀洼地、溶蚀盆地、竖井、峡谷、盲谷等在这些地区广泛发育，是典型的喀斯特地貌地区。

（3）联盟成员拥有互利的潜质。任何形式的旅游合作的目的都是以提升市场份额即游客数量从而增加收益、知名度等有形或无形的收入。因此在互为旅游目的地和客源地的基础上，旅游客流的双向流动、市场互换可以有效地促进旅游者双方互访频率的增加和规模的扩大，从而使旅游地之间达到互利共赢的目的。而这种双赢又反馈回两地，成为激励其再合作的不竭动力。

2. 西南地区乡村旅游自发性共生联盟战略实现条件

一种政府、企业、媒体、公众等共同参与互动的格局，需要"大开放、大整合、大营销、大发展"的四"大"实现条件。

（1）"大开放"战略是基础。"大开放"战略思想实质是解放思想，打破思维定式。它要求以非常规的思路去谋取超常态的发展。各地区县基层政府在组织和参与旅游自发性共生联盟时，想要脱离传统以政府主导的乡村旅游模式，为把每个利益集团作为旅游发展的主要推动者，在乡村旅游合作中发挥出更具创新推动的价值力量。由于基层政府及利益集团更加了解本地的旅游资源优势及文化，能够有效利用资源。而管理权限的下放，可以强烈激励基层政府。

（2）"大整合"战略是重要途径。"大整合"战略体现的是一种主动出击、相互补充的战略路径。在发展过程中，每个主体都有自己资源的优劣势，西南地区乡村旅游共生联盟开始在西南地区乡村旅游沿线及相关地区的上级部门构建旅游自发性共生联盟的旅游平台，汇集多方优势的各种资源，整体联动；此外，与国内外其他旅游区域联盟、整合区域外的资源，为互动机制提供基础与保证。

（3）"大营销"战略是重要手段。旅游业是"涉外"经济，通过连续叫卖吸引外地人来消费，用营销来突出旅游目的地的优质产品。"大营销"方式下西南地区乡村旅游自发性共生联盟不仅包括各个旅游行业之间的内共生互动，还包括政—政、政—企、企—企的互动、与周边区县市外共生互动，形成互补共生关系（内共生），还要形成对称互惠共生关系（外共生）。多方互动、多行业联动、多样化营销。采用策划节会活动、新闻事件，创新营销方式，旅游形象推广，开设旅游网站，宣传手册等手段。

（4）"大发展"战略是出发点和归属。西南地区乡村旅游的发展既是开展西南地区乡村旅游自发性共生联盟的出发点，也是开展工作的归属。重庆渝中区推动的城际旅游"川渝亲上亲""沪渝一江情""渝黔一家亲"等系列活动的成功经验与实践证明，旅游自发性共生联盟不仅可以刺激消费，拉动内需，提振旅游地民众与游客的消费信心，还可以为区域间互为旅游目的地、客源地、集散地、服务中心，以及发展和带动旅游、商贸、文化互动合作提供良好的效应。

四、西南地区乡村旅游自发性共生联盟发展模式与结构模式

1. 西南地区乡村旅游自发性共生联盟发展模式

西南地区乡村旅游自发性共生联盟的发展可以结合真实应用下西南地区乡村旅游自发性共生联盟模式发展，其分为以下阶段：发动期、整合期以及高潮期（见图9.1）。

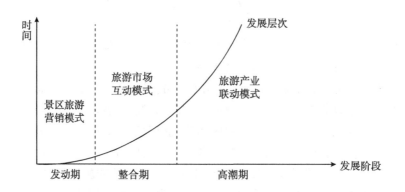

图9.1 西南地区乡村旅游自发性共生联盟发展模式

资料来源：笔者根据相关资料整理。

（1）景区旅游营销模式。这一模式源于城际旅游中重庆市渝中区这一城市单体推动互动合作形式的实践。在该阶段，这种合作模式实际上是一种倡导个体自主推动的合作，由主动者先发起并推进，其他人则参与其中，并在合作中共同受益。用营销的形式来提升旅游的吸引力是这一阶段的重点所在，并且在其他旅游产业要素方面几乎不存在合作的行为，同时持续周期的长短由被动方主动跟进

旅游方面用时来决定。此阶段特征是共生联盟的推动成员不断寻求新的合作伙伴，从而很快形成"区域圈"。

（2）旅游市场互动模式。进入整合期后，联盟成员经过西南地区乡村旅游自发性共生联盟的建设，琢磨要深化互动合作机制，培养对方成为自己的客源，开始协商建立长效合作机制，推动互动活动，对旅游自发性共生联盟进行由名义向实际的转变。将地区之间的客源地的市场、旅游目的地深入交流，并依托各式各类"区域圈"核心地区来实现旅游共同体的形成。

（3）旅游产业联动模式。产业联动是西南地区乡村旅游自发性共生联盟发展的最高形式，所要实现的是"旅游目的地、客源地"的高效互动，带动西南地区周边各地区的交流与互动，促进各地旅游发展、深层化的旅游合作。

从"区域圈"开始，对行政藩篱进行弱化，第一步，在该区域内建立一系列规范化的协调机制，包括组织协调、市场管理和利益分配等机制，加强该区域旅游产业的整合和优化，促进各方资源的协同利用，实现旅游市场的有序发展。第二步，深化"区域圈"之间实现各主体的合作与分工协作。最终构建相对完善和协调的旅游产业链，在基层背景下完成"大开放、大整合、大营销、大发展"战略的体系庞大的西南地区乡村旅游"区域带"，从而使西南地区乡村旅游产业向外部发展的模式占据优先权，融合国内外"区域带"的旅游产业模式进行扩张，最终达到全球化的旅游自发性共生联盟。

2. 西南地区乡村旅游自发性共生联盟结构模式

西南地区乡村旅游的自然、经济和社会条件形成了自发性共生联盟，在区域带内部和区域带之间、区域圈内部形成合作和组合，旅游系统各要素建立了特定的结构模式。新型组织过程在多种条件催化下，是西南地区乡村旅游自发性共生联盟过程中圈、带相互作用的产物。西南地区乡村旅游自发性共生联盟以"核心—边缘"理论为基本依据，其中核心是西南地区乡村旅游主要景区所属的城区，由于城市具有极强的积聚和辐射功能，而且旅游服务体系完备，交通便利，以它们作为西南地区乡村旅游自发性共生联盟的核心可以有效地构建出"区域圈"所必需的"旅游目的地、区域旅游服务中心、集散地、客源地"；边缘指核心扩散外区域。两者相比，后者劣势明显有资金短缺、产业单一，基础设施落后的不利条件。然而处于边缘区的乡村拥有圈内独特且高质量的旅游资源，所以联动核心城市是十分必要的。通过西南地区乡村旅游自发性共生联盟的组织模式，各圈内核心城区能够吸引大量的客流、信息流和资金流以及技术、人力等到区域中积聚并辐射到边缘区，与边缘区进行旅游客流、物流、智能流、信息流"四流"双向流动，从而带动"区域圈"内各利益相关主体共同发展（见图9.2）。

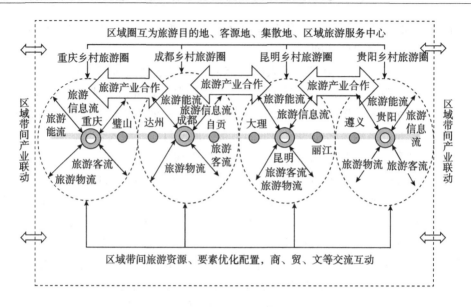

图 9.2 西南地区乡村旅游自发性共生联盟

资料来源：笔者根据相关资料整理。

西南地区乡村旅游自发性共生联盟的"四圈一带一世界"组织模式。"四圈"是指：①以重庆作为核心，围绕重庆主城九区以及其周边区县（包括沙坪坝区、九龙坡区、渝中区、江北区、南岸区、璧山区、合川区、渝北区）形成重庆乡村旅游圈。②以成都市为辐射核心，围绕成都市周边区县（包括金牛区、成华区、武侯区、青羊区、锦江区、新津县、双流区、新都区等）形成成都乡村旅游圈。③以昆明市区为辐射核心，配以大理、丽江等区域形成昆明乡村旅游圈。④以贵阳为辐射核心区，配以遵义、铜仁等地形成贵阳乡村旅游圈。西南地区乡村旅游自发性共生联盟的理念是基于"四流"联动实现的。该联盟利用联合营销作为纽带，构建了一个协作平台，以促进圈与圈的资源优化以及商贸文化的交流。通过这种方式，联盟内部形成了"四圈"的互动，进一步促进了整个西南地区乡村旅游的发展。"一带"是指随着"旅游圈"之间不断合作与发展，圈内及圈与圈之间的基层政府和企业等各方主体开始深刻意识到从产业面上实行合作的重要性，同时，由于各自旅游业发展水平都已较高，其空间对外扩张的需求强烈。因此，在西南地区乡村旅游自发性共生联盟的推动下，旅游客流之间的双向流动逐渐得到促进。同时，圈内和圈与圈之间开始从旅游产业的角度深入合作，以建立整体竞争优势和开拓外部市场。通过市场共享机制，各个旅游产业要素得以自由流动和优化配置，同时在圈之间实现适当的产业分工和互补，以提升旅游产业综合水平，实现合作共赢的局面。于是，圈与圈之间的产业协同效应显现，旅游经济趋势化不可避免，结合各方产业共同发展成为必要，且在多方平等尊重、互帮互惠的基础上，演化为各圈共享领域扩张延伸的统一体。西南旅游带的形成，使西南地区乡村旅游成为一个自然而然形成的旅游经济体，具有良好的内在共生机制和得天独厚的资源优势。

通过对城际旅游成功实践经验与理论的借鉴，结合西南地区乡村旅游自发性共生联盟的渐进发展的三层级设计了西南地区乡村旅游自发性共生联盟组织的新模式，构建了"四圈一带一世界"的组织模式。该模式一反高级别行政机关统筹管理的主流理念，提出由基层政府主导，企业、民众与游客三方共同参与，通过从基层景区与核心城区之间资源互享、市场互动、人员互往、信息互通的互动合作，强化基层联系，并通过基层的联合自下而上最终达到"西南旅游带"的整体目标，以整体的形象同旅游相关产业体共谋发展。

第二节 西南地区乡村旅游自助游智慧旅游平台的搭建

在这个崇尚自我、追求个性、亲近自然的新时代，传统的旅游方式——随团旅游，受游客行动受限、导游素质参差不齐、时间分配难以自由等诸多限制，游客个性化、休闲化需求无法得到满足。新型的自助旅游不但让旅游变得简单、便捷，而且让游客行程更加灵活，逐渐成为流行的旅游方式。在此背景下，构建完善的自助旅游服务平台成为旅游目的地发展战略的重要组成部分。

本节从高效信息服务平台的构建、配套服务设施的完善、安全管理建设的加强、个性化旅游包设计和自助游导游服务的设立等方面探讨和研究，构建西南地区乡村旅游自由行专业旅游平台，这是一种全新的"覆盖面广、全程服务、选择自主"的专业自助游平台。

一、西南地区乡村旅游自助游的可行性

1. 西南地区乡村旅游自助游的有利条件

国外的自助游发展历史悠久，起源于美国 20 世纪二三十年代的背包旅行，其运营模式成熟，很多基础设施都非常人性化，方便了自助游游客对大自然的亲近、探索和发现。

近年来，随着人们旅游意识的逐渐成熟，交通变得越来越快捷便利，网络服

务超越时空的限制，有车族的数量迅速增加，自助游服务体系开始初显成效。西南地区旅游已经进入了"快速扩张、持续增长、健康发展"高速发展阶段，自助游将是一个关键的增长点。西南地区旅游资源丰富且独特，这里自然风光、历史遗迹、现代化的工程与当地的民俗文化融为一体，但西南地区旅游服务业仍然存在问题，本章通过对西南地区乡村旅游自由行旅游服务平台的搭建，旨在科学引导游客进行环保安全的自助游，在游客需求得到最大限度满足的同时，能够使乡村旅游的原生性和生态性得以有效保持，提倡一种"原生自然、追求自我、放松身心"的旅游理念。

（1）交通巨变重构西南地区乡村旅游。西南地区地形十分复杂，除四川盆地，多属云贵高原和青藏高原地带，海拔高，且其间穿插着许多巨大山脉；河流多，但均处上游滩多流急地段，落差大，这些都给西南交通建设造成了很大困难。随着科学技术的进步和城镇化建设，西南地区交通已得到巨大改善。

西南地区交通建设一直得到国家高度重视和大力支持。该地区除拥有成都、重庆等城市的快速轨道交通系统外，还有完善的公路和航空网络。公路建设方面，西南地区建成了一批高速公路，如沪昆高速公路、成内高速公路、川藏公路等。其中，成渝地区自贡至重庆段的高速公路拥有 6 条出入口，通行效率快速便利。1895 千米的川藏公路穿越了西藏的高山峻岭，成为连接西藏与内陆的重要通道。航空方面，西南地区的机场数量也不少。成都双流国际机场、重庆江北国际机场、昆明长水国际机场等已经成为西南地区航空运输的重要枢纽。此外，西南地区还计划修建几个新的机场，如昆明东川机场、贵阳花溪机场等，以提升该地区的航空运输能力。

交通状况是影响自助旅游者出行的重要因素，重新构建西南地区的空间布局，将西南地区乡村旅游的空间质量与景观环境、民俗风情相结合，才能迎合具有参与性和自主性的自助游游客的喜好。利用交通创新组织自助游，让旅游者重新认识西南地区，势必为西南地区旅游带来革命性的变革。

（2）西南地区乡村旅游潜在的散客。在全国旅游业快速发展的大背景下，乡村旅游也受到越来越多人的青睐。随着游客消费观念的改变和旅游需求的不断升级，乡村旅游也不断推陈出新，注重为游客提供更丰富、更个性化的旅游体验。散客旅游者以其独特的优点——彰显个性、自由洒脱的旅游理念，便捷舒适、自主随性的旅游资源，是时尚旅游者的标志，越来越受到大众游客的追捧。西南地区乡村旅游也正经历着一系列显著的变化：通信、交通、景区配套服务设施等基础设施不断发展完善，使游客出游得到了更好的物质保障；西南地区因地理位置，乡村聚落较多且各具特色，所以前来西南乡村旅游的人不再仅把旅游看成一种花钱买享用和观赏的经历，而是更期待提高生活品质、满足个性化需求，将被动参与变为主动融入的操作和实践经历。所以，目前庞大的西南地区乡村旅游游客群体将成为潜力巨大的散客源，应当调整旅游服务观念，努力挖掘西南地区乡村旅游的潜在散客市场。

（3）散客需求催生"自由行专业旅游平台"。散客出行与团队的最大不同，在于他们更需要依赖旅游综合服务体系来完成自己的旅游活动。散客旅游的特点是：自由度高，形式灵活，人数少批次多，预订期短，要求多且变化多。相对于过去，西南地区乡村旅游散客的需求层次明显提高，需要注意的是：畅通便捷的交通线路、准确及时的旅游信息、多样舒适的服务设施、原生特色的西南地区乡村文化认知、自主愉悦的旅游体验，而这些仅靠散客自己是不能完全实现的，并且市场潜力巨大的西南地区乡村旅游散客都需要一个专业的西南地区乡村旅游"自由行专业旅游服务平台"，更好地满足西南地区乡村旅游散客的特殊需求。

（4）旅游景点社区承接接待服务。由于在乡村旅游景点周围区域有当地居民居住，因此他们最为了解其所在居住地周围的民俗文化和旅游风景。组织当地居民，利用现有的住宿条件，让居民社区承接游客接待服务，为旅游者提供社区化的餐饮和住宿服务，取代以往的大肆圈占土地，修建酒店、宾馆的破坏性行为。

例如，长江三峡现有的著名"农家乐"——宋清贵家，一致获得了广大"驴友"的好评。但是，"农家乐"是住户私营旅馆，存在条件简陋，服务不规范等缺点，不能完全满足广大长江三峡散客的自助游需求。应该由政府引导，旅游部门组织，将所有"农家乐"进行整合规划，形成专业规范的又不失农家特色的"社区化服务"，当地居民能告诉旅游者更真实准确的民俗文化及当地的民俗风情；还可以请熟悉山路的居民做有偿向导（相当于导游），在景区当地居民的带领下，去领略探索更险峻的"峰光山色"，更深幽的"林间美景"，更湍急的"江流奔涌"。

2. 西南地区乡村旅游自助游障碍

随着经济的发展和交通的完善，西南地区旅游业也得到了一定程度的发展，旅游六要素（食、住、行、游、购、娱）日臻完善。但随着旅游市场需求的日新月异，西南地区旅游业的发展，仍然存在以下几点不足：

（1）地域跨度大，信息系统不完善。西南地区包含重庆、四川、云南、贵州四个省份，涵盖诸多区县，区域内景点呈现多样化（见表9.1）。乡村旅游景点，对旅游者尤其是自助旅游者具有极大的吸引力。自助游客更喜欢去探索那些具有民俗风情，回归自然的景点，从原生的自然景观中获得亲近自然、放松身心和"敢为天下先"的满足感。但是，乡村旅游景点导游系统还处于初建阶段，很多介绍和描述信息都不全面、不准确，自助旅游信息匮乏，网上预订服务太少，不能有效地指导旅游者。

表 9.1　西南地区各省份旅游资源特征

省份	旅游资源特征简述
云南	北部地区有高原风光（雪山冰川、三江并流等），南部地区有热带原始雨林，东部地区有喀斯特景观，西部地区有亚热带风光。汇聚了众多的民族群体和传统文化，具体表现为宗教文化的多样性，民族文化的多样性和社会文化的多样性
四川	四川旅游资源具有数量多、类型全、分布广、品位高的特点：自然山川雄奇秀丽，文物古迹丰富多样，田园风光如诗如画，民族风情独特有趣
重庆	"山城"重庆，具有丰富的长江三峡旅游资源（以芙蓉洞、芙蓉江、乌江、小三峡等为代表）、独特的渝北民俗文化风情（以统景温泉和巴渝民俗文化村为代表）、抗战文化遗迹、大足石刻旅游资源
贵州	喀斯特地貌、文化多样性和水特色性。水是贵州省的主要旅游资源优势，一方面，瀑、洞、漂、酒、渡、舞都是以水为母体；另一方面，从当地的民俗文化角度出发，这里的少数民族文化也都是在水边孕育的，这些使"水"的特殊和多姿多彩的特点得以充分体现

资料来源：笔者根据相关资料整理。

（2）交通线路覆盖不全，旅游方式选择单一。旅游线路、交通设施对于自助旅游者出行有着不可忽视的作用。近几年乡村旅游的发展促使更多游客选择自驾游，这便对交通线路提出了要求。自驾游要求景点周围交通设施完善，道路状况良好，线路覆盖区域全，交通标识清晰。若景点之间或景点本身交通路线不通或是缺乏，那么自助旅游者的出行将具有很大的难度。这些问题使游客自主选择旅游的方式受限，即使目前有自驾、轮船和徒步等多种旅游方式，但因为受到道路的限制，轮船游成了有些景点必须选择的方式，其成为主导地位，使游客旅游方式变得单一乏味，并且游客经常会遇到因为对旅游线路不够熟悉导致走冤枉路的悲惨经历。与团队旅游者相比，自助旅游者在旅游方式多样性方面的要求更高，对旅游线路与交通设施的依赖性更强，这导致长江三峡自主旅游处于更大的劣势中。

（3）餐饮住宿担忧，环保意识薄弱。选择自驾游或徒步游的游客，由于存在乡村旅游线路不熟悉、当地文化不了解、外地游客语言沟通有障碍等问题，常常发生游客抱怨吃住不方便，多花冤枉钱的投诉事件，严重影响了自助旅游者的旅游满意度。

自助游客完全是自主性、独立性的旅行，没有任何组织和约束，行动散漫不确定性强，难以管理；并且国内自助游尚处在发展的初期阶段，游客的旅游行为和素质都不成熟，环保意识薄弱，常常有意或无意地破坏了景区的生态环境。

（4）自助游安全重视不够。自助游由于是游客基于其自主性而进行的旅游活动，没有统一的组织和行为约束，游客的言行均按照其自我意识进行。因此在旅游过程中更容易发生突发事件，或因经验准备不足存在一些安全隐患。加上游客的行程路线具有一定的随机性，所以在旅行途中尤其要注意安全问题。针对自助旅游者旅游的特性，安全管理要更加细微周到，如自助游的安全知识宣传、安全救助服务、应急设施安置等。这些必要的安全设施和服务的缺乏也大大地阻碍了乡村旅游自助旅游的发展。

二、西南地区乡村旅游自助旅游服务平台的构建

为解决西南地区乡村自助旅游面临的各种问题，助推旅游高效和快速发展，提出构建西南地区乡村旅游自助旅游服务平台的设想，西南地区乡村旅游智慧系统是由用户层、服务层、数据层和感知层构成的智能化管理系统，运用人工智能、虚拟现实和增强现实、移动互联网以及云计算等先进技术，为西南地区乡村旅游行业提供全方位、高效率的管理、营销和服务。该系统建立多个相关数据库，应用物联网等前沿技术，实现对乡村旅游资源要素的探查、分析和整合，为用户层了解更全面旅游信息和服务，为服务层提供行业管控及各类服务，为数据层提供数智赋能分析和挖掘，为感知层提供对乡村旅游资源及环境的实时监测、预警和管理。这一智慧系统的运用，将更好地提高管理者、经营者、从业者和旅游者的体验和效益，带动西南地区乡村旅游行业的智慧化和便捷化发展，其主要细分为两个模块加以详述。

1. 电子信息服务系统

结合网络技术和电子商务等高科技手段，建立西南地区乡村旅游景点的电子信息服务系统（以下简称西南乡村电子旅游）。在这个系统中没有时间和空间的限制，利用网络能力让游客和商家互相联系；并且网络上多媒体信息形式多种多样（文本、图形、声音、动画和视频等），信息量也大大增加，可最大限度地满足自助旅游者对旅游信息的特殊需求：随时在网络上进行实时互动的信息交流。

（1）电子门票。自助旅游者只需在网上就能完成景区订票、网银付款、获得电子门票验证号的全过程，轻松便捷。游客无须拿到传统的纸质门票，只要凭借身份证和电子机票验证号，就可以在有效期内随时观赏景区。参照时下非常火爆的团购，还可以组织景区电子门票团购优惠活动，以吸引更多的游客，增加景区收益。当然，电子门票需要规定有效期限（如半个月内有效或一个月内有效），并且通过电子门票的销售情况，可以每天统计景区的游客量，实时公布在网络平台上，方便旅游参考选择合适的旅行时间、避开高峰期。

（2）电子信息。景区明确每一个景点、每一条线路、每一个服务站、每一个应急救助点等情况后，建立一个网络数据库，为自助旅游者提供电子信息服务，让旅游者通过自备的电子设备可以随时随地查阅所需的旅游信息；也可以在景区的指定地点设置若干个电子装置（为了生态保护需要，进行掩体包装），方

便旅游者的应急需求。网络上的多媒体能提供给旅游者多种多样的信息形式，海量的信息内容都能在电子信息中查到。

（3）实时信息。在网络平台上实时公布最新的气象、道路以及景观信息，方便自助旅游者随时随地做出最有效的判断和计划；也可向愿意留下联系方式的旅游者定时发送实时短信提供信息服务。多渠道地发布实时信息，以保证自助旅游者获得更多有效的信息。

2. 基础配套服务设施（餐饮、住宿、交通）

根据自助旅游的特殊需求，专设一些特殊的基础服务设施。同时，为了保护景区的原生自然性，也为了让旅游者体验到更真实的生态自然景观，不再进行任何商业化或人工化的建筑、包装和改修，而是修建一些最简洁的、对生态环境破坏最小又能满足自助旅游者特殊需求的设施。例如：铺设连通各个景点、覆盖全景区的砾石道路，方便自助旅游者的出行。

经过论证后，在合适选址建立以下设施：

（1）自助服务站。掩体式建筑的石屋、土屋或者是木屋，能提供汽车加油、电器充电、自来水，并且回收垃圾、排放下水（生活污水）。帮助旅游者处理垃圾的同时，不仅引导了旅游者文明旅游的好习惯，也保护了景区的生态环境，一举两得。

（2）休息补充站。设有简易石凳或木凳供旅游者简短的休息；具有专业的车辆检修工、电子设备修理工、医务人员和导游等工作人员，随时为自助旅游者提供所需服务；出售食品、饮料和医药用品；租赁并出售背包、帐篷、车辆、睡袋、拐棍和绳索等各式各样自助游所需物品。

（3）社区化餐饮住宿服务。组织当地居民，利用现有的住宿条件，提供社区化的"农家乐"式的餐饮和住宿服务，取代以往的大肆圈占土地，修建酒店、宾馆的破坏性行为。比如，重庆市石柱土家族自治县的"黄水人家"就是很好的尝试。"黄水人家"是石柱土家族自治县在发展乡村旅游的过程中，紧密结合实际，创新发展思路，积极探索实践，创新性成立的乡村旅游专业合作社。

旅游专业合作社入社成员是主体，由公司统一运营，收取移动管理费，实现经营者、投资者等多方利益共赢，进而从根本上解决万胜坝水库区面临的移民经济来源和游客食宿困难的双重问题。

三、西南地区乡村旅游智能支持平台建设

1. 西南地区乡村旅游智能支持平台

西南地区乡村旅游智能支持平台是基于人工智能和数智赋能技术的新型旅游服务平台，旨在为游客提供更便捷、更安全、更个性化的乡村旅游体验。该平台

整合了各类旅游信息和数据，通过智能化的推荐算法、定制化的服务方案和一站式的信息查询功能，为游客提供了全方位的旅游服务，成为游客的智能导游和好帮手，大大地提高了游客的旅游体验和便捷性。同时，还可以帮助乡村旅游从业者和管理者更深入地了解游客需求和行为，优化乡村旅游产业结构，提高参与度和旅游业的经济效益和社会效益。

西南地区乡村旅游智能支持平台是为乡村旅游建设提供支持的基础平台，能够收集各类旅游企业、机构、从业人员、游客等相关信息，汇聚旅游服务资源信息，包括食、住、行、游、购、娱、便民等方面的信息（见图9.3）。平台通过集中采集、存储、处理，并实现信息共享、互通，为上层应用系统提供分析、决策的支持。同时，平台能够横向整合交通、气象等旅游相关部门信息，纵向整合省、市、县政府、涉旅企业基础信息及行业应用信息，实现内外部数据共享和交换，为各级应用系统提供支撑，为政府决策和企业经营提供信息，为公众提供更好的旅游服务。

西南乡村旅游智慧系统是由用户层、服务层、数据层和感知层构成的智能化管理系统，运用人工智能、虚拟现实和增强现实、移动互联网以及云计算等先进技术，为西南乡村旅游行业提供全方位、高效率的管理、营销和服务。该系统建立多个相关数据库，应用物联网等前沿技术，实现对乡村旅游资源要素的探查、分析和整合，使用户层了解更全面的旅游信息和服务，为服务层提供行业管控及各类服务，为数据层提供数智赋能分析和挖掘，为感知层提供对乡村旅游资源及环境的实时监测、预警和管理。这一智慧系统的运用，将更好地提高管理者、经营者、从业者和旅游者的体验和效益，带动西南乡村旅游行业的智慧化和便捷化发展。

2. 西南地区乡村旅游智能支持平台运用

旅游数智赋能是一种新的数据形式，它是基于互联网技术、数据库技术、云计算技术等计算机信息技术，通过对大量的旅游数据进行采集、存储、处理，并对这些数据进行分析挖掘，从而为旅游业和相关行业提供服务的数智赋能支持平台。其运用可以做到：

（1）客流预测和管理。通过数智赋能技术和智能算法，分析游客出行趋势和客流量，为旅游景区、乡村旅游点提供客流预测和管理建议，避免旅游高峰期间人满为患的情况发生。

（2）游客服务智能化。乡村旅游景点可设立智能导览站，安装视频监控、人脸识别、语音导航等设备为游客提供智能服务，方便游客了解景区和获取旅游信息。

图 9.3　西南地区乡村旅游智能支持平台整体架构

资料来源：笔者根据相关资料整理。

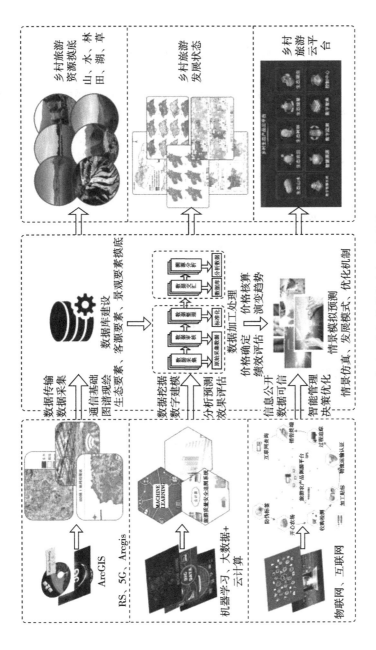

图 9.4　西南地区乡村旅游数字云平台结构

资料来源：笔者根据相关资料整理。

（3）环保监测和管理。利用物联网技术，对景区内垃圾、水质、空气等环境指标进行实时监测和管理，及时发现问题并采取措施，保护自然环境和游客健康。

（4）旅游产品创新。通过对游客出行偏好和旅游需求的数据分析，提供个性化的乡村旅游产品推荐和定制服务，拓展乡村旅游消费市场。

（5）景点管理智能化。引入无人机、机器人等技术对景区内道路、设施、景点进行巡检和维护，减少人力资源浪费，更好地维护景区内部秩序和安全等。

同时建设乡村旅游数字云平台，辅助西南地区乡村旅游智能支持平台运用，乡村旅游数字云平台的建设和应用，是推进乡村旅游数字化转型和提高服务质量的重要手段和工具，对于乡村旅游的可持续发展具有重要的意义（见图9.4）。首先，通过 Arc GIS、RS、5G 进行数据传输、数据采集、通信基础和图谱描绘，对生态要素、客源要素、景观要素摸底开展数据库建设，达到乡村旅游资源如山、水、林、田、湖、草的摸底。其次，利用机器学习、数智赋能+云计算开展数据挖掘、数字建模、分析预测和效果评估，以原始采集数据中的数据采集、数据审核进行标准化数据整理，形成数据库的数据交汇。再次，以溯源分析数据，探究乡村旅游发展状态。最后，通过物联网、互联网进行旅游农产品溯源平台的信息公开，使数据可信，再智能管理，使决策优化，开始在数据加工处理后的以情景仿真、发展模式、优化机制的情景模拟预测，最终实现包含有生态山水、生态农田、生态树林、生态绿草、生态湖泊、数字智能农资、智慧溯源、数字智库和控制中心的乡村旅游云平台。其是满足旅游行业数字化转型需求而开发的在线平台，其可以为乡村旅游景区、旅行社、游客和政府等各方提供数字化服务和支持。

第三节　西南地区乡村旅游自发性共生联盟旅游协会的创建

一、西南地区乡村旅游自发性共生联盟旅游协会的可行性

1. 西南地区乡村旅游自由行旅游协会的市场概况

随着国内旅游市场不断扩大以及游客需求日益多元化的增长，乡村旅游逐渐成为国内旅游市场的重要组成部分，备受游客青睐。西南地区不仅拥有得天独厚的自然风景和文化底蕴，而且还有丰富的民俗文化和独特的地域特色，非常适合

自助旅游的游客。随着消费升级和旅游需求多元化的发展，西南地区乡村旅游市场的前景十分广阔。不断转变的旅游消费观念和日益丰富的旅游产品也为西南地区乡村旅游的发展提供了无限可能。西南地区乡村旅游资源广泛分布，包括云南、贵州、四川、重庆等地。此外，西南地区还拥有深厚的民俗文化和历史人文底蕴，且民宿数量较多，民宿的品质和服务也在不断提升。时下的消费者旅游需求的多样化发展，且关于体验式旅游的需求不断增多，乡村旅游自由行旅游协会可以通过推广特色体验式旅游产品来抢占市场份额。同时，随着游客对旅游需求的不断变化，乡村旅游自由行旅游协会可以逐渐转向主题式旅游，打造具有独特特色的主题旅游产品，满足游客多元化需求。但是，乡村旅游市场监管不严，市场存在一些不规范行为可能会对游客安全造成风险，因此协会可以制定行业规范并加强监管，保障游客的合法权益。与此同时，西南地区乡村旅游资源数量众多，各地区的发展水平和方式也不尽相同，因此协会需要在发展策略上进行细分和分类，找准差异化竞争点，以提升市场竞争力。

2. 西南地区乡村旅游自由行旅游协会的竞争分析

传统旅行社：传统的旅行社已经在旅游市场上站稳了脚跟，他们拥有强大的客户网络和丰富的行业经验，能够提供高质量的旅游产品和服务。然而，他们的行程安排可能受限于商业合作关系。

网络旅游平台：随着互联网的普及，越来越多的旅游者使用网络平台搜索自由行信息。这些平台可以提供优惠的价格，方便在线预订和全球化的搜索结果，但它们通常只提供标准化的套餐，而缺少对当地文化和风情的了解。

当地民宿业主：当地居民通过民宿平台提供住宿服务，这些住宿设施通常位于相对偏远的位置，与自然环境紧密相连。这些服务通常具有个性化，注重当地文化特色和人情味道，但可能缺乏对旅游者需要的专业知识和旅游设施。

3. 西南地区乡村旅游自由行旅游协会的市场前景

从政府对乡村旅游的重视程度可以看出，乡村旅游市场将得到大力发展，成为众多旅游公司未来的重要战略方向之一。越来越多游客选择乡村旅游是因为这种旅游方式能够让人们重新回归自然、放松身心，同时又能深入了解当地的人文环境和生活方式。随着旅游消费和旅游体验等方面的不断提升，乡村旅游市场的发展前景非常广阔。

二、西南地区乡村旅游自发性共生联盟旅游协会的构建

1. 西南地区乡村旅游自发性共生联盟旅游协会宗旨和目标

协会宗旨：西南地区乡村旅游自发性共生联盟旅游协会的宗旨是通过共同的合作与协商，加强地区内乡村旅游业的联系与互动，并推进乡村旅游的可持续发

展，同时营造和谐的旅游环境，为游客提供高质量的旅游服务和体验。

协会目标：促进西南地区乡村旅游业的互动与发展，建立起乡村旅游业的合作与协作机制。通过资源共享和技术交流，提升乡村旅游业的整体水平和竞争力。宣传乡村旅游业的特色与优势，吸引更多的游客前来体验和旅游。推进乡村旅游的可持续发展，保护和传承地方文化遗产，营造和谐的旅游环境。提供高质量的旅游服务和体验，满足游客需求，提高地区旅游业的整体质量和形象。积极参与政府旅游产业发展规划，为地方旅游业的发展稳定与繁荣做出贡献。建立起乡村旅游业的企业联盟，促进企业合作与共同发展，提高业界整体的信誉度。

2. 西南地区乡村旅游自发性共生联盟旅游协会组织架构

协会的成员结构：协会应该吸引乡村旅游爱好者、旅游从业者、乡村旅游景区、志愿者、相关机构等各种单位作为会员。

协会的理事层级：应该设置董事会、监事会和秘书处作为层级结构，董事会主要负责协会重大决策，日常工作由秘书处和监事会共同负责。

协会的运作方式：可以采用线上和线下相结合的方式进行协作和交流，线上可以采用社交媒体或者 APP 平台等方式，线下则可以组织培训、研讨会等相关活动。

3. 西南地区乡村旅游自发性共生联盟旅游协会活动和服务内容

协会的服务范围广泛，其中包括为会员提供组团服务、组织各种旅游活动和拓展训练项目等，以促进会员间的交流、互动和合作。此外，我们还积极参与乡村旅游政策制定和推广工作，致力于提升西南地区乡村旅游的知名度和旅游质量。我们不仅为游客提供专业的咨询和指引，而且规范乡村旅游市场秩序，加强维权和监督工作。此外，我们还可以向乡村旅游相关企业和机构提供管理咨询、人才培训、营销策划等服务，以协助行业内各方拓展市场和提升综合实力。

第十章　西南地区乡村旅游高质量发展人才培养研究

第一节　乡村旅游人才培养普适性道路

一、兴办乡村大学

1. 乡村大学的内涵

所谓乡村大学，是在乡村开办培训班和其他形式的培训方式，对农民进行大规模培训。

在乡村开办培训机构，其实从民国时期的乡村建设运动便有。在乡村建设运动期间，中国一大批爱国知识分子深入乡村，开办各种培训院、研究所、讲习所等，对农民进行生产技术、文化素质的培训，取得了较好效果。燕京大学、金陵大学、齐鲁大学、北平师范大学、北平中法大学、北平大学等都参与了各种形式的农民培训。

类似于乡村大学，很多地方也开展了田间大学的实践，取得了良好效果。所谓田间大学，是大学、科研院所或其他专门机构，对农民的某项技术进行培训的方式。田间大学在对农民的技能培训方面，作用显著。如青海大学和青海农林科学院，对乡村旅游开发点杜家洼村进行了深入的技术培训，举办种植、养殖技术培训班，联络专家长期跟踪。

现如今，开办乡村大学是乡村旅游一大特点，通过举办乡村大学，将更多的乡村特色和乡村文化向外传播，让更多的群众了解乡村特色，乡村大学是乡村走向外界的开端。

2. 乡村大学开办单位

乡村大学应当由掌握先进技术、拥有丰富师资、具有乡村培训和教学经验的机构来开设。大专院校和科研院所是最适合开设乡村大学的。例如，重庆理工大学在长期支持重庆武隆、重庆万州的乡村振兴和旅游开发过程中，就针对农产品销售、乡村人居环境改造、乡村民宿业开办、乡村美食业运营等，针对数千名农民进行了培训，取得了很好效果。

企业也可成为乡村大学开办单位。企业往往具有某方面的专长，对村民的培训针对性和实操性都很强。例如，一些农业公司针对村民某项产品种植技术的培训，效果就非常明显。

3. 乡村大学师资

乡村大学师资类型如图 10.1 所示。

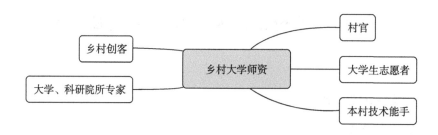

图 10.1　乡村大学师资类型

资料来源：笔者根据相关资料整理。

（1）大学、科研院所专家。乡村大学需要各种类型的师资，大学和科研院所最具提供丰富师资的条件。但应注意为这些师资到乡村提供培训的条件。一些地方政府、学校出台了针对大学师资参与乡村培训的职称评定优惠政策，就具有非常明显的作用。同时，也应对这些师资进行再培训，让他们掌握和农民沟通方法、掌握农民培训教学方法。

（2）本村技术能手、文化传承人等本地精英。每个村都有自己的技术能手、文化传承人。这些人是最被乡村认可的专家。他们可以对村民进行言传身教，进行长期培训。基层政府应为这些技术能手、文化传承人从事培训提供帮助，包括提供教学场地和必要经费。同时，应该让这些技术能手和文化传承人参加培训，提升技能，掌握教学方法。

（3）乡村创客。应充分利用乡村创客的创新、创业激情，为创客提供创客工作室，创客工作室同时承担乡村大学的部分功能。

（4）大学生志愿者。大学生志愿者是具有较高文化素质、具有创新视野的青年，他们富有激情和动力，在世界各国的乡村建设实践中，大学生志愿者发挥了巨大作用。充分发挥大学生志愿服务组织的作用，吸引广大的青年到乡村，参加志愿活动，培训和辅导村民。

4. 乡村大学配套支撑措施

（1）制定符合本区域特点和产业特色的乡村专业人才评价标准，探索建立以知识品德、社会公认、生产实绩、实用技术、带头示范、劳动创造等为主要内容的乡村专业人才评价体系。

（2）鼓励高等院校、职业院校开设服务乡村类专业和课程，针对性充实并培养乡村工匠、农技推广员、农村教师、养老护理员、乡村医生、非遗传承人等专业人才队伍，拓展乡村专业服务人员职业发展空间。

（3）建立健全乡村专业人才考核机制，不断落实人才培训和人才能力评估，支持本地工匠积极承建乡村小微工程。

（4）参照师范生"上岗退费"政策。为鼓励大学生参与乡村建设，对扎根农村就业创业或者服务农村时间达到三年的高校毕业生，经核准可退补大学学杂费。

二、乡村创客与创客工作室

1. 乡村创客与创客工作室

创客运动（the Maker Movement）起源于西方后工业社会背景，是一场以创客为主体，在全球范围内推广开放创新理念、培育文化科技创意，并推动大众创造实践的创新运动。

乡村创客是指具有创新精神、从事创新、创意、创业的人。乡村创客已成为乡村振兴的重要力量。乡村创客也是乡村旅游振兴的一大特色，在乡村旅游中占据着不可或缺的重要地位。

乡村创客来源广泛，既可以是返乡创业的村民，也可以是外来的知识精英、商业精英或其他创业人士。

创客工作室就是分别集中各个行业创客组成一个工作室，推动某行业技术的革新和高技能人才的培养，可以进行精品商品的售卖，更是可以带动这个行业的发展，促进新人技艺的提升，成为这个地区本行业的领头人。在这个领域内存在技艺娴熟，能够制作比较精美的手工艺品并进行售卖和文化推介的工作店铺。创客工作室也可以说是对某个行业的深入研究、交流讨论、示范引领。一般来讲，传统的大师工作室或匠人工作室也被认为是创客工作室的一种。

时代赋予创客新的特点，如今乡村旅游时刻在彰显着数智赋能和智慧旅游的特点，在数智赋能的影响下，乡村振兴逐渐具有互联网特色，利用"互联网+"，科技与传统相结合，智慧旅游逐渐出现在大众的视野下，旅游业利用数智赋能特点，有助于辅助设计系统、加强生态监控、实现资源共享，同时促进教育与就业系统的完善。旅游业有了智慧平台的支持，能更好地实现与各个主体协同发展的美好愿望。运用数智赋能，用户层、服务层、数据层和感知层前后衔接紧密，资源良好配置，实现综合效益。图10.2可做部分流程讲解。充分展现着乡村旅游的习近平新时代中国特色，旅游资源和高科技的完美碰撞与融合。

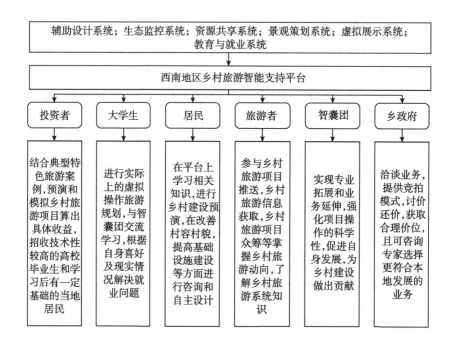

图10.2 "互联网+"旅游业协同发展

资料来源：笔者根据相关资料整理。

2. 创客工作室特征

（1）一艺一品。每个创客工作室，都会有自己独特的技艺或创意，而每一个创客工作室也对应一种独特的技艺或创意。这种技艺是非常难得的，或者创意是非常新颖的。最常见的情况是，传统民间技艺与现代相结合，形成既保持传统，又具有创新特色的工作。

（2）活态化的创意展示方式。在创客工作室中，传承久远的独特技艺会和现代技艺联系起来。在展示作品的同时，会有创客制作展品的流程，让大家可以欣赏到展品制作的工艺，不再仅是简单地将展品进行展示，而是活化整个展品的生命。

（3）传统与现代结合。在创客工作室中，展品不仅可以进行展示，还可以进行售卖。在展示传统技艺的同时，推广给大众最终的成品，以此获得一定的收益。

3. 创客工作室的作用

创客工作室的作用，可以总结为：展示、创作、授艺、交流和销售。

（1）展示。在创客工作室中对使用独特技艺而制作出来的物品进行展示，起到推广作用。

（2）创作。创客可以在工作室内对物品进行再次创作，或者对传统的技艺进行创新。最简单的就是对展品形成的过程进行流程展示，向大众展示独特技艺的过程，直接进行物品的创作。

（3）授艺。在创客工作室中不仅有出色的创客，还有就是对这门独特技艺进行传承的学生，培养创客队伍。创客在工作室中教授技艺，对技艺进行传承，在授艺中，还可以进行交流，从而不断创新。

（4）交流。在创客工作室中，往往有提供人们和创客互动交流的场所和机会。这种场所可能是开放的工作空间，人们可以在工作室中与大师进行交流，对物品或者技艺流程进行讨论和交流。在创客工作室，设置有专门的会客地，可以与客人进行交谈，进行技艺的探讨和交流，更有利于技艺的传承和创新。

（5）销售。在创客工作室中，制作的物品都是可以进行售卖的。这种售卖不仅可以赢取一定的经济利益，还可以将这种独特的技艺进行传播，让更多人了解。

创客工作室的种种特征，都在彰显着乡村旅游的特点，从一艺一品到独特的展示方式，到传统与现代的结合。同时，展示、创作、授艺交流到销售种种特点表明乡村旅游离不开创客的存在。其为乡村旅游的时代特色。

4. 创客工作室运营面临的难题

乡村创客工作室要持续运营，会面临如下难题：

（1）资金问题。创客的创新、创意和创业，往往是高风险的。尤其对于乡村创客来说，由于其收益相较于城市往往偏低，为支持创客工作室的正常运营，持续的资金支持是必不可少的。非常多的乡村创客工作室就是因为不能获得长期的资金支持而关闭。由于乡村创客具有一定的公益性质，以及乡村创客工作室的高风险特征，政府持续的资金支持或政策优惠便非常必要。

（2）人才紧缺问题。创客工作室的创客或技术人才，是非常紧缺的。同时，由于乡村的环境问题、氛围问题，乡村创客的专业技术人员会更为缺乏。乡村创客的人才短期内可以通过公益的方式解决，如吸引志愿者团队、高校和科研院所的专家团队进入乡村，将创客工作室与学习和科学研究挂钩，解决乡村创客的人才短缺问题。长期来看，乡村创客可以通过创客小镇建设来满足创客的交流，营造创新氛围，吸引创客加入。

（3）市场环境问题。乡村，相对于城市，人流量、信息流量具有数量级的差异。因此，乡村创客的市场环境相对于城市具有天然劣势。乡村必须通过互联网基础设施建设、特色创客工作室聚集等，营造市场环境。

5. 创客引进方法

（1）官方认证。官方认证就是国家所认证的手工艺人，这些大多属于非物质文化遗产的手工艺人，手里紧握着非常重要、也非常传统的技艺。地方可以适时选择名气较大的国家级手工艺人，为在当地的创客工作室进行宣传，使乡村当地的创客工作室能够更加吸引游客。

（2）地方认证。地方认证的创客和手工艺人，大多是传统的民间工匠，是当地众所周知的民间手工艺人，例如，手艺精湛的木匠等。这种创客工作室是非常具有民间艺术色彩和地方习俗的，非常能够代表当地的手工艺技术。

（3）市场认证。市场是最权威的认证。在市场中已经取得成功的创客，再次成功的概率更大。乡村应当选择在市场中具有一定成绩的创客，进入创客工作室。

6. 创客工作方式

（1）常驻型。创客也就是长期蹲守型创客，他们长期在当地进行艺术品的创作和技艺的传播、教授。这也是创客工作室主要工作的创客，游客的大部分时间都是与常驻创客进行交流。

（2）挂名型。通常是国家级的著名手工艺人，在一个创客工作室进行挂名，提高这个创客工作室的知名度和传播度，吸引更多的旅客到工作室进行参观和物品的购买。

（3）短期工作型。某些创客工作室有些时候会邀请在这个领域比较知名的人工创客，来到这个地区的工作室进行技艺的交流和手工技艺的传授，也可以提升当地创客工作室的知名度，以吸引更多游客。

第二节　乡村旅游人才结构优化模式

一、乡村旅游人才类型

乡村振兴，是一个浩大的工程，首先要有人，才能有作为。习近平总书记高度重视人才的作用，提出，"发展是第一要务，人才是第一资源，创新是第一动力"。在乡村振兴的道路中，每一个方面都离不开人才的作用，人才振兴是乡村振兴的首要任务①。乡村旅游离不开人才振兴，同时，重视人才也是乡村旅游振兴的一大特色。

1. 外来人才与本地人才

乡村振兴的人才主要分为两个方面，本地人才和外来人才。本地人才一般包括本地的一些乡贤、有经验的老者、通过在外学习后返乡的爱乡人士等，本地人才更了解本地的实际情况，可以因地制宜，也有更高的家乡情怀；外来人才则主要是指通过设置好的就业岗位和高薪来吸引外来人才，增加乡村的新生活力，为乡村的发展注入新的血液。无论是本地人才还是外来人才，只要他们热爱这个乡村，都会成为乡村振兴的主力军。

2. 不同领域的人才

乡村振兴需要的人才也是多种多样的，产业、文化、社会等各种类型的人才都应该包含在招揽的范围之内。产业兴旺需要农业管理人才、科技人才、电商人才、新型农业人才等产业人才，产业兴旺需要管理、销售、生产等不同领域的人才。另外，文化人才有助于乡村振兴的发展做出适时的调整，更有助于宣传乡村振兴的策略，挖掘乡村本地的特色文化，激活文化的生命力，提高乡村振兴的软实力，吸引更多的人才共同打造乡村振兴。

3. 不同技能的人才

乡村振兴需要不同技能的人才，如技术专家、技术工人、手工艺人等。乡村的种田能手、养殖能手，甚至村里的厨师、婚丧主持人等可以认为是技术专家；普通群众甚至老年人都可以是技术工人。手工艺人目前已经是村里的稀缺资源，需要继续保护。

4. 体制内与体制外人才

乡村人才主要分为体制内和体制外两种人才：体制内人才主要为"村干部"，体制外人才主要为志愿者与村民。"村干部"人才主要是大学生村干部，或是当地比较有名望有威望的本地人成为"村干部"；志愿者可以是本地人也可以是外来人，因为对村庄产生了依恋感而留下来的人，加上当地的村民，共同为乡村的发展效力。"村干部"、村民、志愿者三方齐下，相互督促。志愿者、村民、村干部的主要职能就是形成一个稳定的闭环。

---

① 新华网［EB/OL］. http：//www.xinhuanet.com//2018-03/07/c_1122502719.htm.

二、乡村振兴人才结构优化

乡村人才必须形成一个具有稳定结构，具有持续发展能力的人才体系结构。根据人才在乡村人才体系中的职能和作用，应培育完善如下人才类型，以优化人才体系结构。

1. 领路者、带头人、企业家

"火车跑得快，全靠车头带"。重庆荣昌区清江镇河中村，"河中村以前是个'空壳村'，村集体经济薄弱，对外还欠了一些债务。村集体说话没人听，组织开会，连人头都凑不齐"。村党支部书记雷勇说，村里发展产业，大伙儿也是各搞各的，这家种 3 亩水稻，那家搞 2 亩龙眼……缺乏统一组织、规划，容易"打乱仗"。2017 年，荣昌区决定，通过财政补助为村集体经济发展注入启动资金，带动村民"抱团"创业。在村支书带领下，村里开发了河中村的宝地——河中岛，把农民组织起来，共同举办水果采摘季。正是在领路人的带领下，河中村乡村产业得到了蓬勃发展。

2. 新乡贤

在丰顺举行的第十三届中国农村发展论坛定义了"新乡贤"这一概念。新乡贤是指现代一些曾在外执教而回到故乡，奉献自我，或在外教书育人现退休后又以自己的知识才能为乡间服务的一些有爱乡情怀的人。新乡贤不但具有传统乡贤高尚的节操，良好的道德素养等基本特征，而且还拥有现代知识技能、广阔视野及新思想理念，能够有效解决农村发展新难题，为农村发展带来新风尚。新乡贤一般是具有较高素养的，他们重视乡村发展，乐于传播乡村文化，由他们与乡民进行沟通，利用自身的优势，帮助乡民解决邻里之间的矛盾纠纷，有利于为乡村营造优良环境，为乡村振兴的发展提供一个和谐向上的发展空间。

3. 勤奋群众

勤奋群众是指村里一些爱奋斗、不甘于平平淡淡过活的小群体乡民，这些勤奋的群众，通过各种方法不断地学习，学习技能、学习新的生意经验，或是进行创业培训，努力让自己的生活越过越好，也使这些勤奋群众的生活逐渐好转，为其他乡民带来新的方向。

4. 专业骨干

中央一号文件表明加强农村专业人才队伍建设是重中之重，核心骨干主要就是专业技能人才，乡村中的专业技能人才是非常缺乏的，很多乡村的产业止步不前，可能就是因为缺少技术上的支持，专业骨干可以帮助乡民解决很多技术上的问题，让乡民少走很多弯路。

5. 基层干部

基层干部在乡村组织中能够时刻带领大家树立正确的意识、找准奋斗方向，为乡民阻挡来自其他方面的阻力，为乡民疏通外界关系网，拉动其他的支持。一个好的基层干部组织，能够带领乡民时刻拥有奋斗的信念，抱着必胜的决心，在乡村振兴中发挥着凝聚人心的强大作用，这样才能让村落的发展更为顺畅。大家最为熟知的基层干部可能就是村干部。

无论是人才类型还是人才结构调整，都体现着乡村旅游发展的重点在于重视专业人才，人才是不可缺少的重要因素，重视人才也逐渐成为乡村旅游发展的一大特点。

第三节　乡村旅游人才分类型培育途径

一、新乡贤培育

1. 新乡贤形成的过程

新乡贤的形成是存在一定的因素，新乡贤主要包括经济能人、社会名流、文化名人。新乡贤的成功认证主要在于是否具备以下三个方面：

第一，名望是新乡贤的官方认证，每一位新乡贤都是经过时间的磨炼或是获得了一定的成就，在某一方面取得了名望，这种新乡贤是经过社会大众的认可的。

第二，经济是新乡贤形成的最重要因素，新乡贤有着一定的经济基础，因为心系家乡，才会想要回到家乡，不在乎钱财的多少，只为推动家乡的发展。

第三，文化、道德等是新乡贤的另一重要因素，每一位新乡贤的道德素养都是值得信赖的，回乡旨在宣传家乡的文化，为家乡打造更好的文化形象。

2. 新乡贤的培育之路

新乡贤是具有经济实力、具有文化道德感召力的乡村人才。新乡贤将会成为整个乡村的一股清流，在乡村振兴中扮演着无可替代的重要角色。

现在很多地方在评选新乡贤，希望通过评选新乡贤，激励更多的乡贤产生，同时也在被选的乡贤肩上赋予责任，希望乡贤发挥更大的作用。总的来说，评选新乡贤是值得推广的做法（见图10.3）。应当把具有一定的威望与较高的道德素养、有爱乡爱村的心、具备领导力与化解矛盾能力的人选出来，让他们成为乡村发展的脊梁。

图 10.3　乡村旅游人才培育途径

资料来源：笔者根据相关资料整理。

3. 新乡贤持续形成机制设计

（1）营造新乡贤形成环境。应营造激励人才返乡的制度环境。应为返乡人才落户、就业、社会保障等扫清障碍。应营造人才发挥作用的环境。要吸引乡村人才，必须营造公开、透明的营商环境，营造稳定和谐的社会环境，营造积极向上的文化环境。

（2）对新乡贤形成给予权力加持。新乡贤虽然在村中已经具有一定的威望，但这是远远不够的，即使是有威望、有名声，在其他的一些事情上也会遇到阻碍，这就需要法律或是政府的权力授予或是加持，只有经过正规权力的加持，才能使新乡贤放开手脚，大胆创新。可以通过新乡贤在各种合作社、协会组织任职，甚至让新乡贤进入乡村基层管理队伍，让新乡贤找到发挥作用的平台。

（3）发挥新的乡贤作用。新乡贤的出现弥补了乡村振兴中人才的不足，作为一个新崛起的新群体，新乡贤的存在等同于传统乡绅的升级版，他们关爱家乡、热爱村民，热衷于传播乡村的优秀文化，对于乡村的发展起着指导性的作用。例如，重庆市永川区仙龙镇的太平桥村，村里成立了"乡贤评理堂"，村民有了矛盾纠纷，基本上只要是在这个小地方就能解决。如果是小一点的矛盾就现场评理，大一点的纠纷就问清要害，再共同约定"调查"和评理的时间。通过群众身边的"乡贤评理堂"，并依托群众信任的乡贤评理员，永川区建立健全矛盾纠纷多元化解机制，力求做到小事不出村、矛盾不上交、邻里更和谐，在促进自治、法治与德治有机结合中提高乡村治理水平，在新时代践行"枫桥经验"，新乡贤的作用发挥得淋漓尽致。

4. 鼓励新乡贤参与乡村治理

党的十九大报告指出，加强农村基层基础工作，健全自治、法治、德治相结合的乡村治理体系。当前乡村建设应当道法结合，而新乡贤就承担着道德方面最重要的任务。在乡村治理中，新乡贤上通下达，向政府表达村民的意愿，向村民传达政府的政策条例或方案，在乡民与政府之间搭起一座桥梁；当有新的政策方针下达时，新乡贤积极响应，带头有所作为；当村民之间发生一些矛盾时，新乡贤就是化解矛盾的"安全阀"，为村民树立起一个良好的团结友好的形象或是标杆，积极引导村民学习新的知识技能，开阔视野。

新乡贤一直在参与乡村治理的过程中面对各式各样的问题，怎样参与乡村治理或是以什么样的身份参与才能更好地发挥新乡贤作用？乡村可以自发组织新乡贤管理部或是乡贤研究会，新乡贤固定的时间聚集在一起讨论村中事务，并提出不同的研究方案。新乡贤可以挂职村干部，就是村委会聘任新乡贤为村委会的顾问等，协同村委会一起处理村中事务。

二、乡村群众培训与教育

乡村建设的重要参与者就是乡村群众，乡村群众才是乡村最根本的形式和最重要的组成部分。新时代的乡村建设需要全村村民参与，对乡村群众的培训与教育是非常必要的（见图10.4）。

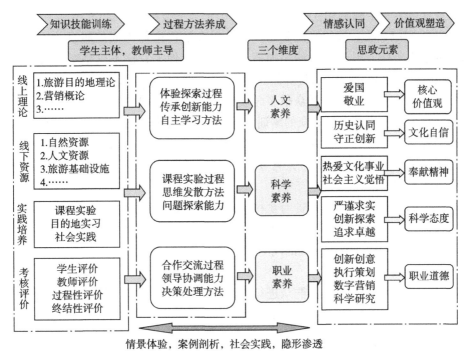

图10.4 基础培训课程建设

资料来源：笔者根据相关资料整理。

1. 培训目标

对乡村群众的培训目标可以分为以下几项：

（1）掌握技能。授人以鱼不如授人以渔，推广更多的技术活动，能够帮助乡民拓宽就业路子或是多一些创业的方向。例如，位于安徽省阜阳市的太和县，在太和县公共就业和人才服务局里，开办了创业培训，每个月一次，从各个乡镇招收愿意学习的乡民，邀请市里的培训老师对乡民进行培训。在短短的十天里，培训老师为学员答疑解惑，当然并不是创业技术的问题，大多是在创业路上的难题，例如，如何在创业过程中获得贷款，如何开始创业，当然更多的是将创业进行下去，其中，树立信心、梳理思路、遵守规则就是主要的培训目标。现在越来越多的人选择回乡创业，更是感谢政府提供了这样一个免费的培训平台。

（2）契约精神。没有规矩，不成方圆。行业有行规，但是很多时候在已经制定了规则的情况下，很多人却是没有遵守规则。不遵守规则，市场就会出现混乱，当村民想要进行创业时，制定行规，遵守规则既是对市场的尊重，也是维持市场秩序的重要举措。当前，乡村亟须对村民的契约精神进行培育，让乡村从传统农业社会真正走向契约社会。

（3）遵纪守法。遵纪守法是每一个公民在法律道德方面的底线，任何违纪违法的事不要做，不管是小偷小摸还是大到危害他人，这不仅是对他人的负责任，也是对自己以及家人的负责任。

（4）树立信心。乡村群众很多时候会因为自身知识的缺乏而对创业产生不自信的表现，但是对乡村群众的培训，帮助村民树立信心是重中之重，在现代社会的形势下，有政府的支持，有技术的支持，乡村振兴并不是空口白话。信心既来源于乡民对政府的信任，也来自乡民眼界的开阔，培训，就是要让村民知道更多的创业知识，增强成功的信念。

（5）持续赋能。政府负责为乡村群众定期邀请有经验的成功的创业培训人员讲师，为乡村群众不断赋能，分享他们的成功经验，为他们带来新的思路，也为他们解答在乡村产业中遇到的问题，及时提供好的建议。

2. 培训内容

（1）技能培训。对乡村群众进行专门有针对性的技能培训，咨询乡村群众的本身意愿，收集本村村民的想法，聘请村民有意愿的技能方向的人员，对村民进行手把手实地教学，保证每一位村民都能学有所成，学有所用（见表10.1）。

（2）市场培训。产品卖得出去才算是产业的最终成功，村民没有销售的经验，对市场的分析也只是片面的，对乡村群众进行市场培训，教会他们如何分析市场的行情，如何推销自己的产品，如何分辨正确的渠道，如何在市场占据一席之地。

（3）规则与法律培训。乡村群众的法律意识薄弱，对乡村群众进行规则法律方面的培训，一方面是增强乡村群众自己的维权意识，保护自己的权益，另一方面也是普及乡村建设中的规则与法律。

（4）文化培训。增强乡村群众文化意识、文化认同，使每一位村民对自己家乡的文化产生更多的认同与依恋，宣传本村文化特色，以本村的文化特色为自豪。

表10.1　乡村技能型人才岗位培训内容

职业	工作要求
劳动型旅游服务人员	主要针对以前从事体力活的当地人员，不需要太多的技术含量，看重体力。例如：钓鱼活动中的场地布置人员，竹笋挖掘活动中的带领人员
技术型旅游服务人员	主要拥有某一领域特有的技术，偶尔也需要一定的体力来支持，例如，森林科普活动中的科普工作人员，歌唱比赛中的技术工作人员
高档次旅游服务人员	主要针对在普通农家乐基础上增加的一些服务场地，例如，民宿、清吧、旅游服务中心等场地的工作人员。此类工作人员不需要过多技术与体力需求
新时代多功能农民	不再以农业的自给自足为目的，而更多的是将农产品与当地旅游挂钩，根据旅游市场所需，种植相应的符合市场的农产品
电子商务工作人员	将乡村旅游产品与电子商务相结合，有效地将本地没有的物品带进来，将本地特有的产品通过此平台带出去，实现游客与居民的利益最大化

资料来源：笔者根据相关资料整理。

3. 培训方式

对乡村群众的培训方式主要有以下几种：

（1）培训班。政府或是当地的就业局组织创业培训班，可以分为实业培训和电商培训，每个月定期开几个培训班，只要村民带着身份证或是其他有效证件，都可以免费进行培训。

（2）志愿者辅导。组织村里的志愿者（懂得相关知识的或是会专项技能的人才），每周进行一次固定的时间与村民在固定的地方进行志愿者答疑，村民将所遇到的问题反馈给志愿者，志愿者尽所能帮助村民答疑，如超纲的问题，则志愿者反馈给政府，请求帮助。

（3）节庆表演。每个月举行一次节庆表演，以当地文化特色为主，由本地乡村群众进行演绎，将文化传承下去，也加深村民对本地文化的理解。

（4）宣传与熏陶。新乡贤可自发组织，举办讲座或是论坛，宣传新时代的利农政策或是其他地方的乡村振兴的成功案例，熏陶本地村民，增强本地村民的向往与信心。

三、政产学研用协同的高校乡村旅游人才培养

重视校企合作，推出专业人才培养新方案，以求提高教学质量。当前，国内对旅游校企合作的研究主要体现在如下方面，校企合作的意义和必要性问题讨论，企业在学生教育中的作用探讨，校企合作的模式探索等，这些研究大致可以归为三类：一是经验总结类型，如旅游院校高级管理人员，其办学经验以实际经验为基础，考虑校企合作的形式和方法；二是旅游部门的研究人员从宏观人力资源的角度探讨旅游教育发展模式，提出校企合作的发展战略等战略研究；三是从国内外旅游教育发展中总结经验与学习模式。乡村旅游发展高素质人才队伍是关键，实施乡村振兴战略，提高服务水平，将现代农业融入旅游发展，将发展成果分享给广大农民。

1. 学生实践能力建设要求

"积极发展专业型技术人才教育，实现教育从以培养学术型人才为主向以培养应用型人才为主的战略性转变，其中专业技能性课程类别增加一倍左右"。教育是推动国家创新发展的动力，以培养具有创新意识和社会实践能力的工程技术和工程管理人才为核心任务。以创新意识促进实践参与，形成独特优势，以旅游管理学生为例，构建具有创新意识和能力以实践为导向的学生教育模式，努力培养训练有素、复合型和高层次人才。

（1）特色鲜明的课程体系。课程教学是培养学生的重要组成部分。教学内容强调理论与应用、案例分析和实践研究的有机结合，注重实践应用导向、专业需求导向、综合素质和应用知识与能力的提高；上课时长和学分的比例更高，注意培养学生的认知和解决实际问题的能力。课程内容主要以个人发展规划训练，培养职位辨别意识和评估能力，并探索培训、案例分析、现场研究、启发式和研讨会培训等新方法。具体的课程计划由四个模块组成：公共课程、专业义务课程、必修课程和选修课程。根据教育计划的要求，每个学生必须至少获得30学分。课程体系侧重于景区开发、旅游信息系统、酒店管理、活动规划等课程。学生既可以根据研究方向自行选择选修课，也可以根据需要和爱好选择跨学科课程，学生有权自由选择集中或跨年级学习。

（2）优化教师结构，组建专职和兼职教育团队。教育是实现培养计划的关键环节。选择和培养具有丰富教学经验的教师作为讲师，在教育过程中至关重要。教师可以通过指导学生选择课程主题，与学生进行直接讨论，大幅度提高学生专业研究能力和论文质量。支持教师多学科发展，把握各类实务技能，成就一支综合性强高水平高素质教学力量。加强教师的实际应用能力，让教学成果能够

付诸实践，满足多样化教学需求。学生与教师共同学习，学生积极参与教师实践工作，教师带领学生一步步探索奥妙。

2. 学生专业能力和综合素质培养

学生在乡村实践平台可得到全方位、深入的专业训练。平台提供了如下内容的实践：为期一个学期的专业实习和实训，学科竞赛（目前已有两项获奖），学生创业（网上村庄项目已上线），课程实训（包括景区开发、旅游信息系统、酒店管理、活动策划等课程）以及乡村旅游开发案例教学；另外，学生还直接参与旅游设施设计与管理、旅游活动与项目设计、景观设计、投融资问题以及村民辅导等。实践证明，学生对乡村的努力，对乡村社区建设特别是旅游发展的推动作用非常大，学生每一分努力，都能得到村民的赞赏，其设计和策划的作品，能够得到展现，让社区更美好。全方位的综合实践活动极大地提升了学生的专业荣誉感，增强其社会责任感。参加乡村实践平台的学生，对专业更加热爱，学习的目的性更加明确；学生非常享受自己在乡村的工作，对其工作成果感到自豪，从而也提升了学生的社会责任感。

3. 培养学生深入乡村基层工作的意愿

学生通过在乡村平台的各种实践工作，参与社区的自主营造，和居民亲密接触，与居民结下了深厚友谊，深刻地了解和理解乡村，多数学生对在乡村工作并不抵触。参加乡村实践平台的学生，和乡镇干部在同一个食堂用餐、享受同等的办公和学习条件，同时，还可享受一定的工作补贴。学生不再盲目追求在大城市工作和生活。最重要的是，学生通过深度参与乡村旅游开发的自主营造，见证社区的改变，看到自己的工作取得成效，产生实现自我价值的满足感；同时，发现乡村旅游蕴含的巨大机会。这些，都成为学生到基层工作的重要影响因素。事实上，参加过本成果中乡村基地实践的同学，已经有多名同学毕业留在乡村工作。

乡村的发展与振兴离不开专业人才的带领，政产学研用的协同发展充分体现了全方位综合力量，政府产业学校研究所的四大结合，培育专业人才，在学生学有所成时回归家乡，带动家乡旅游业发展，用专业的知识与技能推动乡村旅游的发展，理论与实践的提升会起到事半功倍的效果，专业能力与综合素养同时提升，同时，学生愿意回归基层，愿意带动当地旅游业发展，已充分证明政产学研的现实效益。政产学研用的人才培养亦是乡村旅游的重大突破与重要特点。

政产学研用乡村旅游目的地支持平台如图 10.5 所示。

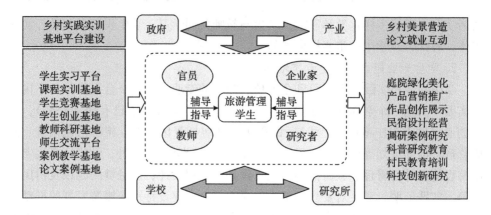

图 10.5　政产学研用乡村旅游目的地支持平台

资料来源：笔者根据相关资料整理。

第十一章　西南地区乡村旅游高质量发展创新模式研究

第一节　乡村休闲旅游模式

目前关于乡村休闲旅游的概念，还未形成统一的标准。总体而言，乡村休闲旅游是把乡村作为旅游地，通过开展一系列旅游活动的一种新型旅游模式，通过这种旅游模式，可以拓宽乡村农民的收入渠道。此外，乡村休闲旅游包括传统乡村休闲旅游和现代乡村休闲旅游两种。传统乡村休闲旅游，最初表现为一些出身于农村地区，现因工作或子女教育问题而长期居住于城市的居民"回老家"休闲度假的形式；而现代乡村休闲旅游则是近年来逐渐流行起来的出现在农村地区的一种新型旅游模式，其在促进乡村经济发展的过程中发挥着重要的作用。发展乡村旅游是带动乡村振兴的重要途径之一，在促进农民就业、调整和优化农村产业结构的同时，还能促进城乡融合、增强城乡互动、强化乡村精神文明建设及营造崭新的文明乡风。乡村休闲旅游模式是以乡村美丽田园风光、舒适宜人的乡村气候、独特的地理优势、绿色生态空间为依托，深度融合当地民俗文化，并且配备必要的休闲、娱乐等基础设施，为八方游客提供休闲、娱乐、度假、餐饮、民俗传习、科普以及健身等综合性、全方位的旅游服务模式。本章据此将其分为三种休闲旅游模式。

一、休闲旅游度假村模式

1. 设计原则

休闲旅游度假村是为方便游客开展各种休闲娱乐活动而建造的建筑群。选址在建造时尤其重要，应注意远离闹市区，地点要依山傍水，尽量在不改变原有生态环境的基础上完善当地的基础服务设施，包括道路交通、餐饮服务、住宿需求、游玩设备、购物场所以及娱乐场所等。此外，要以山、水以及温泉等特色项目为依托，借助齐全的配套设施和优质的服务，提供给游客休闲、度假旅游服务，以满足游客休闲度假需求。同时，选址不宜过远，要交通便利。

2. 主要内容

目前，国内休闲度假村主要以企业开发为主，通常是资产较丰厚的投资企业，在大都市周边选择一块田园风光较好且有一定基础设施的、适合开发的农用地，通过向政府或者农户租赁以及购买等形式获得相应土地的使用权，进一步将该地打造成为适合城市具有较高消费水平的游客进行休闲、娱乐、度假或者召开高端会议等用途的场所。建设内容主要包括：对该地区的道路交通、酒店度假建筑群、休闲娱乐场所、服务设施设备以及优质的服务条件进行完善，以吸引城市高端消费群体，其具体涉及的内容包括高端住宿、小型且设备较好的电影院、温泉养生、高尔夫运动场地、登山健身场所、可供选择的餐饮等。此种模式不仅能为游客提供一个休闲、娱乐、度假的场所，以及为企业带来较大的经济效益，还能促进乡村经济的发展，为当地农户提供一些合适的就业岗位，从而带动当地或周边乡村地区脱贫致富，拉动农村经济增长。

3. 模式适应范围

该模式适用范围比较小，主要适用于城市周边且环境生态较好的农村地区，因为城市居民因周末时间较短通常会选择距离相对较近且环境较好的度假村。只有这样才能有大量的城市消费群体，成为大都市消费者满意的休闲度假目的地。

二、休闲农庄模式

1. 设计原则

休闲农庄主要是农民作为经营主体，充分利用当地特有的民俗文化，将城市居民当作目标客户的一种新的休闲旅游方式。原则一：主题创新性原则，即通过差异化设计区域风格、项目等，突出特色，以庄园风情以及田园风光为主要风格，通过迎合城市居民追求"绿色""生态""田园"的一种心态，从而形成特色旅游项目。休闲农庄一兴起就受到广大游客的喜爱，有着巨大的市场潜力和广阔的市场。原则二：乡土文化展示原则，即在进行休闲农庄设计时，应注重以农村原有的风土人情为依托，以农民为主体，尽可能地保留自然特色，充分利用原有的自然资源和地形地貌，深入挖掘当地的农业文化与民俗文化，进而实现用人文资源来支撑旅游发展的精神脉络。同时，吸引当地及附近的村民参与到农庄的开发建设以及经营中，让村民成为农庄休闲旅游的助推者和受益者，使农庄获得的经济效益与社会效益更大。此外，在项目规划中还应始终贯彻落实绿色发展以及生态优先发展观念，注重保护当地的生态环境。

2. 主要内容

在项目设计上，整体规划布局要合理，功能分区要明确，还需开展当地特色项目。据此，可将农庄分为生态观光园、娱乐休闲区、康养区、采摘园、垂钓园以及农事活动体验园等项目区。其中生态观光园可以打造农耕文化长廊、登山游步道、休息观光凉亭、观景台等，供游客在绿水青山间畅游。娱乐休闲区可以打造水上娱乐园、餐饮购物地、游客接待服务中心等，供游客畅游在乡野文化间也可享受城市生活的方便快捷。康养区主要采用当地特色民居建筑，打造相匹配且具有当地特色的康养建筑群以供外来游客购买、租赁或以酒店入住形式在农庄内度假、养老等。采摘园主要是因地制宜或根据季节性变化，种植一些水果蔬菜，如葡萄、柑橘、草莓、蓝莓、樱桃等，用于使游客体验农居生活、享受在乡野田间自行采摘带来的乐趣，有利于家长带孩子进行亲子活动，在促进家庭氛围的同时，还能让孩子体验劳作的快乐。垂钓园主要可发展鱼塘，既能满足游客的垂钓体验，也能带来一定的经济效益和生态效益。农事体验园主要是打造开心农场，可在园内种植时令果蔬，散养一些家禽，实现农庄餐厅有机时蔬自行种植（养殖）、采摘，绿色无公害，带家人或朋友或团队体味浓郁的乡野风情。

3. 适应范围

休闲农庄模式的适应范围较广，可建设于大中小城市的周边农村。此模式不仅可在西南山区推广，也可在国内任意大中小城镇范围内推广，可将当地特色与农户相结合，对推动乡村振兴具有重大的意义。

三、乡村精品客栈（酒店）模式

1. 设计原则

乡村精品客栈（酒店）既不同于城市商务酒店，也不同于休闲度假村、农家乐，它是介于商务酒店与农家乐的一种休闲娱乐的场所。客栈是一个充满古意的词，可以对等的就是"驿站"，即歇脚的地方。也就是说，乡村客栈（酒店）应该做到一切以性价比优先。该模式在选址时应注意选择在城市与乡村的接合部，这样更能方便游客在较短的时间内到达并办理入住；同时也要完善酒店的基础设施设备，提高服务质量，大力提高游客入住的舒适度与满意度，从而促使游客再次入住，促进乡村旅游稳步地向前发展。

2. 主要内容

乡村酒店在建设时，应更加注重生态化、个性化以及品牌化。乡村客栈（酒店）作为一种绿色、舒适、经济的住宿方式，大多建设在城乡接合部，便于游客入住。生态化作为乡村客栈（酒店）兴起的重要因素，应朝着更加绿色、自然的方向开展一些具有农业文化特色的活动，让顾客感受到更为真切且浓郁的民俗风情与生活，能够真正地放松心情。个性化将是乡村客栈（酒店）发展的一大方向，只有与其他酒店或客栈具有差异性，才能更有市场，因此必须更加深入地挖掘当地的农业资源以及民俗文化，使之有效地利用在客栈（酒店）的建设发展上，这样才能在该行业独具一格。乡村客栈（酒店）作为酒店行业的一支新秀，要想未来发展得更好，只能拥有属于自己的品牌特色，在服务上更加优质，才会为自身迎来良好的口碑，有利于自身的发展。

3. 适应范围

该模式作为酒店行业的一种新型模式，绿色、自然、经济的特色是其未来发展的重点。自该模式开展以来，其住宿方式越来越受城市年轻游客的喜爱，因此该模式的应用范围比较广，可应用于大中小城市的城乡接合部乡村旅游开发。

四、案例展示

案例：巴南区一品镇燕云村油菜花田

位于重庆市巴南区一品镇的燕云村，距离主城约 45 千米，这里原本只是一个坐落在大山之中普普通通的小山村，却因为一片片规模较大的油菜花田而渐渐地爆红于网络，吸引了一大批市民从主城区前往这里踏青赏花。因此，可利用当地特色，将此打造成乡村休闲度假旅游地。

在规模上，燕云村油菜花田规模很大，分布范围比较广，它不是一片油菜花，也不是一片山头，而是好几个山头都布满了一片金黄！

在地形上，这里独特的地形造就了它的与众不同：其他地方的油菜花田可能是在一片平整的地方，而这里的油菜花，则是因为多种在山坡之处，因此层层叠叠的，颇具 3D 立体感。

在环境、民风上，淳朴、自然，少了一些矫揉造作、多了一份山村生活的宁静。游客在欣赏油菜花的同时，还能够感受到山村里一些特有的生活情境，如鸡鸣犬吠之声，纯朴的村民劳作的身影，抑或远处那一两座乡村民居，这些对于长久生活在钢筋混凝土的大都市里的人来说，更加具有吸引力。现在很多地方的油菜花田，都被人为地圈成一片景点，除收费外，还多了一些人为的痕迹，而燕云村的油菜花则不然，其更加的自然、野性，而且是生长在山村里，平添一份古朴自然的风采。

简言之，巴南区一品镇燕云村油菜花田有着美丽的田园风光、舒适的乡村气候且有着独特的3D立体地形，依托绿色生态空间，为游客提供休闲娱乐的旅游服务。因此，可将此地打造为田园综合发展模式：依托生态资源，运用国家帮扶政策引入企业资金及技术等，打造成"生态+农家乐+民宿+旅游"的发展模式。

第二节　科普—研学旅游模式

研学教育旅游模式日益火热，国家政策也大力推进劳动教育，乡村作为劳动育人的重要基地，逐渐走进"研学人"的视野。打造专业的研学基地，就必须提高客群的参与度，增强客群的体验感，创新开发双向互动式研学产品，展现有故事、有情怀、有教育、有深度的景区研学内容。当下，全国各地地质、地理、生物、自然科学等科普—研学旅游开展得如火如荼，这是集文化、教育、科普、体验、休闲、游乐、孵化等于一体的综合旅游新模式。乡村科普—研学旅游主要利用农业科技生态园区、现代农业观光园、农产品展示馆、农业博物馆等，为游客、中小学生等了解农业及历史提供了契机，并借此机会使他们对农业生产技术进行了解，增加农产品相关知识。

科普—研学旅游是学校根据区域特色、学生年龄阶段以及各学科教学内容的需要而展开的具有教育意义的活动。通过组织学生参与集体的旅行活动等方式走出校园，在亲身实践中亲近自然，开阔自身视野，丰富自身知识，使学生在集体生活以及社会公共生活和道德方面有更加深入的体验与感悟，进一步促使中小学生的自理、创新与实践能力的提升。科普—研学旅游具有以下两个类型：一是有意地组织对学生身心产生变化的教育活动；二是以班级、年级乃至学校为单位展开集体活动，一起动手且相互体验的游学方式。

一、农业科教基地模式

1. 设计原则

目前来看，我国农业教育旅游发展还处于初级阶段，但伴随着体验式经济的发展，游客更加追求一种个性化以及人性化的消费来满足自身的需要。因此，可开发建设一系列成熟的农业科学教育基地，以弥补农业科普—研学基地的空缺。

在对农业科普基地进行开展建设时，应体现以下原则：首先，知识性原则。要尽量将基地里的一草一木转变成知识的载体，并对其进行系统化和人性化处理，从而让到这里参观的人们都能全方位地了解到农业知识和生物知识。其次，科技性原则。要尽可能对农业科技、环境科技和生物科技等领域所拥有的新成果、新创意及新方法进行展示，尤其是要展示那些对当地农业生产发挥指导性示范作用或者对中小学生具有重要教育意义的基础科学、综合科学知识。最后，趣味性原则。将对科技文化知识的学习与娱乐相结合，寓教于乐，通过参观过程中的参与，以实现游客学习兴趣的提高，使科普教育与休闲娱乐有机结合。农业科普教育，不但对农业工作者有作用，而且对于中小学生以生物课教学、科学课教学的实践课来说也具有十分重要的意义。对农业科普基地进行设计时，应注重体现知识性、科技性和趣味性三大原则，将娱乐和学习很好地结合；同时，还需因地制宜，利用高科技手段，以科研设施作为旅游资源、高新农业技术作为"科普教科书"，提供给游客现代化的农业技术教育，实现集农业生产、科技示范与科研教育于一体的新型科学教育农业产业园的形成。

2. 主要内容

农业科学教育基地主要是依托先进的农业管理设施设备，向社会各界展示现代农业的新成果、新产品、新技术以及现代农业科普知识等。其中农业科普基地主要用来展示现代农业的科技新成果、农业生物的多样性，以及宣传物种资源保存的重要性，普及农业生物。农业科学教育基地主要以高科技参观区为主，组织接待广大游客进行现代农业科普教育参观、实践和夏令营活动等。向参观者免费发放相关资料、书籍，进行科普讲座，推介农业技术新成果、绿色食品等，达到普及农业科学和绿色生态健康生活相关知识目标，使其成为现代农业科技风采的展示窗口。

3. 适应范围

该模式应用范围较为广泛，可应用于大都市周边地势较为平坦宽阔的农村地区。该模式既能带动当地农户增收，又能在一定程度上改变地域差异带来的农产品种植单一化的问题，提高农户的种植技术以及生活水平，同时还能通过科普旅游为当地居民带来一定的收益。

二、农业博览园模式

1. 设计原则

农业博览园（以下简称农博园）是以市场为导向，以科学技术为支撑，集中展示农业的科技成果以及科技资源，集农业生产示范、生态文化以及休闲旅游等于一体的农业科技综合体，其对于推动区域农业科技以及经济发展水平，带动区域农业结构的调整和产业结构的升级，以及促进城乡一体化有着重要意义。农博园的建设主要可选择在城乡接合部，这些地方要具有较为完善的交通条件，有足够大的接待空间与较高的接待能力，要坚持保护当地的生态环境、绿色发展，坚持经济、效益、生态一体化发展原则，坚持科技先导、高效农业、因地制宜、体现特色原则。

2. 主要内容

农博园在建设上主要由室内展览馆、室外展示区、示范区以及管理与服务中心等部分组成。其中室内展览馆是其重要的组成部分，可根据不同的功能、主题以及作用划分不同的展馆，如按照发生时间可分为古代馆、近代馆及现代馆，按照类别可分为花博馆、药博馆、茶博馆等，按地区可分为华北馆、西北馆、西南馆等。室外展示区主要是为了凸显整个农博园的主题特色，所以在划分时可以根据主题的种类以及成果的来源等进行划分，如现代设施蔬菜栽培示范区域、现代盆景花卉示范区域等。示范区主要是对农博园的成果进行产业示范的区域。管理与服务中心是为农博园提供管理和服务的保障平台，其中包括管理服务中心、技术研发中心、科研工作站等相关服务平台的建设。

3. 适应范围

该模式的应用范围广泛，且运作模式也具有多样性的特点，可以通过"政府+高等院校"模式，集教学、科研、科普教育、学科建设以及旅游休闲于一体，为教学和科研服务；还可通过"政府+企业""政府+科研机构""政府+企业+农户"等运作模式实施。

三、案例展示

案例：荣昌陶器研学基地

重庆荣昌陶青少年实训基地由共青团重庆市荣昌区委管理，其坐落在环境秀美的鸦屿山风景区内，占地面积 36 亩，建筑面积 3600 平方米。基地内开设有拉坯、捏塑、彩绘、注浆、雕塑等多类陶艺体验课程，同时具备餐饮住宿、运动休闲、会议培训、科普教育功能，是青少年校外教育和家庭休闲娱乐的好去处。

2015 年，共青团重庆市荣昌区委投资 680 万元实施重庆荣昌陶青少年实训基地二期工程，打造集陶艺体验、餐饮住宿、运动休闲、会议培训、科普教育为一体的综合性实训基地；已完成宿舍、食堂、会议室、茶艺室、科普展厅、家长休息室、中庭水景、外围环境等升级改造工程。基地先后接待市人大常委会、市文明办、市委党校等单位前来体验。通过开展陶艺大赛、周末陶艺汇等公益性活动，吸引大量青少年到实训基地来感受陶艺的魅力。基地能同时容纳 300 人陶艺体验、150 人餐饮住宿、1200 人运动休闲、200 人会议培训、100 人科普教育。

"红如枣、薄如纸、亮如镜、声如磬"是荣昌陶独有的特色。在重庆荣昌陶青少年实训基地不仅可以了解陶艺，还能进行其他学习活动。例如，画扇面或陶瓷，其中荣昌纸扇历史悠久，文化底蕴深厚，学生们不仅学习荣昌纸扇的相关知识，还能亲手制作画扇面。

第三节 回归自然旅游模式

我国从 1995 年倡导生态旅游活动，而回归自然旅游模式作为一种可持续发展的生态旅游，在我国蓬勃发展。生态旅游与传统的旅游方式在内涵上有所差别：第一，生态旅游目的地属于保护完整的自然和文化系统，所以原始性和独特性是它的特点所在；第二，强调旅游规模小型化，将规模限定在旅游区所能承受的范围之内，既能提高旅游者的观光质量又不会对该区域造成较大的破坏；第三，能让旅游者亲身参与到其中，体会大自然的乐趣，从而更加热爱自然；第四，作为一种负责任的旅游，其承担保护旅游资源以及旅游区可持续发展的责任。回归自然旅游模式，主要利用乡村美丽的自然景观，如茂盛的森林、清澈的湖泊、奇特的山脉，发展纯粹的登山赏景、徒步健身、户外拓展、戏水滑雪以及温泉养生等旅游活动，让游客彻底了解、接近并回归自然。

一、森林公园模式

1. 设计原则

西南地区有众多的国家级森林公园，可以利用这一优势，发展森林公园旅游。森林公园大多是由国有林场转型而来的，森林资源属于国家保护的资源，不宜大规模开展旅游开发。根据森林旅游资源的特点，可在原有林场的基础上，形成以探险、观光、户外氧吧为主的森林旅游。该模式下的旅游业发展好坏主要依赖于交通、景观资源品质和景区知名度，因此，位于城市周边的森林公园、知名度较高以及资源丰富度完善的森林公园成为旅游的热点景区。

2. 模式主要内容

森林公园具有独特的旅游资源和良好的生态环境，其他旅游资源都无法代替，这正是其核心所在。因此，要充分发挥其动植物资源丰富、空气质量高、噪声污染小、水资源质量高以及旅游空间广阔等天然优势。在森林公园的发展上，要注重效率增长转型，控制景区的客流量以保护景区的生态资源环境；要促进各类森林公园均衡发展，拓宽收益的渠道，如发展森林康养项目，以及登山、狩猎、攀岩、探险等极限运动，同时要注意降低经营成本，提升技术支持和文化创新，做到旅游产品与服务创新，通过技术手段指示及引导旅游者认识且理解森林公园产品的文化价值所在，用自身的技术证明森林公园服务有利于身心健康。

3. 适应范围

该模式适用于森林资源丰富的西南山区，特别是靠近城市周边的森林公园、旅游资源丰富的以及知名度高的森林公园。该模式既能提高当地经济的增长、促进森林公园周边农户增收，又能保护当地生态环境的多样性。

二、湿地公园模式

1. 设计原则

湿地公园是大自然留给我们的财富，在美化环境、净化空气，减轻城市热岛效应等方面具有重要作用。因此，在规划设计的过程中应遵循系统保护、合理利用与协调建设相结合的原则。湿地公园以原生态湿地为基础，增添了休闲娱乐项目，凸显开发项目的独特性。打造湿地公园，应保护、体现湿地资源的生态学价值，遵守区域规划大纲的要求，划定湿地范围。将湿地纳入区域绿地系统，并在可接受范围内布局人工游乐项目。因此，就湿地公园而言，在布局游乐项目以及工程建设的过程中，要尽量避免破坏原有的生态环境，为公众提供更贴近自然的美景，让游客享受最原始的自然美。

2. 主要内容

湿地公园模式包括依据湿地的自然地理环境和社会经济条件，划定公园范围和功能分区，确定湿地的保护对象和措施，测定湿地的环境容纳量和游客容纳量，规划游览观光方式、路线和要进行科普与游览的活动内容，确定管理、服务和科学工作设施规模等主要内容。此外，因湿地类型不同，其开发定位和功能区的设置也有很大差异，例如，有的湿地以生态保护和展示为基础，有的湿地主要是以保护水源、调节城市气候为主，有的湿地主要用于休闲娱乐等。所以在规划时，要明确湿地的类型以及其主要的开发目的，据此进行合理的布局与分区。湿地公园一般可分为保护区、展示区、游览区、休闲区、娱乐区以及管理服务区六大功能区，在建设过程中，要遵循因地制宜的原则，保护湿地原有的生态环境，打造集绿色、健康、生态、休闲娱乐为一体的地区湿地公园。

3. 适应范围

该模式应用范围很广泛，可应用在各大中小城市周边城乡结合、具有天然水体（河流或者湖泊）的地区，利用天然生态的湿地资源，辅以园林景观和公共服务设施，将文化与绿化通过自然生态与人工设计相结合的方式融合在一起，体现文化与绿色设计理念，建成集休闲、运动、景观、生态等功能于一体的城市绿地，提升城市新品位。

三、案例展示

案例：四川二滩国家森林公园

四川二滩国家森林公园处在成都—峨眉山—西昌—昆明这条旅游热线上。其公园规划面积达到 60 多万亩。其中包括 15 万亩的丁字形湖面，40 多万亩的林地。该公园具有 50%以上的森林覆盖率，包括大型电站、碧绿湖泊、青翠群山、原始森林、民俗景观等多种旅游资源，环境幽静，气候适宜，空气清新，是典型的集旅游、探险、休闲娱乐、度假、康养、观光等多种功能于一体的旅游胜地。公园具有独特的气候，全年平均气温为 20 摄氏度，既无夏日的酷暑难耐，亦无冬日的天寒地冻，一年四季都适合旅游。总的来说，四川二滩国家森林公园是集游览观光、休闲度假、水上娱乐、民族风情、科普教育、探险和自然保护于一体的国家级森林公园。

主要景点：

二滩水电站：地处雅砻江下游，位于四川省西南边陲攀枝花市盐边与米易两县的交界处。坝址距雅砻江与金沙江的交汇口 33 千米，距离攀枝花市区 46 千米；雅砻江上游为官地水电站，下游为桐子林水电站。二滩湖：地处雅砻江干流下游，位于四川省攀枝花市内，由二滩水电站建设形成，既是二滩国家森林公园内的重要景点及组成部分，也是川滇境内香格里拉生态圈中重要的涵养水源。白坡山：自然保护区，海拔 1200~3400 米，植被呈垂直分布，原始森林以云南松为主。

总体而言，二滩国家森林公园是大自然的鬼斧神工和人类智慧的共同结晶，它从一个小小的滩涂到如今的高峡平湖、森林公园，将山与水的关系演绎得淋漓尽致。在这里，可以欣赏到如诗如画的山水风光、感受到飞瀑如雪的波澜壮阔，还可以领略欧方营地"小联合国"的异域风情。二滩国家森林公园，是一个集令人叹为观止的自然生态景观、原始的森林风光、古朴的彝族风情为一体的绝佳自然生态旅游区。

图 11.1 四川二滩公园南大门高峡平湖

图 11.2 四川二滩水电站公园

图 11.3 渔门岛马鹿寨

第四节 民俗风情—景观旅游模式

民俗风情—景观旅游模式在有些地区是最容易整合的旅游资源，但是在缺乏民族文化底蕴的地区，又是一个不可复制的模式。它重点打造农村风土人情和民俗文化，充分体现农耕文化、乡土文化和民俗文化，设计并开发农耕展示、民间技艺、时令民俗、节庆活动、民间歌舞等一系列旅游文化活动，以丰富乡村旅游的文化内涵。民俗风情—景观旅游模式主要以少数民族建筑景观、乡村风土人情和民俗文化为旅游资源基础，借助农民耕种、民间技艺，传统节日、民俗习惯等日常生产、生活方式的展示，凸显出农业农村文化特色，增强游玩韵味。

一、少数民族传统村落旅游发展模式

少数民族传统村落旅游发展模式是在少数民族村落依据当地生态环境、古老的建筑及独特的当地文化开发一系列因地制宜，可带动少数民族村落发展的旅游模式。西南欠发达地区少数民族传统村落数量众多，西南四省份在公布的四批中国传统村落中的数量为1459个，占到全国传统村落数量的36.90%。其中，贵州有545个，占到全国的13.91%；云南有615个，占到全国的15.49%。少数民族传统村落旅游是西南欠发达地区乡村旅游的载体和主要类型，也是西南欠发达地区乡村旅游、乡村振兴与农户生计改善的"主要战场"。

1. 设计原则

传统村落是很特殊的一类村落，吸引力不仅在于其古老和传统的建筑，还在于其风俗民情和世代延续的农耕文化以及较为神秘的少数民族风情。其核心价值在于其文化基因，包括传统生产和生活方式，这是传统村落发展必须遵循的基本点。传统的乡村旅游应以传播和传承其文化价值为基础，以乡土地方教育为重要内容，以旅游业为载体形成传统村落的可持续发展动力，以实现传统村落文化的复活、保护与传承，以及农户的可持续生计发展。西南地区旅游资源丰富多样，尤其是以少数民族和原始村落为主的人文景观独具特色。少数民族的传统村落聚集区通常因为地理、自然条件的阻隔，乡村旅游的发展程度较低；而也正是因为民族村寨地区受外界的影响小，自身保留有丰富的传统村落文化。随着交通基础服务设施条件的改善，民族村寨地区的乡村旅游发展模式已成为与农户生计协同可持续发展的重要导向模式。民族村寨的乡村地区依据自身的独特魅力，可为游客提供了解少数民族生产生活状态的窗口，增进相互了解，充分利用自身的自然和人文资源优势，改善地区落后的经济状况。

2. 主要内容

传统村落的类型多样，其发展乡村旅游的模式也不能千篇一律，要根据传统村落的类型和性质实施传统村落分级保护与旅游分类发展，具体如表11.1所示。

表11.1 传统村落要素识别与旅游发展引导模式

村落类型	要素识别	自然人文	示范村落（部分）	引领导向模式	农户参与方式
特色文化	文化特质	天地人和	从江县巨洞村、从江占里村、从江县增冲村、黎平小黄村等	文化与农耕示范	"合作社+农户"
特色景观	生态环境	梯田稻耕	从江加榜村、镇宁高荡村等	休闲观光	"合作社+农户"

续表

村落类型	要素识别	自然人文	示范村落（部分）	引领导向模式	农户参与方式
特色产业	品牌产业	古法造纸、鸟笼制作、银饰加工等	丹寨石桥村、丹寨卡拉村、雷山控拜村等	技艺传承展示与规模营销	"合作社+农户"
特色聚落	独特格局	侗寨建筑群	黎平肇兴侗寨、雷山西江苗寨等	旅游展示	"公司+农户"

资料来源：笔者根据相关资料整理。

3. 适应范围

该模式适应范围主要为西南山区交通方便且适合发展旅游的传统村落，如黎平肇兴侗寨、从江加榜村、丹寨卡拉村等。

二、古镇旅游模式

1. 设计原则

我国传统建筑文化历史悠久，随着城市化速度加快，现代建筑物在一定程度上正在逐渐"吞噬"原有传统古建筑。而乡村地区因城镇化水平低，尤其是西南贫困山区保留了大量的古朴建筑，是其发展乡村旅游的重要依托资源。在新的历史契机下，古镇建筑型传统村落的旅游业不应仅停留在浅层次的观光业态，而是应向现代新型旅游古镇转变，赋予古建筑历史文化气息浓厚的村落以时代活力。一是要处理好"历史文化资源与人居环境的互动关系"；二是要解决"传统文化与现代文化之间的差异与冲突问题"，即一方面要强调传统文化的传承与延续，关注传统文化的演进，另一方面也要注意现代文化与传统文化的融合发展、相互借鉴；三是要"保持景观建设与环境保护之间的平衡关系"。

2. 模式主要内容

古镇村落通过将自己浓厚的人文资源和优美的自然风光有效结合、完善基础服务设施、利用政策支持、打造具有乡村特色的古镇旅游品牌，不仅加快了地区经济发展，也为乡村地区如何将乡村旅游与农户生计协同可持续发展提供了新思路。古镇村落虽然有深厚的文化底蕴，但是在发展的前期也存在基础设施不便利的问题，因此需要政府资金支持用以改善基础设施。组建股份制旅游管理公司负责经营和打造也是重要的一步，最终实现以旅游业政府为主导，民营、股份齐头并进的局面。建立遗产保护资金管理体制机制，并在核心区鼓励传统文化的传播，从而促使保护与旅游开发的有机结合。

其内容主要包括：

（1）文化经营：从战略高度经营民族文化产业。

（2）古城风貌打造：抓住古城的核心基因，保留传统，关注传统文化的演进与现代文化的有机结合。

（3）发展模式：旅游资源整合发展，以需求层次多变、新与旧结合的旅游产品推动旅游经济增长，在旅游发展中实现对农村发展的带动及产业升级，实现共赢发展。改善古镇的功能和品位，营造良好的旅游开发环境，遵循发展服从保护的原则，在"食、住、行、游、购、娱"旅游发展的基本要素的基础上，将"商、养、学、闲、情、奇"作为新的旅游发展目标，不断改善旅游基础设施；通过各种固定的节日活动，使古镇的旅游形象得到巩固，以吸引游客。

（4）开发与保护：把坚持保护放在首要的位置，协调好保护与利用的关系，同时也要协调好遗产保护与旅游业之间的互动关系。

（5）可持续发展：超前规划，超越短期的经济效益目标，实现长期的可持续发展。

3. 适应范围

该模式可适用于交通便利、原始建筑景观和人文风貌保存较好的古镇。在该模式下，可打造古镇文化、建筑景观、博物馆、名人故居以及遗址等，向游客展示最传统的民俗文化元素。

三、案例展示

案例：贵州岜沙苗寨

位于贵州黔东南的岜沙苗寨，处在从江县县政府所在地丙妹镇西南 9.5 千米处，海拔 550~660 米，拥有土地面积 18.28 平方千米。整个苗寨由大寨、宰戈新寨、大榕坡新寨、王家寨和宰庄寨五个自然村寨构成，其中苗族人口最多，占比为 98.9%，是典型的苗族村寨。

苗寨的特色节日如下：

吃鲜节：岜沙保留着稻田养鱼的传统，当稻田插完秧，鱼儿也肥了，"吃鲜节"由此得名。节日活动是荡秋千，用稻草编成绳子挂在树上，荡时必须面对太阳。连续五天，从白天一直玩到晚上，会有四五十个秋千同时在荡。

芦笙节：时间是在稻谷成熟并且收割到谷仓时。节日活动是杀牛、斗牛，所有人都必须穿民族服装到芦笙堂吹芦笙，跳芦笙舞，参加芦笙比赛（每个寨子一个芦笙队）。

苗年：这是苗族的传统新年，在农历十二月初一，但近年来已经渐渐没落，远不如春节那么热闹。节日活动是杀鸡、宰羊。

岜沙苗寨的宾馆数量颇多，如盐业宾馆、从江奥悦宾、从江大酒店、从江开泰度假酒店、从江观音阁大酒店等。去岜沙时，可食宿在苗寨，也可自带卧具；

如不习惯苗族食品，也可自带干粮。住在苗寨，大多是小木屋，比较有特色，环境优美。

　　岜沙苗寨的美食大多是苗族特色饮食，可以品尝到酸汤鱼、烤香猪、羊瘪、牛瘪、香茅草烤鱼、凉拌羊（猪）血、油茶等。

图 11.4　贵州岜沙苗寨枪手部落加榜梯田

图 11.5　侗寨民宿高增驿馆敬献毛主席香樟树纪念亭

图 11.6　岜沙表演场——古芦笙堂文化风情展览

第五节　城郊农家乐旅游模式

农家乐（又称为休闲农家）是以农户为单元，凭借农家院、农家饭及农产品等旅游吸引物，向游客提供农家生活体验服务的一种经营形态。作为改善乡村地区产业结构的重要可持续发展方式，乡村旅游与新时代农户生计密切相关，其中农家乐的旅游模式在乡村旅游与农户生计协同可持续发展过程中表现突出。城郊农家乐区位主要布局于"城市之尾，农村之首"地带，以农户的独立经营为基本的经济单位，以周边城市为依托，定位于为密集的城镇人口提供本土化特色服务，是一种集"食、住、行、游、购、娱"于一体的具有明显乡土气息的综合旅游模式。农家乐是在农村家宴的基础上发展起来的，带有一定的乡土特色的新型农民创收方式，具体为新兴的旅游休闲形式。一般来说，农家乐还是以吃饭休闲为主，充分展现当地的饮食特点，如地方食材、地方口味或者独特招牌菜，都能成为吸引消费者的亮点。并且在农家新发展理念的带领下，农家乐的选址多为靠近自然的乡村田野、绿树清水环绕，满足人们对自然环境的向往、对自由和独立生活的追求。结合当前城郊农家乐旅游模式发展特点，主要有以下三种农家乐乡村旅游模式：

一、农业观光型农家乐模式

农业观光型农家乐是一种以农业景观和农村生活为载体的乡村生态旅游业发展模式，是随着农村经济产业结构的调整和乡村效益农业的大量推广而发展的，通过农民利用自家房屋，为城镇游客提供"食、住、游、娱、乐、购"的服务，以自家农业景观及周围的田园风光、自然景点等为依托，使游客能够在对农村的生产生活环境和活动参与中得到综合的观光休闲体验感受，因此其旅游模式的特征对于农业观光型农家乐的选址及发展策略有一定的要求。首先，农家乐观光区域的规模需适中，太广或太窄的面积范围都不太适合游客进行短时间和短距离的游玩观光。其次，农业观光型农家乐要尽量避免同质化趋向，农家乐观光活动的安排应紧密结合地区特色，推出主题鲜明的农家乐旅游品牌。最后，观光型农家乐对于各自然景观和农业农事景观的时空组合需求明显，在一定程度上要尽量保证全年各季节都"有景可观"。

1. 设计原则

随着游客对农家乐旅游的需求日渐多样化，"看风景"的"眼睛式旅游"的方式已经不能满足所有游客的旅游需求。农业观光型农家乐正在悄然升温，成为现代旅游中具有开发潜力的一个新亮点。在进行农业观光型农家乐模式设计时，要遵循可持续发展原则、参与体验性原则、主题化原则、个性化原则。其中，可持续发展是农家乐发展的要求；参与体验原则是农业观光型农家乐应遵循的最基本原则；主题化原则是指要突出主题，即旅游地文脉，或民俗文化精髓；个性化原则是指该类农家乐不仅要主题突出，还要善于挖掘特定时空中具有当地特色且不同于旅游者居住地的异域文化，开发个性化的产品或服务。

2. 主要内容

随着社会经济发展，民众生活水平普遍提高，功能简单、服务质量低的农家乐已不足以满足游客需求，而是更愿意选择形式多样、功能完善、环境优美的农业观光型农家乐，如采摘水果、垂钓等娱乐体验与观光相结合的农家乐。因此，设计的内容要有视、听、触、嗅觉效果，要能使景观吸引游客眼球，使乡村的鸡鸣犬吠、鸟叫虫鸣等凸显乡村的宁静，要能感受田野的空气清新、花香、果香等，利用水果采摘、田里择菜等体验果农丰收的喜悦。

二、休闲娱乐型农家乐模式

1. 设计原则

休闲娱乐型农家乐是城镇居民到乡村地区进行农家旅游最为直观旅游需求的集中体现。为调节终日在城市的工作压力和快节奏生活带来的疲惫感，因此交通便利、距离适中的城郊农家乐庄园成为旅游目的地的首选。休闲娱乐型农家乐以优美的自然和人文环境，便利的基础服务设施，质量上乘的舒适服务，使游客得到身心各方面放松的良好体验。同时，多种类农家休闲活动的安排使游客对于旅游的新鲜感保持具有重要作用。

2. 主要内容

其主要包括：①打造协调一体的自然农业人文景观，不断提高基础服务设施水平，为游客提供多种多样的休闲娱乐活动，如垂钓、采莲、稻田捉鱼捉泥鳅、原生态美食鉴赏、少数民族特色体育活动竞赛等。②结合现在都市人的消费习惯和网络营销策略，以新媒体营销宣传手段，定期将自己的休闲娱乐农家乐主题活动在线发布，并接受网络在线旅游需求订单，为游客提供便捷高效的旅游体验。

三、民俗文化型农家乐模式

1. 设计原则

民俗文化型农家乐具有非常鲜明的地域文化特色，其旨在通过展现自己的特色"民俗民物"，为想要体验不同社会风情的游客提供游览机会，同时也是将区域文化特点转化为生产力的重要方式，对于经济贫困但民俗文化浓厚的地区发展农家乐是一种较为有效的可持续发展导向模式。民俗文化型农家乐具有极为明显的区域特征，在发展过程中充分挖掘文化内涵，为有相应的旅游文化需求的游客提供准确的旅游地文化科普和舒适的服务。

2. 主要内容

（1）城市周边由于现在城市文化的影响，少数民族节日文化流失严重，应努力挖掘城市周边少数民族民俗文化，提高民族节日文化区域影响力，形成品牌效应。例如，苗族的苗年、四月八、龙舟节、吃新节、姊妹节等，布依族的"四月八""六月六"等，彝族的"火把节"，水族的"端节"等。

（2）依据村落的特点和已有的非遗项目，开展非遗传承学习、展演、创作等活动，形成村寨特色。

四、案例展示

案例：汇森山庄——休闲娱乐型农家乐

汇森山庄地处四川辽安路兴仁乡，距绵阳20千米，占地面积100余亩，所有建筑均采用实木构造，仿佛置身童话故事中，是安州区第一家四星级农家乐。300亩的森林，近千平方米的户外草坪，儿童娱乐场，户外烧烤，帐篷野营，农家书屋，各类球场，各类会议室一应俱全。

汇森山庄99%被森林覆盖，位置汇聚林中灵气，随处可见的香樟树，树形雄伟壮观，四季常绿，树冠开展，枝叶繁茂，浓荫覆地，枝叶秀丽有香气。行走在森林中，品茶、休闲，感受鸟语花香，享受大自然的乐趣。

图 11.7　汇森山庄果实丰收

站在果园的小路上，眼睛被树上一颗颗的果子深深吸引，背上小竹篓，穿行在果林里，看上哪个摘哪个，想吃哪个摘哪个，享受生活休闲时刻。

图 11.8　汇森山庄民宿景观打造

　　乡村民宿既是乡村旅游开发的核心景点，又为乡村旅游开发提供食、住、行、游基础服务，是乡村旅游高质量发展不可或缺的部分。

第六节　乡村避暑旅游模式

　　随着伏天的到来，又闷又热的高温天气让不少游客选择远离城市，到山村避暑消夏。在夏季，通常是以家庭为单位或以大量老人组团进行的乡村避暑旅游，庞大的旅游市场使西南地区可利用独特的自然地理条件发展乡村避暑旅游，利用乡村所特有的自然环境、民俗风情、本土文化、田园景观、农耕技术以及农舍村寨等资源，为城市游客提供休闲观光、娱乐健身、度假体验等一系列旅游活动。

一、"避暑+研学旅游"模式

1. 设计原则

　　研学旅游现已成为旅游业界的一大旅游特色，同时，由于较长时期的暑期让学生和老师成了避暑旅游的主力军，加之，西南地区属云贵高原、川西高原两大高原地区，高原气候、高山气候在夏季备受欢迎，是乡村避暑旅游的好去处。可以通过发展避暑+研学的旅游模式，将大量学生以及老师吸引到乡村避暑，既能度过凉爽的夏季，又能参与到团队学习中来。因此，要遵循实践性原则，研学旅行作为一项以校内研究性学习和校外旅行体验相结合的教育活动，其目的是研学，载体是旅行，即以开展各种各样活动并让学生亲身体验的方式来达到研学综合育人的目的；趣味性原则，要设计有趣能吸引学生去参与体验的项目，才能达到较好的实践效果；系统性原则，研学旅行活动的开发，是一套经过系统设计的育人目标框架，要实现对这一目标框架的落实，需要从整体上实现各个方面、环节的对接与融合，这不仅是学校和企业及校外机构，还包括各单位、机构的对接与融合，最终形成以学生发展为核心的综合旅游体系。此外，还需遵循安全性原则，要保证孩子和老师及其他参与人员的安全。

2. 主要内容

可以利用贵州特有的喀斯特地貌区，地貌奇特，自然景观资源以及人文旅游资源种类丰富，如黄果树瀑布、西江千户苗寨以及荔波大小七孔等省内各大旅游景区，可开展一系列的研学活动，开发特色暑期夏令营、大学生露营狂欢节等避暑旅游产品，以满足学生在拓宽自身视野、增长自身科学文化知识、增强团队合作以及创新意识的同时享受清凉夏季。

3. 适应范围

该模式可应用于西南山区各大凉爽旅游区，尤其是海拔相对较高，气候较为凉爽以及具有浓厚文化底蕴的山区地带，如贵州六盘水、西江千户苗寨、云南大理及丽江、重庆石柱、四川凉山州及阿坝州等地。

二、"避暑+休闲度假"模式

1. 设计原则

随着居民收入的不断增加，休闲度假旅游成为旅游业的主要形式，可以利用云贵高原独特的地理位置以及凉爽的气候条件，优良的生态环境，丰富的物产资源以及完善的基础设施设备，推动当地避暑旅游与休闲旅游相结合的产品开发，在郊外凉爽的地区，建设一批高端的休闲度假产品，并开发周边地区的旅游资源，形成一定的规模效应，在开发过程中，遵循以保护为主，开发为辅的原则，保护当地的生态旅游资源环境。

2. 主要内容

"避暑+休闲度假"模式，是在满足游客参与休闲度假旅游的同时逃离酷暑，享受清凉的夏日。不断完善避暑旅游区的交通状况，增加可进入性，提升旅游区的住宿条件，如酒店环境及设施设备等，提升旅游区服务人员的服务质量，让游客充分享受避暑休闲度假游。避暑旅游旺季人数最多，可修建一批家庭旅馆，以缓解旺季时期酒店住房供应不足的问题，此外，对于该区域的公共设施设备也要加强管理，如垃圾箱、卫生间等基础设施，便于游客在避暑旅游时能得到更加优质的服务。

3. 适应范围

该模式适用范围较广，可适用于云贵高原、川西高原两大地区的中小城市郊区地带以及著名旅游景区辐射地带，既能满足游客避暑的目的，也能满足游客在该区域进行休闲度假的需求，同时更能带动郊区以及景区辐射地带本土居民经济的增长，达到脱贫致富的目的。

三、"避暑+养老"旅游模式

1. 设计原则

目前，我国已进入人口老龄化的社会，随着人口老龄化的不断加剧，老年人口不断增多，老年人所占的旅游市场份额也逐渐增多。此外，美国的一项调查数据显示，夏季平均气温若升高 1 摄氏度，将会导致超过 1%的人口死亡。与此同时，由于受到夏季全国普遍的热浪潮的影响，目前老年人口慢性病的患病比例逐年提高。因此，为了让老年人能有一个凉爽健康休闲的夏季避暑环境是非常必要的，同时还能带动山区经济发展。

2. 主要内容

气候会影响人体的消化器官、内分泌以及关节生理调节等，同时也是旅游考虑的首要因素，更是老年人避暑养老旅游选择目的地的最基本因素，而贵州、云南、四川以及重庆正好位于云贵高原及川西高原等地，夏季高原气候凉爽，温度刚好适于人体，对于开发避暑养老旅游具有决定性的因素。加之，云贵高原独特的喀斯特地貌类型，造就了许多奇特壮丽的喀斯特景区，山地、瀑布、溶洞、高原坝子等自然景观应有尽有，同时，云贵高原是我国少数民族聚居地之一，汇聚了以苗族、布依族、土家族、白族、侗族等众多的少数民族，人文旅游资源异常丰富。在发展"避暑+养老"旅游模式时，不仅需要丰富的旅游资源，更需要完善养老软、硬件设施的建设，包括住宿条件、交通通达度以及医疗保健服务体系的建设等。

3. 适应范围

该模式适用于地势相对较高的云贵川西高原，交通较为便利地靠近都市或旅游景区的乡村地区，具有较强的旅游服务设施设备的地区，具有凉爽的气候以及生态环境优美乡村地带。

四、案例展示

案例：武隆赵家乡生态休闲

武隆赵家乡坐落于武陵山与大娄山接合部的白马山山腰，武隆区西南距武隆城区 50 千米，东与白马镇的车盘村接壤，南与贵州省道真仡佬族苗族自治县三桥镇相连，西面与铁矿乡的红宝村、长坝镇的东山、茶园两村相接，北面与白马镇豹岩村相邻，有白马山上最美的高山水乡·避暑天堂之美誉！

图 11.9　武隆赵家乡山虎关水库

山虎关水库是一座人工修建的水库，总长约 3 千米。因其风景秀丽，森林覆盖率高（达 80% 以上），集奇山秀水为一体，被重庆市钓鱼协会评为最受欢迎的十大钓鱼生态水库。

图 11.10　赵家乡生态景观设计

高山之上，白云之间，林海绿荫，青翠欲滴。内心畅通、舒爽、安适。神龙湖的湖水清澈荡漾，这宛若亘古静止的美景，让自己也静了下来，融入外物之中，静听天籁。海拔 1150~2000 米的赵家乡，含氧量是城区的一百多倍！负氧离子高达 2 万多，天然水质呈弱碱性。原生态环境是避暑养生的好地方！

第七节　健康—养生养老旅游模式

目前，人口老龄化及亚健康现象不断凸显，以及受世界整体性健康理念的革命性影响，使人们对健康养生的需求成了继温饱需求之后的又一主流趋势，已成为当今时代发展的一大热议话题。而养生旅游，即将养生资源和旅游活动进行有机融合，然后再以一种新型的业态形式呈现在人们眼前，这种新的业态形式能够使人们对于身心健康的整体需求在很大程度上得到满足，也逐渐开始受到了全球性追捧与关注。目前来看，国际养生旅游业现已初具规模，在很多国家都形成了具有极大核心竞争力以及独特卖点的新型旅游产品，且异彩纷呈。

一、瑶浴康养旅游模式

1. 设计原则

2008 年，瑶族药浴被列入了国家级非物质文化遗产名录，古老而神奇的瑶浴从此被揭开神秘的面纱。瑶浴作为一种洗浴文化，与土耳其浴以及桑拿并称为世界三大洗浴文化，以十多种中草药作为原料，再对这些原料进行特殊的搭配，是一种三进三出的泡浴方式，其能够使沐浴者获得独特的享受并达到健康养生的效果，瑶浴所用的所有草药都是源自贵州黔东南大山的山谷之中，随着人们对健康养生养老之旅的青睐，可以因地制宜，发扬民族文化特色，发展瑶浴养老旅游产业，吸引更多的外地客人体验和享受到瑶浴带来的健康之旅，发展瑶浴康养旅游产品，带动当地经济。

2. 主要内容

瑶族作为著名的"长寿民族"，在瑶族聚居区，80 岁以上的老人依旧能够上山砍柴，下地干农活儿，体态健康且百岁以上的老人比比皆是，这正与瑶族传统的瑶浴有密切的关系。瑶族人，无论是严寒还是酷暑，在劳累一天之后都会享受一番药浴，在其家中，几乎都可以见到用杉木制成的木桶，称为庞桶，正是瑶浴所用之桶。因此，可以借此发展瑶浴康养旅游产品，主要针对大城市里亚健康的人群，特别是退休的老年人群，都市化的生活带来便利的同时也伴随着对身体不利的影响。针对老年人群，可以在乡村发展瑶浴康养产业，完善基本的度假养老设施设备，以达到健康养老瑶浴之旅。

3. 模式适应范围

该模式适用范围较小，目前只适用于贵州省瑶族聚居区，该区域对于瑶药的采集以及传统瑶浴的配方更加便利。在得到认可和推广之后，可适用于全国的康养地区，让大家都享受到瑶浴带来的绿色传统与健康。

二、以苗医药为主的康养旅游模式

1. 设计原则

苗医苗药源远流长，文化博大精深，特别是其内病外治的治疗方法可以说是闻名中外，是民族医药的一枝独秀，在民间存在"千年苗医，万年苗药"的说法。相对来说，以苗族为代表的少数民族聚居地区的基础设施尚且不够完善，且其经济水平也较为落后，但是却具有良好的生态环境以及丰富的自然与人文资源，苗医苗药正是其中的代表，因此，可以充分利用这些优势，发展健康养生、健康医药等绿色生态产业，以帮助少数民族脱贫致富。

2. 主要内容

健康养生是关乎每一个人的事。作为贵州省具有代表性的民族医药，苗医苗药在社会上的影响力及品牌效应仍然不够强烈。因此，政府有必要加大对苗医苗药的宣传力度，从而让苗医苗药走进千家万户，并为社会大众服务，以及积极将苗医苗药健康养生与旅游资源大力结合起来，朝着健康养生养老旅游方向发展。

3. 适应范围

该模式适用于生态环境较好，交通较为便利的云贵高原少数民族聚居地，苗医资源丰富，苗药的采集也便利，更能带动以苗医苗药为突破口的健康养生养老旅游产业的发展，以促进少数民族地区脱贫致富。

三、案例展示

案例：澜沧田丰——林下中药材数字化种植基地

现代中药材种植追求高产，照搬大田种植模式，大肥大水，造成药效下降，同时农残超标，品质问题亟待解决。林下仿野生种植解决了上述问题，使传统药材提质增效。

2018年澜沧田丰母公司深圳田丰农业科技有限公司由朱有勇院士推荐并引进云南省普洱市澜沧拉祜族自治县，以数字化种植模式，开发林下有机三七产业，同月，并与澜沧拉祜族自治县人民政府签订合作协议；2018~2021年，在澜沧累计种植面积1095亩，累计投入2900余万元并全部应用自主知识产权的数字化种植管理系统，基地涉及3个乡镇，19个村寨，用工10000余人次，共发放工资367.5万元，辐射500人以上。

澜沧田丰班利基地由澜沧田丰林下三七种植管理有限公司负责开发种植、管理和销售。2021年底，澜沧田丰完成班利基地种植，示范基地100亩。预计亩产

40千米，每千克销售价格2000元。全部应用数字化管理系统，基地涉及一个镇（东回镇），与昆药集团达成采购协议，与松茂医药，一心堂集团达成战略合作协议，共同发展林下中药材产品创新。澜沧田丰林下三七产品林林七，该品类淘宝销量领先；品牌创始人赵泰，获共青团中央、全国农业农村部首届"全国乡村振兴青年先锋"荣誉称号。

全国旅游业正在快速发展，乡村旅游存在巨大发展潜力。西南地区乡村旅游在发展过程中具有空间集聚效应明显、发展方式和模式多元化、发展潜力大等优点。通过研究得到西南地区乡村旅游高质量发展具有以下特征（见表11.2）：资源方面以自然景类、民族村寨类、农业观光类为主要发展类别，缺少主题公园、研学旅游基地和乡村博物馆等类别；城市群周边乡村旅游具有核心积聚能量，但是四省联动效应比较差，尚未形成跨省市的乡村旅游带和特色农业产业带，合作潜能还有待进一步挖掘；西南地区乡村旅游发展模式还缺少创新内容，仍然以农家乐、采摘乐园、乡村民宿避暑纳凉休闲度假为主体，产品创新、服务创新和数字化转型还有待进一步提高；城乡融合度还有待提升，辐射效应、示范效应和规模效应相较于东部沿海地区还有很大的差距，乡村旅游开发在城乡融合发展过程中的作用还有待进一步挖掘。

表 11.2 西南地区乡村旅游特色发展模式总结

旅游发展模式	设计原则	特点
乡村休闲旅游模式	坚持乡村振兴发展理念原则 生态原则 因地制宜，体现特色原则 娱乐休闲原则	"休闲娱乐+旅游"
科普—研学旅游模式	知识性原则 科技性原则 趣味性原则	"科普+学习+旅游"
回归自然旅游模式	可持续发展原则 以保护为主，开发为辅的原则 系统保护、合理利用与协调建设相结合的原则	"保护自然+旅游"
民俗风情—景观旅游模式	保留—发展原则 景村一体原则 因地制宜、人性化布局原则	"体验民俗风情+旅游"
城郊农家乐旅游模式	可持续发展原则 参与体验原则 主题化原则 个性化原则	"体验农家生活+旅游"

旅游发展模式	设计原则	特点
乡村避暑旅游模式	因地制宜原则 以保护为主，开发为辅的原则	"避暑+学习+旅游"
健康—养生养老旅游模式	以人为本原则：以旅游养老养生为中心 因地制宜，和谐统一原则 可持续发展原则	"健康+养生+旅游"

总体而言，在未来旅游模式的创新将是不断探索的问题，随着技术的不断发展，未来在旅游模式创新的道路上要更多地借助数智赋能及云计算等快捷方便且便于收集数据的工具。通过上文的具体分析，将目前旅游创新模式简要总结如下：

夏季的炎热催生了乡村避暑旅游，庞大的旅游市场决定了西南地区可利用独特的自然地理条件发展乡村避暑旅游，利用乡村所特有的自然环境、民俗风情、本土文化、田园景观、农耕技术以及农舍村寨等资源，设计独具特色的旅游项目满足游客需求。乡村避暑旅游主要包括"避暑+研学旅游""避暑+休闲旅游"以及"避暑+养老旅游"等几大模式。"避暑+研学旅游"模式可应用于西南山区各大凉爽旅游区，尤其是海拔相对较高，气候较为凉爽以及具有浓厚文化底蕴的山区地带，如贵州六盘水、西江千户苗寨、云南大理及丽江、重庆石柱、四川凉山州及阿坝州等地。避暑+休闲旅游模式适用范围较广，可适用于云贵高原、川西高原两大地区的中小城市郊区地带以及著名旅游景区辐射地带，既能满足游客避暑的目的，也能满足游客在该区域进行休闲度假的需求。"避暑+养老旅游"模式适用于地势相对较高的云贵川西高原，交通较为便利地靠近都市或旅游景区的乡村地区，具有较强的旅游服务设施设备的地区，具有凉爽的气候以及生态环境优美乡村地带。

老龄化以及亚健康现象的增加，促使人们更加注重养生，健康—养生养老旅游模式应运而生。健康—养生养老旅游模式主要包括瑶浴康养旅游模式以及以苗医药为主的康养旅游模式。瑶浴康养旅游模式适用范围较小，目前只适用于贵州省瑶族聚居区，该区域对于瑶药的采集以及传统瑶浴的配方更加便利。在得到认可和推广之后，可适用于全国的康养地区，让大家都享受到瑶浴带来的绿色传统与健康。以苗医药为主的康养旅游模式适用于生态环境较好，交通较为便利的云贵高原少数民族聚居地，苗医资源丰富，苗药的采集也便利，更能带动以苗医苗药为突破口的健康养生养老旅游产业的发展，以促进少数民族地区脱贫致富。

第十二章　西南地区乡村旅游高质量发展对策研究

第一节　完善西南地区环境保障体制机制，支持西南地区乡村旅游高质量发展

一、因地制宜制定适合自身发展的制度措施

1. 严格执行西南地区现有法律法规

环境安全首先就应该有完整的环境政策法律体系作为支撑，对于法律要保持权威性，对于《中华人民共和国乡村振兴促进法》要坚决地贯彻执行，让法律成为发展的压舱石，这样才能确保西南地区乡村旅游的可持续高质量发展。强化西南地区乡村环境的检查管理工作，严格监控人为生态破坏行为，严肃警告基层政府环保事业部门的不作为行为，严厉制止企业破坏生态环境的行为，向群众积极宣传推广环境保护的法律法规。同时在水土流失等生态问题上，要将生物措施和工程措施都纳入考虑范围。

2. 完善健全现存区域联合执法的法律法规

位于西南地区的各个省份应继续加强法治建设，完善、改善有关法律法规，建立和完善相关监管体系。通过建立一个奖惩结合的管理机制，调节西南地区乡村旅游快速发展与生态保护之间关系，且它们之间是既相互独立又互为依存的复杂关系。云、贵、川、渝各省级单位应建立区域性的法律制度体系，用以防治生态环境破坏，以完备的制度为基础，为可持续发展提供保障。此外，在协调各个省份有关区域法律事务的过程中，需保持良好的沟通与联系，保证联合执法的精准度与进展，使生态环境和社会治理能够在统一的标准下不断推进。

3. 构建西南地区乡村生态旅游发展专项法规

除国家已有的法律法规保护机制，还必须健全和制定地方性法规，来明确对西南地区乡村旅游生态环境的合理开发、利用及防治。在西南地区各市、县级城市都建立其自身的协调管理机构，使经济作物种植、资源运输、环境保护及乡村旅游各项事业开展得更加顺利，乡村发展更加兴旺，让相关旅游开发和新农村建设都在法制的保护下得到有序进行。政府必须对环境污染防治的各项政策进行持续优化。通过制定和完善相关经济政策，进而促进西南地区乡村生态旅游项目的顺利实施。如修改和完善企业排污费用的后续管理激励政策或实施细则，让其深刻意识到"守法低成本、违法高成本"的原则；制定出台有关生物有机肥的利用补偿性政策，提高西南地区乡村污染源管理效率。

4. 层层落实乡村旅游可持续发展的相关政策

建立系统、科学的管理机制，制定并推行西南地区生态环境保护的指导原则及实施细则，促进西南地区乡村旅游发展。在现有政策条件下，必须严格落实到各级行政的相关部门，做到分工明确、责权统一，必须综合考虑区域整体的经济、生态、社会、资源等因素，多措并举，形成中央统筹推进、地方协同合作、部门各司其职、体制良性运转的管理体制。

二、强化组织建设，确保各部门职责明晰、分工明确、高效运作

西南地区由五个省份构成，包含多个区县。我们需要梳理清楚地区之间的关系、优化产业结构、提高作业效能。其中管理体制是关键因素。完善的管理体制有助于达到管理科学、权责统一、分工合理、执行到位、监督有效的管理目标。在综合考虑西南地区乡村旅游发展条件和现状下，对行政规划区域进行体制改革是影响治理工作成效的重要因素。

1. 组建基层环境保护机构

若要实现生态规划和自然资源保护规划顺利实施就必须依靠基层环保组织。可以探索建立以基层党组织为带头的环境保护机构或者委员会，负责对应区域内的生态环境保护，对相关企业进行实时监管，确保对西南地区乡村环境污染的有效控制。各部门都要积极参与其中，全面落实贯彻可持续发展方针。实现西南地区乡村旅游高质量发展需要工农业、环境、基础设施建设等多个部门共同发展。只有各部门积极配合工作，协同合作，认真促进西南地区环境保护和经济协调发展，对农村生产、生活和生态进行综合整治，保护与开发相结合的方式共同进行才能真正实现乡村旅游的可持续发展。

2. 推行西南地区管理制度区域一体化

结合西南地区乡村旅游发展的需要，可考虑在相关机关单位内设置专门负责

其乡村旅游发展的机构，明确其工作任务及实施主体，同时提高相应机构的行政级别和权威性，赋予其执法权力，逐渐将西南地区的乡村旅游可持续发展体制机制理顺，并将各项管理措施落实到位。要对西南地区的经济发展与环境保护政策措施进行统筹协调，加强对重点区域的监管。积极开展西南地区生态环境保护工作，对产业结构进行优化升级，进行合理资源配置，促进工作高效率完成。

3. 强化行政规章区域间的协作意识

在西南地区乡村旅游建设过程中，要坚持"污染者即治理者、发展者即维护者""以预防为主、防御相辅"的环保理念。坚持可持续发展方针，坚持责权相结合的原则。西南地区的五个省级单位区县，应该强化在联合执法和联合行动方面的合作意识，不同部门定期组织专项污染防治、法律处理、社会治理、旅游联盟等相关会议，强化不同区域之间、区域内部之间的合作。

三、制订土地利用规划，盘活现有土地资源

实施生态农业基础建设工程，科学规划生态用地，严格按照国家《中华人民共和国乡村振兴促进法》进行土地开发、整治和利用，在全面保护耕地、林地、草山资源基础上强调旅游开发。同时建立高产、稳产的优质农田保护区，对保护区制定并实行严格的土地管理规章制度，在保证基本农田总量不减、土质不降、用途不变的基础上，切实保护好基本农田，提高土地的利用率。

第一，制订和完善有关土地的各项规划工作，切实依据土地保护的实际情况，对其进行完善补充。第二，对西南地区的乡村土地资源规划进行合理化，严格审批土地的利用与开发。第三，采用考察全面和必要勘测的方法，总体布局西南地区的乡村土地资源，将安定民生和发展经济归入生态修复的任务框架。综合考虑各项因素，合理规划和调整西南乡村地区农民居住点，建设生态乡村，因地制宜创新乡村可持续发展模式。第四，统筹考虑西南地区乡村生态治理和城市发展的有效结合。

第二节　落实西南地区生态污染防治工作，确保其乡村旅游的可持续向上发展

一、调整西南地区工业发展，积极发展新兴环保产业

第一，整体布局与合理化工业发展。加强对重点污染源和乡镇企业的环保状

况监督管理力度，控制污染源和污染排放量，严格落实对西南地区新建、扩建污染企业监控政策，严格把关新、扩、改建项目。

第二，严格监测工业污染源，优化企业产业结构。从政策、设备、资金、技术等方面鼓励企业科技创新，提高清洁生产技术，减少污染物排放量。

第三，西南地区应借鉴东部沿海省份环境管理体系认证的办法，进行生态环境和农副产品的生态认证，在强化生态保护的基础上注重产业生态化与生态产业化。

第四，提前做好项目建设的生态规划，注重生态环境保护。

二、减少乡村面源污染，降低污染物的排放量

综合考虑生态环境建设，调整优化西南地区乡村农业、工业的产业结构，转变地区生产方式。在农业生产中，可以充分发挥科技的作用，减少化肥和农药的使用。西南地区乡村需要注重保护和提高土地、河流的生态和经济价值。制定统一的农产品、生产物及产地生产环境的清洁标准。加大对清洁生产的推行力度，减少化学污染物的总体排放。在旅游开发过程中要减少旅游者带来的污染物对水土的污染，要加强对污染物排放企业全过程的排污监控，依法对超标排放企业进行总量控制和污染补偿机制设计，积极实施清洁生产审核。对有效削减污染物排放量的企业给予鼓励，进而降低污染物排放强度，发展低碳经济发展理念、可再生资源和吸纳工业废弃物的综合利用产业，促进产业的节能减排，发展循环绿色经济。

西南地区应当以大局思维，长远考虑生态安全，提高科技创新能力和水平，发展生态产品代替现有高污染产品。制定相应惩罚和奖励措施，建立健全约束和监督机制。

三、加强西南地区乡村水资源管理，对水资源进行有效利用

第一，积极开展节水工作，开源节流。努力发展节水型农业，对农业灌溉技术创新，提高用水效益。

第二，充分发挥标牌、警示牌的作用，在规定的水资源区放置明显的示意牌，明确各源区功能并加以保护。

第三，强化农村饮用水源地保护和利用，在全面普查水资源的基础上，进行水资源利用规划方案。充分考虑项目开发对饮用水源选址建设要求，加大监管力度，建立饮用水污染应急预案，禁止饮用水源地一级保护区出现排污口，确保农民朋友的饮水安全，促进水资源的循环利用。在乡村旅游发展过程中，要强化公众对饮用水保护意识，有意识地引导游客养成"讲卫生、讲文明，讲环保、讲生

态"的良好出游习惯。

第三节　拓宽项目融资渠道调整发展途径，保障西南地区乡村旅游顺利进行

一、拓宽融资渠道，鼓励高质量发展

从经济管理的角度，综合运用各种政策手段来调控西南地区的乡村经济活动，促进西南地区乡村旅游的高质量发展，多元化投资来源及投资方式，增加对西南地区乡村旅游项目的投入。

1. 利用收费、经营和信贷等方式增加融资方式

第一，尽可能扩大资金来源，争取国家及省份的资金补助，增加对西南地区乡村旅游项目的投入。第二，环境融资。通过改善乡村旅游建设项目，提高形象和品牌，反过来利用经济的发展来强化乡村旅游生态环境，从而实现环境与经济相结合，实现发展良性循环。第三，信贷融资。与国家政策银行合作的同时，不断创新思路、探索新方法，进一步完善借贷机制，争取吸引更多的信贷资金。第四，鼓励民间组织与机构自发融资，支持民众积极参与到乡村旅游项目的建设之中。

2. 加快构建多元化的投资与融资体系

积极打造西南地区乡村旅游项目建设的多元化投资主体和融资体系，如债券发行、吸引投资、银行借贷等。随着财政投入的不断增加，可以将西南地区乡村旅游的项目建设费用纳入财政的经常性支出当中，还要保证财政的环保支出稳步增长。总之，要注意突出重点、统筹安排，做好西南地区乡村旅游项目建设专项资金的相关支持工作。

3. 构建乡村旅游项目核算制度及生态补偿制度体系

开发与建设西南地区乡村旅游是一项耗时长且复杂的工程项目。故对于已开发到一定程度的旅游地区和项目，国家应增加对其财政支持力度，并减免涉农企业的部分税费、给予一定财政补贴、鼓励金融机构提供中小额度优惠贷款。对破坏生态环境、阻碍乡村地区旅游开发此类行为必须加大惩罚力度，运用"两只手"的作用：市场化运作加政府调控的方式让开发利用和破坏西南地区生态资源的个人或企业支付更多的生态环境补偿费。在社会、经济发展方面，促进环境生态效益外部性内在化，使产品生产经营成本反映资源、生态价值。通过建立西南

地区乡村旅游开发利益分享机制，让所有村民都能够从乡村旅游发展过程中获利。此外，政府要对生活在乡村旅游重点开发区域内的居民进行相应的补偿，因为他们的种植和养殖等经济来源活动受到了限制，应当要对他们的损失进行补偿。采取利益共享机制和治理基金建设来缓和解决西南地区乡村旅游经济开发与生态环境之间的矛盾，进而促进乡村旅游的高质量发展。

二、调整经济发展途径，提高乡村旅游经济效益

完善西南地区乡村旅游项目开发的相关政策，提高政策与西南地区的适配性，积极发展绿色技术型产业，对于污染物排放量大的产业予以杜绝。

1. 提高农业机械化水平

及时把先进的科技应用于西南地区的农业发展当中，借助机械化使农民摆脱繁重的农业生产活动，与此同时还可以提高农业生产效率。为了降低农业产生的污染，在进行杀灭害虫及农田施肥等生产活动时，建议采用科学合理的方式。在基层水稻种植、薯类种植方面开展小型农用机械的入村入户推广，让山地机械化水平得到更好的实现。对畜牧业养殖方面可以采用机械化孵化、智能化管理、机械化投喂等多种方式让养殖效率得到更好的提升。在经济作物种植方面应该强调生态无公害国家认证，让害虫消杀和植物生长过程拥有更加良好的机械化操作。

2. 建设农村户用沼气池，提高能源的使用效率

充分利用家畜的粪便和生活污水，建设沼气池，为农业生产提供能源，减少污染物的排放。经过发酵过的粪便所产生的沼气不仅能用在日常点火做饭炒菜上，还能利用先进技术进行发电。可以在农村和部分城镇推广使用太阳能，充分利用太阳能，减少废物排放，提高能源利用率。采用太阳能电热板、沼气池布局和温室的方式推进乡村能源改造工程，充分利用清洁能源，如太阳能、沼气能、风能等，一方面利用能源，另一方面保护了环境。形成良性循环，农业发展和环境保护就能达到更优状态，西南地区乡村旅游事业便能更快实现高质量发展。

3. 根据土地条件，进行科学施肥

各种土壤所含营养成分不同，且不同农作物的生长条件也存在差异。尽量降低化肥的施用量，提高农家肥的施用。但是，农家肥应经过一定时间的发酵后才能投入使用，若直接使用，可能会造成有害细菌的滋生。农民应当优化施肥的方法及时间，进行绿色科学施肥，提高肥料的使用效益。通过科技手段推广营养液滴灌技术，在进行精准施肥的过程中保障植物生长得更好。开发绿色有机的生态产品，以人居环境为核心地发展生态农业，为西南地区乡村旅游创造一个生态友好的环境，在保护环境的同时，也要考虑维护身体的健康。

4. 调整农、林、牧三者的结构，实现绿色农业

第一，因地制宜，结合地区优势以及资源，发展地方特色。大力发展庄园经济，让一、二、三产业进行有机融合。第二，发挥生态优势，加强绿色有机食品的基地建设。培育当地龙头企业，将当地特色产品加工进行销售。政府应当给予支持和监督，确保农户合法收益。村镇重点企业和龙头企业应该起到带头作用，积极处理好生产所排放的废水、废气和废渣，达到国家标准，起到良好带头作用。第三，充分发挥特色养殖，对有经营许可和饲养许可的企业鼓励饲养豪猪、肥牛等特色动物。对符合条件的企业鼓励采用林下种植、林下养殖的方法进行农林畜牧业的发展和养殖推广。

三、加大财政经费投入，刺激乡村旅游经济新效能

必要的经济投入是保证乡村旅游产业运行的重要内容，对于促进乡村经济发展有着基础保证。针对乡村旅游开发自身经济能力有限、获取信息来源狭窄的问题，我们首先要保证资金来源通过政府投入使拥有旅游项目建设的乡村生活正常运转，合理发挥其基础职能。此外，还可以鼓励乡村旅游项目建设园区自主进行融资活动，在创新项目中与多方企业进行合作，构建多种合作模式，充分利用自身的平台优势来吸引投资。

1. 优化项目资本投入，拓展资本投入来源

在加大资本投入的基础上，构建多元资本投入渠道。政府优化投入结构，利用财政资金引导和刺激社会资本的投入，灵活汇集并使用各类创业要素，提供更优质服务协助项目规划、落地、运行。在资本投入决策前要充分进行市场调研和风险评估，确保投资的项目有足够的市场规模和潜力。多元化投资组合，降低投资风险，合理选择资金来源，包括股权融资、自有资金、债务融资等，权衡利弊，提高项目盈利能力和收益水平，吸引更多投资者关注。

2. 政府引导、协助项目创新发展

政府出台一系列有关项目创新发展的政策，如资金补贴、税收优惠等，将政府干预乡村旅游发展变为支持、协助建设，为旅游发展提供更完善的设施、更优质的营商环境、更有效的信息交流平台等，鼓励乡企多方联合发展，在关注经济效益的同时监督社会效益的产生，甚至刺激企业发挥潜能，创新发展模式，带来更有效的现代化高质量发展。政府提供平台交流，实现项目团队沟通、分享成功经验，提供相关政策和咨询。

第四节　提高西南地区社会协同治理能力，实现西南地区乡村旅游可持续发展

一、强化对基层组织的管理，建立健全智库体系

1. 构建并完善知识库体系，保障西南地区乡村旅游的高质量发展

尝试构建西南地区的特色知识库，内容包括人文地理、水系、政策、经济、法律法规等。可以由各地方统计局主导，对西南地区现有的基础资料及历史数据展开细致梳理，并全面调查西南地区人文地理、经济发展程度、社会现状、土地概况、水文水质等情况。为了丰富知识库的数据内容，要对调查范围、调查指标、调查点和频率等提出高要求。通过制订滚动工作计划，不断更新、补充数据，构建有利于西南地区发展更优的乡村旅游的基础数据库体系。可以由西南地区各地方共建专属机构主导并负责，构建并不断优化西南地区的数字信息共享平台及公开化平台。该平台便于负责西南地区乡村旅游的相关部门能够及时快速地获取西南地区最新的基础数据及资料，为实现可持续发展的科学性和客观性提供了保障。

2. 加大相关科研力度，为西南地区乡村旅游建设提供科学依据及理论支持

第一，强化对乡村旅游的科学研究，对西南地区乡村旅游的发展现状进行深入调查，对其发展的影响因素及发展要素进行分析，从而全面掌握其发展的基础、现状及规律，为其可持续发展奠定基础。第二，构建一个基于全球定位系统（GPS技术）、地理信息系统（GIS技术）及遥感技术（RS技术）的信息管理系统，来实现对西南地区环境监测、旅游开发及资源普查的目的，有利于及时、准确、迅速地掌握其乡村生态环境的变化情况，也便于快速找出不利于西南地区乡村旅游发展的影响因素，从而做到最优决策。第三，打造生态动态预测模型及警报系统，对西南地区乡村旅游业的发展趋势定期进行模拟预测，找出潜在威胁，并提前采取防范措施，确保西南地区乡村生态建设的顺利进行。

二、缓解西南地区环境承载压力，努力提升公民环保素质

通过政府大力宣传和对基层素质教育的普及，全面提升农村居民和社区居民参与旅游开发的力度，提升乡村居民对生态环境保护的意识。只有当政府和西南地区的村民完全意识到生态服务功能与生活质量、人类生存与生态环境、区域经

济发展与环境保护休戚关系之后，西南地区乡村生态系统才有可能正常运行，其乡村旅游才有更大把握实现高质量发展。

1. 多渠道措施缓解环境承载压力

随着人口数量的不断增长，生活污染的排放量及生活垃圾也会随之增加，这必将导致西南地区乡村环境负荷的增加。总之，人口增加不仅导致对资源的需求同比增加，同时也给生态环境带来巨大压力，改善环境承载压力刻不容缓。

以实现产业基层转移和人口合理流动为目的，科学合理地确定重庆、四川、贵州、云南等广大地区各乡镇功能定位，突出重点、明确等级。依照不同功能区要求，合理调剂和配置资源，努力实现乡镇功能的独特性和差异性，减少乡村产业重复建设和恶性竞争问题，走出一条高精特新的发展之路，从根本上解决环境问题和生态压力。

2. 增强群众可持续发展意识

第一，充分利用现代化媒体的优势，并结合宣传栏、短视频、电视、报纸、广播等方式来扩大宣传范围、增加宣传力度，增强公众对环境保护热情及意识。第二，加大环保知识教育力度，使公众进一步深刻认识到保护生态环境的重要性。第三，规范引导西南地区乡村居民的行为活动，使他们明白保护环境从自我做起。第四，环保部门必须做到定期公布对西南地区环境进行质量检测的结果，并就检测结果接受来自社会各界的监督。第五，对西南地区乡村居民垃圾排放行为进行引导和教育，以达到降低垃圾排放量的目的。

3. 打造生态文化理念

以打造"人与自然和谐发展"为主线，大力弘扬优秀传统生态保护文化和农耕文化，大力宣传生态文明理念。增强村民对居住地的认知感、自豪感和归属感。采用多种形式、多种渠道，积极培养民众树立生态文明理念，强化生态环境保护宣传，转变传统的浪费型生产生活方式，提倡绿色、低碳、环保的消费方式。通过形式丰富的微博、微信、短视频等宣传方式使生态文化扎根于群众心中，达到人人懂生态、爱生态、护生态、讲生态的最终目的。

三、搭建数字平台强化知识交流，构建区域合作共建治理模式

1. 建设数字化旅游平台

乡村旅游发展需要通过建设数字化旅游平台来提高信息的获取和交流效率，为游客提供全面、准确且便捷的旅游信息服务。知识交流包含内外两种，通过内部交流网络，辅以企业构建外部网络，以企业从内部和外部知识源处理问题、分析问题，帮助游客达到更优质的旅游体验。重点打造资源转化、服务融合、政策配合一体化平台，通过活动组织、相互参观、座谈交流等方式，搭建平台、整合

资源、共享信息，推动乡村旅游地与企业、乡村与乡村、乡村旅游地与游客之间的沟通交流、深度合作。

2. 构建区域共建治理模式

区域联动不足，产业合作基础薄弱的问题依然存在，政府首先要发挥中坚力量，给予明确的指导规划，搭建并完善协同联动机制。区域间的合作创新模式实现创新资源的共享和优势互补，推动旅游服务转型升级，增强区域创新发展动力。打造产学研合作创新战略联盟，提升产业园区创新效率。整合企业、乡村组织和教育机构的技术、人才资源，创建产学研合作，完善信息交流平台，全面提升乡村旅游服务质量和效率。

第五节　加强西南地区协同监管明确责任，推进西南地区乡村旅游项目稳步建设

一、加强工程建设督导，实现生态旅游高质量发展

1. 核查乡村旅游开发建设项目进展

西南地区各政府部门必须对其乡村旅游开发建设项目进行前期规划控制、中期建设督察和后期环境审核，力图打造出具有代表性的特色乡村旅游项目，加快乡村旅游高质量发展。各旅游部门要对乡村旅游项目建设的用地面积及生态治理等方面进行全面监察，在此过程中若觉察到建设项目和拨款资金不相符的情况要严格查实，严肃处理拒不整改者。西南地区旅游监察工作应形成合力，集合四川、贵州、重庆等各省份力量来加强对西南地区乡村旅游项目开发进行有效监管，全面监督各旅游开发区的建设过程，以确保西南地区乡村旅游业的持续健康发展。

2. 严肃处理项目建设过程中的生态破坏行为

未经处理合格就随意排放生活污水的行为应给予严重警告。对于企业偷排和乱排污水的恶劣行为要给予严肃的行政警告和处罚。明知故犯的企业必须面对更大的惩罚力度，并严格追究主体责任，杜绝钻法律漏洞行为。对表现出色的企业要及时给予物质奖励或名誉奖励。通过对污染行为进行严肃处理，形成强有力的生态环境保护态势，使生态文明理念真正扎根于企业和群众内心之中。

3. 提高乡村旅游开发项目建设的准入门槛

强化西南地区的相关旅游部门和项目开发部门之间的沟通交流，在项目开发

前期就该对有违法规、破坏生态的项目予以严厉打击，在必要时完全禁止相关项目的建设。提高项目建设准入门槛可以在一定程度上避免不合格项目进入乡村地区，还可以保障后期项目维护及生态治理的顺利进行。提高西南地区整体乡村旅游项目的准入门槛只靠某个部门是行不通的，健康和谐的乡村旅游区需要各方的共同努力。

二、构建目标责任机制，明确各责任主体

1. 构建西南地区管理目标责任制度体系

强化保护机制，为开发乡村旅游项目提供有力的支撑，全面贯彻"责任明确、责任到人、层层落实、奖罚分明"，把建设西南地区优秀乡村旅游项目这一目标依次落实到各级县、镇和乡。下级部门的工作应由上级部门进行督查及考核，并将其纳入年终绩效考核范围之中。西南地区的乡村旅游可持续发展重点包括环境保护、精准开发、社会治理等方面，应该制定各自责任的负面清单，并对基层组织的职责内容进行细化，确保西南地区乡村旅游高质量发展的有序推进。为达到精准开发的目标，可以采用"企业+村委会+村民小组+电商开发责任制"这种创新模式。

2. 实行项目建设责任制，落实有关责任部门职责

把西南地区乡村旅游开发项目的总体目标分解成若干个子目标，明确有关部门职责，将其列入乡村旅游发展战略的规划之中，并增加乡村旅游投资金额，把盈利情况和当年的政绩相联系起来，作为考核干部的一项重要内容。

第一，政府应该定期公布乡村旅游项目建设进度系统而全面的信息。在进行相关管理决策时，把旅游部门提出的有关乡村旅游项目开发的指标列入社会发展计划和当地人均收入当中。第二，策划部门应把旅游项目开发要求和其区域内现有的旅游项目建设计划相结合。第三，相关主管部门应该对污染物排放量较高而致使乡村生态旅游项目不能如期竣工的行业提出总量削减计划，采取适当措施对其实施情况进行严格监督。

三、激励居民积极参与乡村旅游开发，力求项目创新

1. 完善健全居民监管权限

旅游管理部门应加强对监管权的统一。构建完善的监管机制，使民众监督作用得到充分利用，加强民众对乡村旅游建设的保护意识。严格谨慎地对待落户企业的资格审查问题，将有可能造成重大污染的企业纳入检测系统中，并要求其自觉接受政府和公众的共同监督。增强公众的参与热情，拓宽社会公众参与的途径。利用"互联网+"工具，鼓励民众积极反映身边真实发生的生态环境污染及

乡村旅游开发过程中的破坏性事件，工作人员也应及时向相关部门反馈并进行严肃处理。明确乡村旅游项目建设开发管理权限及范围，使所有问题和事情都能实现：民有所诉、事有所理。

2. 结合本土特色进行新项目的开发

在西南地区，不同的区域有着不同的地方特色，不管是在历史文化背景，还是在地形地貌上，都存在一定的差异性，故在进行乡村旅游项目开发时，应该着重突出自己的风格特点。在进行古村落、民族旅游景点等开发项目时，要注重挖掘其独特的民俗文化、民族风土人情；在农业发展较好的区域，要突出其农业文化，可以通过建立水果及蔬菜采摘基地等方式来达到目的；有些比较前卫和现代化的村落，更应注重发展地方特色产品。

第六节　数智赋能发挥资源基础优势，实现西南地区乡村旅游多元化发展

一、积极发展循环经济，突破资源环境桎梏

1. 强化科技创新，实现科技振兴农业

尽可能采用知识密集型农业技术，增强农业科技推广力度，确保农民能够利用先进农业技术来进行生态化生产。强化乡村的信息化建设与通信基础设施建设，加快缩小城乡之间的信息鸿沟，通过农村建设数字化来进一步推动农村经济社会的整体发展。通过"智能化投喂+规模化饲养"的养殖模式大幅提升生猪的养殖量和出栏量；使用"芯片定位+生态养殖"的生态林区黄牛养殖方式可以对牛的位置进行精准定位；采用"大棚种植+机械操作"的经济作物种植方法使蔬菜实现跨季上市，满足消费者的需求差异；"VR+自然博物馆"让参观者可以在室内外同步观察农作物生长到成熟的全过程；"网络电商+产品直播"的农产品销售模式可以缩短农户与消费者之间的距离，达到更高的销售成绩的目的。将科技成果广泛运用于农业工程中，将为农业发展注入新活力。

2. 增加乡村投资，提供就业机会

增加乡镇运输、通信、教育和卫生医疗等方面的投资，为乡镇企业健康有序发展提供良好的营商环境和创业氛围。加快乡镇企业数字化转型和智能化建设，通过网络电商的全面覆盖，5G通信的大力实施，推进直播带货进农村、进农户、促农业。在强化城乡市场价格透明的基础上，让农村产品更好地为城市服务。此

外，还应积极发展乡村旅游景区的服务业，包括餐饮、娱乐等，为当地的居民提供更多的就业机会，进而提升当地的经济水平。

3. 对土地征用制度进行创新性改革

在进行乡村旅游景区的开发建设过程中必定会出现占用部分居民原有用地的情况，要将这部分居民进行妥善安置，制订并采取最优安置方案，还要为他们举行听证会，确保不会降低被安顿居民的原有生活水平。在实施全民医疗保险的基础上，加强农村合作医疗对大病、重病和特病的政府补助，减少民众因为疾病带来的返贫现象。增加乡村振兴的财政支持及地区财政转移支付，建立健全财务管理机制，强化对旅游开发和项目建设资金的监督和审计。可以考虑选择农村人口集中程度较高地区作为国家精准开发工作中的乡村旅游开发试验示范的特区，在区域内免除更多的税收，让土地流动更加自由，让乡镇企业能增加更多就业。

二、大力发展生态农业，实现农旅融合可持续发展

1. 优化农业生产条件，增强对生态的保护

第一，加强对农业基础设施及附属设施的建设工作，主要涵盖土壤修复、土地整治、浇灌技术、田地之间的运输路线建设等工程实施工作。第二，提高资源利用率，鼓励使用清洁能源，促进生态化农业建设。对规范化培植及生态生物等技术进行大力宣传推广，制订合理施肥计划。充分利用无用农产物，变废为宝，降低污染物排放量，保障绿色生态农业的可持续发展。第三，大力发展农村生态农业和健康农业，通过农产品生态化种植养殖的方式提升附加值，通过特色旅游、特色研学、特色种植养殖、特色加工的方式让农产品成为真正的生态绿色产品，让农产品真正成为放心食用的健康产品。

2. 根据地区的资源优势，打造特色农业

西南地区比较适合种植果树，可以打造樱桃、葡萄等适宜水果种植基地，也可以建立牛、猪和兔等养殖基地，打造生态农业观光示范园区和生态旅游示范乡村。加强农村道路、厕所、文化站等基础设施建设，完善住宿和交通等方面的基础设施设备的建设，将旅游业与农业发展相融合，农业共享旅游业发展效益，最终实现高质量发展。通过"农家乐+特色菜品"的方式吸引游客到特色农家消费；通过"农业庄园+民宿"的方式吸引游客休闲度假；通过"避暑养生+景区"的方式吸引更多家庭参与农业旅游；通过"特色农业+采摘"模式让农业和旅游业深度融合。

三、控制资源开发规模，促进资源有效利用

规模在一定范围内会促进创新效率的提高，但超过临界点，由于产业内部管

理组织的惯性，致使形成及传达创新性管理决策时存在一定的时滞性和服务的市场适应性降低。因此，需合理控制资源开发规模，促进资源的有效利用。

1. 合理控制开发乡村旅游资源

将资源要素、游客数据、政府政策进行数据采集、汇总及分析后，利用数智赋能手段和特色规划对乡村旅游资源充分利用，合理控制开发乡村旅游资源，提高资源的利用效率和价值，另外，减少资源浪费和损耗，对于乡村旅游资源规划进行评估与分析，制订详细开发规划和管理方案，包括资源数量、类型、开发利用方式，以及后期维护方式等。对于开发模式要合理控制，开发利用时尽可能减少对生态环境的影响，重视本地特色，避免同质化的产品与服务，保护本地优秀传统文化和价值观。

2. 优化人才培养和引进体系

为提高西南地区乡村旅游管理水平，应加强对人才的引进、培养和管理工作，促进乡村旅游资源开发有效利用。加强对旅游管理人才的定向培训，提高其在乡村旅游资源开发、管理、保护方面的知识和技能水平。引进专业旅游管理人才如旅游规划师、旅游经济学家、旅游生态环境学家等，提高乡村旅游资源的开发质量和效益。为吸引留住优秀管理人才制定相关政策，提供一定的薪酬待遇或优惠补助，鼓励他们积极参与乡村旅游新资源的开发管理，以专业的技术、专业的知识坚持环境友好型开发理念。

第十三章　总结与展望

在新发展格局下，旅游业作为国民经济战略性支柱产业，对其健康有序发展十分重要。乡村旅游不仅促进乡村振兴，还保障旅游业健康有序发展。但西南地区的乡村旅游在发展过程中，依然存在产业结构发展单一、服务体系不健全、统筹规划可行性不足等若干问题，导致乡村旅游发展与新发展格局不能完全融入，阻碍了乡村旅游的高质量发展。西南地区高质量发展长期受到党中央的高度重视，尽管西南地区具有丰富的自然资源和独特的历史文化，但其发展与东部相比仍存在一定差距，发展不平衡不充分问题明显，阻碍了西部地区大开发战略的实施和高质量发展战略的推进。在此背景下，本书以西南地区重庆、四川、云南、贵州四个省份为研究对象，采用 OOPP 方法、GIS 分析法、大数据分析方法、演化博弈模型等研究手段，从宏、微观视角探究西南地区乡村旅游高质量发展创新模式和创新路径，为促进西南地区乡村旅游的高质量发展提供相关对策建议，最终实现西南地区乡村振兴工作的顺利推进。

通过文献的查阅，资料的整理，数据的收集，模型的分析等一系列工作和深入思考，针对西南地区乡村旅游高质量发展，我们得出以下几方面结论：

第一，国内外专家学者关于乡村旅游的相关研究已经较为丰富，但结合乡村振兴战略和新发展格局背景的相关研究还比较少。国外乡村旅游发展较早，大多是在农业的基础上发展工业、旅游业。乡村旅游是第一产业和第三产业的结合，在一定程度上可以阻止农业衰退和增加农民收入。某些发达国家的乡村旅游发展得较早，已经成为重要的旅游方式，并在影响着全世界，给正在发展中的国家带来了很大的借鉴意义，并且形成新的创新产业。而国内乡村旅游发展较晚，且模式单一，主要以观光农业和休闲农业为主，大多针对国内游客，在国际市场的吸引力较弱。西部地区因其地理资源特性，具有丰富的自然资源、历史文化、民俗文化等自然与人文资源，对于乡村旅游的发展起到了支撑性作用。发展乡村旅游对于西部大开发和西部地区高质量发展具有重要作用。

第二，乡村旅游既是带动乡村振兴的有效利刃，也是我国旅游业的重要增长点，特别是后疫情时代，乡村旅游有助于旅游业的快速复苏。在全面调研和分析西南地区乡村旅游发展现状的基础上，我们对西南地区乡村旅游发展的空间格局及其驱动因素进行分析。从空间分布来看，西部地区乡村旅游重点村众多，但云贵川渝各省乡村旅游重点村分布具有一定差异。重庆乡村旅游重点村较多，主要分布在主城区。四川东部乡村旅游重点村多于西部。云南片区乡村旅游重点村分布较为均匀，东中西部均有乡村旅游重点村。贵州西南部分乡村旅游重点村分布较为聚集。研究发现西南地区的乡村旅游项目主要以自然风景类、村寨类、农业类为主，乡村旅游主题公园、博物馆、拓展类等数量较少。在乡村旅游企业方面，云南和四川西部乡村旅游企业数量等级普遍偏低，重庆、贵州及四川东部乡村旅游企业数量等级高，其中出现五大高密度集聚区，分别为四川成都市、四川宜宾市、重庆主城区、贵州铜仁市、贵州毕节市。在乡村旅游餐饮住宿方面，西南地区农家乐的空间分布主要包括三个大型连片密集的地带，分别为四川省成都聚集带、重庆市武隆区—南川区—巴南聚集带，还有一个相对较小的区域——贵阳集聚带。对其驱动因素进行研究发现，自然条件、交通、客源市场、社会经济因素均对西南地区乡村旅游空间格局具有显著影响。但距离高铁与机场的远近在西南地区整体尺度下，对乡村旅游的发展不具有显著性影响。

第三，为了更好地了解、分析和解决西南地区乡村旅游发展过程中存在的问题，本书运用OOPP方法从乡村振兴、生态承载和社会治理三个部分对西南地区乡村旅游存在的问题进行了分析。在乡村振兴方面，地形地貌、以农业为主的产业基础、交通设施落后、区域合作程度弱等是乡村振兴存在的问题。西部地区的地形地貌是自然形成的，云贵川渝之间相差较大，对交通的建设和规划形成了一定阻碍，加上区域之间合作不够紧密，合作机制不够健全，当地居民思想观念陈旧等诸多原因造成乡村振兴存在问题。在生态承载方面，人地关系紧张、工业"三废"的无处理排放、生活垃圾的随意丢弃、居民环保意识薄弱、污染治理力度不够等是生态承载存在的问题。污染的排放和污染治理力度不够会给生态环境造成破坏，环境污染的加重也会使自然的自我净化能力减弱，这些都会影响乡村旅游的高质量发展。在社会治理方面，基础建设受到限制、文化受到商业化冲击、人口老龄化严重、医疗、教育资源分布不均等是社会治理存在的问题。针对这些问题提出加快推进政策落实、完善区域基础设施、形成旅游联盟体系等建议。

第四，对于旅游目的地来说，在该范围内的旅游资源、相关活动内容以及空间位置、地域范围等都与社区有着密切关系，所以社区参与在旅游目的地的管理与建设过程中是较为关键的因素，旅游与社区的共同发展在一定程度上势必能够促进旅游全面可持续发展。经过分析发现，所研究地区乡村旅游开发的参与动机对社区参与的影响不显著。西南地区乡村旅游开发过程中，居民或者村民参与动机不足以全面推动社区参与乡村旅游开发的行为。居民或者村民的旅游开发参与能力在社区参与乡村旅游中具有重要作用，影响乡村旅游开发的顺利实施。居民或者村民的经济实力、发展意愿和教育素养对居民的参与能力来说至关重要。参与能力、参与机会和参与动机对乡村旅游开发有直接关系，前两者直接影响到参与的动机。研究结论表明，被动式参与是西南地区乡村旅游建设的显著特征，西南地区参与乡村旅游建设积极性不高，还处于被动式参与的阶段。参与旅游开发的方式主要是经济参与，以入股和直接投资的方式参与乡村旅游开发。村民或者社区居民参与乡村旅游建设讨论，他们的意见和建议被采纳吸收、落实应用方面还缺少较强的自主意识，主人翁意识还未真正体现。

　　第五，为更好地找到促使西南地区乡村旅游高质量发展的途径，本书从宏观和微观视角对影响乡村旅游的博弈主体的行为选择进行分析。现西南地区乡村旅游协同发展的重要内容就是中央政府对川渝的带动作用，在中央政府的统一规范之下制约不同区域的行为表现最后达成双方良好合作。研究选取设计没有中央政府干预和有中央干预的西南地区乡村旅游博弈模型，利用复制动态方程和均衡点寻找其中协同发展的可能性，并将干预强弱划分等级展开系统动力学仿真模拟研究。由西南地区微观主体演化博弈模型可知，乡村旅游企业成本付出对发展模式至关重要。乡村旅游企业会积极参与理解所获得收益差别较大。从消费者视角来看，消费者消费获得的收益大于付出的费用；从政府角度来看，当政府选择落实所得到的回报（额外收益与中央财政支持之和）是与付出成正比的。总之，从宏观层面来看，关键在中央政府统一协调资源，引领建设，促进川渝协同发展中央政府要发挥黏合剂的作用，将西南地区四个省份在政策帮扶下团结到一起，打破行政壁垒，共同建设西南旅游带。从微观层面看，地方政府要积极鼓励企业和消费者参与到西南地区乡村旅游的建设中，积极与其他省份交流沟通，合作共赢，并制定合理的奖惩优惠政策，推动乡村旅游的发展。

　　第六，乡村振兴不仅是中国迈向 2030 远景目标的重要战略，也是重要的全球议题。乡村振兴是一个世界级难题。为了西南地区乡村旅游高质量发展，本书全面总结国外乡村振兴和乡村旅游开发的优秀经验和优良做法，取长补短，学习借鉴。日本为了保护乡村文化和生态环境，出台推进乡村振兴的法律法规，以多种手段激励农民农耕，立足本地资源，发展特色产业，加快城乡融合，并重视乡村旅游人才的培养。韩国为了缩小本国城乡差距和贫富差距，利用乡村开发来突破经济困境，改善生产生活，以农村村庄为旅游目的地进行打造，重视乡村产业发展、乡村本土人才培养、人居环境建设以及物质与精神文明建设。英国随着"逆城市化"的出现，乡村发展逐渐受到重视，并开始以先进的建设与管理理念为引导，不断提升乡村旅游发展管理水平和发展层次，崇尚高端生态发展理念，注重本土文化景观保护，加大政策倾斜吸引企业入驻乡镇，提升乡村旅游发展质量，完善乡村旅游的基础设施和社会保障体系。瑞士为了将生态、业态、形态融合发展，利用自身资源，找准产业定位，打造特色品牌，从而实现多元共建乡村旅游。荷兰将产学研紧密结合，专注优势领域，打造完整产业生产链，实现现代化农业发展。以色列提升科研、推广与服务一体化水平，找准农业发展定位，重视人才培养，建设产业链，推广"公司+农户"模式，实现农业和乡村旅游的发展。

通过上述研究，为更好地服务于西南地区乡村旅游高质量发展，本书提出了以下对策建议：

一是完善环境保障体制机制，支持西南地区乡村旅游高质量发展。根据西南地区实际发展状况和政策实施情况，因地制宜制定环境保护政策，完善相关法律法规，提高和优化政策制定和实施，保障政策层层落实。加强各地区组织建设，厘清责任机制，强化区域合作意识，提高行政办事效率。

二是强化西南地区乡村污染防治工作，实现西南地区乡村旅游可持续发展。污染防治既要防，又要治并且减少污染物的排放。要积极发展环保新兴项目，加强资源管理，宣传生态保护的重要性。

三是积极拓宽金融融资渠道，促进西南地区乡村旅游经济发展。资金是项目发展的助推剂，可以运用财政税收政策、产业扶持政策、科技成果应用政策、知识产权保护政策、收入分配协调政策、消费促进政策等手段对西南地区乡村经济活动进行宏观调控，引导和激励西南地区乡村旅游高质量发展。

四是强化西南地区社会协同治理，实现乡村旅游可持续发展。要加强基层组织建设，建立健全智库体系，为西南地区乡村旅游高质量发展提供数据和理论支撑。各省要打破行政壁垒，相互协作，协同治理，助力乡村旅游高质量发展。

五是加大西南地区协同监督，维护乡村旅游项目建设。对于相关乡村旅游项目建设，要做好监督工作，防止项目建设过程中破坏生态环境的行为发生。建立目标责任机制，明确相关部门责任，积极鼓励居民参与乡村旅游项目建设，提高乡村旅游发展质量。

六是依托资源实现多元化发展，保障乡村旅游协调健康发展。顺应时代要求，采用循环经济、生态农业等健康发展模式，突破资源环境限制，整合资源优势，实现西南地区乡村旅游健康协调开发。

西南地区乡村旅游高质量发展路径创新是西部大开发战略、乡村振兴战略、共同富裕战略的重要内容，将为西南地区乡村旅游发展和西南地区旅游品牌树立起到推动作用。本书以乡村振兴战略为背景，从宏、微观视角进行乡村旅游开发路径研究，为西南地区乡村旅游高质量发展事业作出贡献。期待西南地区乡村旅游更加受到关注，人们会更注重保护乡村环境，遵循可持续旅游的原则，以确保乡村旅游的持续发展。乡村旅游在未来将呈现出更加繁荣的发展态势，成为重要的旅游形式。在乡村振兴战略的推动和更多相关政策的支持下，乡村旅游将为乡村经济带来新的机遇。通过开发乡村旅游项目，可以吸引更多游客和投资，促进当地农民增收，推动乡村产业升级和转型，提高乡村经济效益，为国家经济的高速高质量发展助力。

参考文献

［1］Gilbert D. Rural tourism and marketing：Synthesis and new ways of working ［J］. Tourism Management，1989，10（1）：39-50.

［2］Bramwell B. Rural tourism and sustainable rural tourism ［J］. Journal of Sustainable Tourism，1994，2（1-2）：1-6.

［3］Nilsson P Å. Staying on farms：An ideological background ［J］. Annals of Tourism Research，2002，29（1）：7-24.

［4］杜江，向萍. 关于乡村旅游可持续发展的思考 ［J］. 旅游学刊，1999（1）：8-15+73.

［5］肖佑兴，明庆忠，李松志. 论乡村旅游的概念和类型 ［J］. 旅游科学，2001（3）：8-10.

［6］乌恩，蔡运龙，金波. 试论乡村旅游的目标、特色及产品 ［J］. 北京林业大学学报，2002（3）：78-82.

［7］贺小荣. 我国乡村旅游的起源、现状及其发展趋势探讨 ［J］. 北京第二外国语学院学报，2001（1）：90-93.

［8］戴斌，周晓歌，梁壮平. 中国与国外乡村旅游发展模式比较研究 ［J］. 江西科技师范学院学报，2006（1）：16-23.

［9］蒙睿，李红，梁丹. 乡村旅游发展模式探讨 ［J］. 昆明大学学报，2006（2）：7-9.

［10］李洪波. 试析休闲理念下的乡村旅游 ［J］. 北京第二外国语学院学报，2008（9）：18-23.

［11］韩宾娜，王金伟. 东北三省乡村旅游开发模式——基于"城—乡"极变模型 ［J］. 北京第二外国语学院学报，2009，31（3）：50-54.

［12］王素洁，李想. 基于社会网络视角的可持续乡村旅游决策探究——以山东省潍坊市杨家埠村为例 ［J］. 中国农村经济，2011（3）：59-69+90.

［13］尤海涛，马波，陈磊. 乡村旅游的本质回归：乡村性的认知与保护

[J]. 中国人口·资源与环境，2012，22（9）：158-162.

[14] 王兵. 从中外乡村旅游的现状对比看我国乡村旅游的未来 [J]. 旅游学刊，1999（2）：38-42+79.

[15] 何明升. 评价发展质量的五个判据 [J]. 学术交流，1998（4）：71-73.

[16] 任保平，李娟伟. 实现中国经济增长数量、质量和效益的统一 [J]. 西北大学学报（哲学社会科学版），2013，43（1）：110-115.

[17] 田秋生. 高质量发展的理论内涵和实践要求 [J]. 山东大学学报（哲学社会科学版），2018（6）：1-8.

[18] 张军扩，侯永志，刘培林，何建武，卓贤. 高质量发展的目标要求和战略路径 [J]. 管理世界，2019，35（7）：1-7.

[19] 赵剑波，史丹，邓州. 高质量发展的内涵研究 [J]. 经济与管理研究，2019，40（11）：15-31.

[20] 张涛. 高质量发展的理论阐释及测度方法研究 [J]. 数量经济技术经济研究，2020，37（5）：23-43.

[21] 陈川，许伟. 以人民为中心的高质量发展理论内涵 [J]. 宏观经济管理，2020（3）：15-20.

[22] Streifeneder T. Agriculture first：Assessing european policies and scientific typologies to define authentic agritourism and differentiate it from countryside tourism [J]. Tourism Management Perspectives，2016（20）：251-264.

[23] Huller S, Heiny J, Leonhauser I U. Linking agricultural food production and rural tourism in the Kazbegi district-a qualitative study [J]. Annals of Agrarian Science，2017，15（1）：40-48.

[24] Carte L, McWatters M, Daley E, Torres R. Experiencing agricultural failure：Internal migration，tourism and local perceptions of regional change in the Yucatan [J]. Geoforum，2010，41（5）：700-710.

[25] Mitchell R, Charters S, Albrecht J N. Cultural systems and the wine tourism product [J]. Annals of Tourism Research，2012，39（1）：311-335.

[26] Ignacio Pulido - Fernandez J, Casado - Montilla J, Carrillo - Hidalgo I. Introducing olive - oil tourism as a special interest tourism [J]. Heliyon，2019，5（12）.

[27] Calheiros C S C, Bessa V S, Mesquita R B R, Brix H, Rangel A O S S, Castro P M L. Constructed wetland with a polyculture of ornamental plants for wastewater treatment at a rural tourism facility [J]. Ecological Engineering，2015（79）：1-7.

［28］Huang W-J, Beeco J A, Hallo J C, Norman W C. Bundling attractions for rural tourism development ［J］. Journal of Sustainable Tourism, 2016, 24 (10): 1387-1402.

［29］Rajaratnam S D, Munikrishnan U T, Sharif S P, Nair V. Service quality and previous experience as a moderator in determining tourists' satisfaction with rural tourism destinations in Malaysia: A partial least squares approach ［Z］. 5th Asia-Euro Conference 2014 in Tourism, Hospitality & Gastronomy, 2014: 203-211.

［30］Christou P, Sharpley R. Philoxenia offered to tourists? A rural tourism perspective ［J］. Tourism Management, 2019 (72): 39-51.

［31］Doh K, Park S, Kim D-Y. Antecedents and consequences of managerial behavior in agritourism ［J］. Tourism Management, 2017 (61): 511-522.

［32］Christou P, Farmaki A, Evangelou G. Nurturing nostalgia? A response from rural tourism stakeholders ［J］. Tourism Management, 2018 (69): 42-51.

［33］Bitsani E, Kavoura A. Host perceptions of rural tour marketing to sustainable tourism in central eastern europe. The case study of istria, Croatia ［Z］. 2nd International Conference, On Strategic Innovative Marketing, 2014: 362-369.

［34］Yankholmes A. Tourism as an exercise in three-dimensional power: Evidence from Ghana ［J］. Tourism Management Perspectives, 2018 (25): 1-12.

［35］Li K X, Jin M, Shi W. Tourism as an important impetus to promoting economic growth: A critical review ［J］. Tourism Management Perspectives, 2018 (26): 135-142.

［36］Eusebio C, Carneiro M J, Kastenholz E, Figueiredo E, da Silva D S. Who is consuming the countryside? An activity-based segmentation analysis of the domestic rural tourism market in Portugal ［J］. Journal of Hospitality and Tourism Management, 2017 (31): 197-210.

［37］Ooi N, Laing J, Mair J. Sociocultural change facing ranchers in the Rocky Mountain West as a result of mountain resort tourism and amenity migration ［J］. Journal of Rural Studies, 2015 (41): 59-71.

［38］Aryal S, Cockfield G, Maraseni T N. Globalisation and traditional social-ecological systems: Understanding impacts of tourism and labour migration to the transhumance systems in the Himalayas ［J］. Environmental Development, 2018 (25): 73-84.

［39］Hoefle S W. Multi-functionality, juxtaposition and conflict in the Central Amazon: Will tourism contribute to rural livelihoods and save the rainforest?

[J]. Journal of Rural Studies, 2016 (44): 24-36.

[40] Randelli F, Martellozzo F. Is rural rural tourism-induced built-up growth a threat for the sustainability of rural areas? The case study of Tuscany [J]. Land Use Policy, 2019 (86): 387-398.

[41] Fatimah T. The impacts of rural tourism initiatives on cultural landscape sustainability in Borobudur area [Z]. 5th Sustainable Future for Human Security (SustaiN 2014), 2015: 567-77.

[42] 李凯, 王振振, 刘涛. 西南连片特困地区乡村旅游的减贫效应分析——基于广西235个村庄的调查 [J]. 人文地理, 2020, 35 (6): 115-121.

[43] 王耀斌, 陆路正, 魏宝祥, 杨玲, 刘秋霞, 陈海龙. 多维贫困视角下民族地区乡村旅游精准扶贫效应评价研究——以扎尕那村为例 [J]. 干旱区资源与环境, 2018, 32 (12): 191-195.

[44] 林丹, 李丹. 乡村旅游精准扶贫中贫困人口的受益机制研究 [J]. 中南林业科技大学学报 (社会科学版), 2018, 12 (1): 50-55.

[45] 李巧玲. 基于自然景观背景的乡村旅游发展模式、问题及对策探析 [J]. 中国农业资源与区划, 2016, 37 (9): 176-181.

[46] 谢淦辉. 乡村旅游的发展模式及对策研究 [D]. 华南农业大学, 2016.

[47] 郑群明, 钟林生. 参与式乡村旅游开发模式探讨 [J]. 旅游学刊, 2004 (4): 33-37.

[48] 王晨光. 集体化乡村旅游发展模式对乡村振兴战略的影响与启示 [J]. 山东社会科学, 2018 (5): 34-42.

[49] 何景明. 城市郊区乡村旅游发展影响因素研究——以成都农家乐为例 [J]. 地域研究与开发, 2006 (6): 71-75.

[50] 韩非, 蔡建明, 刘军萍. 大都市郊区乡村旅游地发展的驱动力分析——以北京市为例 [J]. 干旱区资源与环境, 2010, 24 (11): 195-200.

[51] 樊苗, 李英. 发展文化体验型乡村旅游的影响因素分析 [J]. 旅游纵览 (下半月), 2013 (22): 60-61.

[52] 胡文海. 基于利益相关者的乡村旅游开发研究——以安徽省池州市为例 [J]. 农业经济问题, 2008 (7): 82-86.

[53] 唐德荣, 杨锦秀, 刘艺梅. 乡村旅游意愿及其影响因素研究——基于重庆市497位城市游客的调查数据 [J]. 农业经济问题, 2008 (12): 47-52.

[54] 任保平, 文丰安. 新时代中国高质量发展的判断标准、决定因素与实现途径 [J]. 改革, 2018 (4): 5-16.

[55] 任保平. 新时代中国经济从高速增长转向高质量发展：理论阐释与实

践取向 [J]. 学术月刊, 2018, 50 (3): 66-74+86.

[56] 王春新. 中国经济转向高质量发展的内涵及目标 [J]. 金融博览, 2018 (5): 42-43.

[57] 安树伟, 李鹏. 黄河流域高质量发展的内涵与推进方略 [J]. 改革, 2020 (1): 76-86.

[58] 国家发展改革委经济研究所课题组. 推动经济高质量发展研究 [J]. 宏观经济研究, 2019 (2): 5-17+91.

[59] 李金昌, 史龙梅, 徐蔼婷. 高质量发展评价指标体系探讨 [J]. 统计研究, 2019, 36 (1): 4-14.

[60] 王伟. 中国经济高质量发展的测度与评估 [J]. 华东经济管理, 2020, 34 (6): 1-9.

[61] 苗峻玮, 冯华. 区域高质量发展评价体系的构建与测度 [J]. 经济问题, 2020 (11): 111-118.

[62] 张明斗, 李玥. 长江经济带城市经济高质量发展的时空演变与收敛性 [J]. 华东经济管理, 2022, 36 (3): 24-34.

[63] 王兆峰, 谢佳亮, 吴卫. 环长株潭城市群旅游业高质量发展水平变化及其影响因素 [J]. 经济地理, 2022, 42 (3): 172-181+221.

[64] 戴国宝, 王雅秋. 民营中小微企业高质量发展: 内涵、困境与路径 [J]. 经济问题, 2019 (8): 54-61.

[65] 冀晓燕. 乡村旅游高质量发展路径分析 [J]. 山西农经, 2019 (15): 66-67.

[66] 吴彦辉. 乡村旅游高质量发展: 内涵、动力与路径 [J]. 广西大学学报 (哲学社会科学版), 2021, 43 (5): 102-107.

[67] 于法稳, 黄鑫, 岳会. 乡村旅游高质量发展: 内涵特征、关键问题及对策建议 [J]. 中国农村经济, 2020 (8): 27-39.

[68] 符茂正. 推进新时代乡村旅游业高质量发展 [J]. 中国农业资源与区划, 2021, 42 (12): 227+243.

[69] 舒伯阳, 蒋月华, 刘娟. 新时代乡村旅游高质量发展的理论思考及实践路径 [J]. 华中师范大学学报 (自然科学版), 2022, 56 (1): 73-82.

[70] 姚旻, 郑时友, 孟现瞄. 贵州省乡村旅游发展水平评价与高质量发展对策——基于主成分分析法的研究 [J]. 贵阳学院学报 (自然科学版), 2019, 14 (3): 30-6.

[71] 曾丽艳, 王嵘峥. 基于 IPA 的株洲乡村旅游高质量发展研究 [J]. 湖南工业大学学报 (社会科学版), 2020, 25 (3): 66-72.

［72］李妍．基于可持续发展评价的浙江省乡村旅游资源区划研究［J］.中国农业资源与区划，2020，41（2）：319-325.

［73］殷章馨，唐月亮．乡村旅游发展水平评价与障碍因素分析：以长株潭城市群为例［J］.统计与决策，2021，37（14）：54-57.

［74］赵红林．山西省乡村旅游质量分级评价标准研究［J］.中国农业资源与区划，2017，38（2）：207-212.

［75］李晓红，李志刚．新时代背景下文旅深度融合与乡村旅游高质量发展［J］.时代经贸，2019（26）：51-54.

［76］王娟．实现乡村旅游产业高质量发展［J］.唯实，2020（5）：73-75.

［77］陈钰，杨清，郭艳俊，刘佳伟．基于灰色关联度的乡村旅游发展影响因素及提升策略研究——以兰州市为例［J］.经济研究导刊，2021（32）：81-84.

［78］詹行天．新形势下如何推进休闲农业和乡村旅游高质量发展［J］.农村工作通讯，2019（9）：40-41.

［79］王勇．高质量发展视角下推动乡村旅游发展的路径思考［J］.农村经济，2020（8）：75-82.

［80］柯晓兰．乡村旅游高质量发展的困境及路径优化——基于四川省17县（区）25个乡镇的调查［J］.资源开发与市场，2021，37（10）：1247-1255.

［81］王婷，姚旻，张琦，宁志中．高质量发展视角下乡村旅游发展问题与对策［J］.中国农业资源与区划，2021，42（8）：140-6.

［82］李武江，张连，杨刚，孟凡非．西南民族地区乡村康养旅游开发研究——以贵州茂兰自然保护区为例［J］.农村经济与科技，2020，31（10）：66-67.

［83］孔凡尧，张仙．云南热区乡村旅游发展驱动因素分析［J］.农业展望，2019，15（2）：34-8.

［84］谭云．乡村振兴背景下贵州乡村旅游发展路径研究［J］.环渤海经济瞭望，2020（7）：69-70.

［85］彭华，向玉成，司凯，陈云川．乡村振兴战略背景下四川农旅融合发展模式及对策研究［J］.四川旅游学院学报，2019（6）：55-58.

［86］王爱忠，娄兴彬．重庆乡村旅游资源类型特征及空间结构研究［J］.重庆文理学院学报（自然科学版），2010，29（3）：68-71.

［87］黄葵．重庆市乡村旅游资源空间特征及其与乡村振兴关系研究［J］.中国农业资源与区划，2020，41（4）：216-224.

［88］Yang J, Yang R, Chen M-H, Su C-H J, Zhi Y, Xi J. Effects of rural revitalization on rural tourism [J]. Journal of Hospitality and Tourism Management, 2021 (47): 35-45.

[89] Bu X, Pu L, Shen C, Xie X, Xu C. Study on the spatial restructuring of the village system at the county level oriented toward the rural revitalization strategy: A case of jintan district, jiangsu province [J]. Land, 2020, 9 (12).

[90] Chen G, Wu Q, Yang J, Liu S a. Spatial distribution characteristics and influencing factors of china national forest villages [J]. Economic Geography, 2021, 41 (6): 196-204.

[91] 海明. 国家林草局公布第二批国家森林乡村名单 [J]. 绿色中国, 2020 (8): 60-80.

[92] 郑燕, 李庆雷. 新形势下乡村旅游发展模式创新研究 [J]. 安徽农业科学, 2011, 39 (13): 7961-7963.

[93] 侯灿, 胡道华, 张启凡, 胡媛, 李明伟. 湖北省国家森林乡村的空间分布及类型特征探究 [J]. 湖南工业大学学报, 2021, 35 (2): 81-87.

[94] Kohl J G. Der Verkehr und die Ansiedelungen der Menschen in ihrer Abhängigkeit von der Gestaltung der Erdoberfläche [M]. Arnold, 1841.

[95] Brunhes J. La géographie de l'histoire [Z]. 1879.

[96] Barraket J, Eversole R, Luke B, Barth S. Resourcefulness of locally-oriented social enterprises: Implications for rural community development [J]. Journal of Rural Studies, 2019 (70): 188-197.

[97] Rivera-Arriaga E, Williams-Beck L, Hernández L E V, Arjona M E G. Crafting grassroots socio-environmental governance for a coastal biosphere rural community in Campeche, Mexico [J]. Ocean & Coastal Management, 2021 (204): 105518.

[98] Agnoletti M. Rural landscape, nature conservation and culture: Some notes on research trends and management approaches from a (southern) European perspective [J]. Landscape and Urban Planning, 2014 (126): 66-73.

[99] Cillis G, Statuto D, Picuno P. Vernacular farm buildings and rural landscape: A geospatial approach for their integrated management [J]. Sustainability, 2020, 12 (1): 4.

[100] Tang D, Mao M, Shi J, Hua W. The spatio-temporal analysis of urban-rural coordinated development and its driving forces in yangtze river delta [J]. Land, 2021, 10 (5): 495.

[101] Xi B, Li X, Gao J, Zhao Y, Liu H, Xia X, Yang T, Zhang L, Jia

X. Review of challenges and strategies for balanced urban-rural environmental protection in China [J]. Frontiers of Environmental Science & Engineering, 2015, 9 (3): 371-384.

[102] Cunha C, Kastenholz E, Carneiro M J. Entrepreneurs in rural tourism: Do lifestyle motivations contribute to management practices that enhance sustainable entrepreneurial ecosystems? [J]. Journal of Hospitality and Tourism Management, 2020 (44): 215-226.

[103] Lane B. What is rural tourism? [J]. Journal of Sustainable Tourism, 1994, 2 (1-2): 7-21.

[104] Gupta D. Whither the Indian village? culture and agriculture in "rural" India [J]. Review of Development and Change, 2005, 10 (1): 1-20.

[105] Ye C, Ma X, Gao Y, Johnson L. The lost countryside: Spatial production of rural culture in Tangwan village in Shanghai [J]. Habitat International, 2020 (98): 102137.

[106] Sasaki N, Putz F E. Critical need for new definitions of "forest" and "forest degradation" in global climate change agreements [J]. Conservation Letters, 2009, 2 (5): 226-232.

[107] Ohe Y, Ikei H, Song C, Miyazaki Y. Evaluating the relaxation effects of emerging forest-therapy tourism: A multidisciplinary approach [J]. Tourism Management, 2017 (62): 322-334.

[108] Balezentis T, Ribasauskiene E, Morkunas M, Volkov A, Streimikiene D, Toma P. Young farmers support under the common agricultural policy and sustainability of rural regions: Evidence from lithuania [J]. Land Use Policy, 2020 (94): 104542.

[109] Kou P, Xu Q, Jin Z, Yunus A P, Luo X, Liu M. Complex anthropogenic interaction on vegetation greening in the Chinese Loess Plateau [J]. Science of The Total Environment, 2021 (778): 146065.

[110] Appiah D O, Bugri J T, Forkuo E K, Yamba S. Agricultural and forest land use potential for REDD+among smallholder land users in rural ghana [J]. International Journal of Forestry Research, 2016 (1): 265-281.

[111] Kurowska K, Kryszk H, Marks-Bielska R, Mika M, LeńP. Conversion of agricultural and forest land to other purposes in the context of land protection: Evidence from Polish experience [J]. Land Use Policy, 2020 (95): 104614.

[112] Nguyen T V, Tran T Q. Forestland and rural household livelihoods in the

north central provinces, vietnam [J]. Land use Policy, 2018 (79)：10-19.

[113] Angelsen A, Aguilar-Støen M, Ainembabazi J H, Castellanos E, Taylor M. Migration, remittances, and forest cover change in rural guatemala and chiapas, mexico [J]. Land, 2020, 9 (3)：88.

[114] Dong J, Liang W, Liu W, Liu J, Managi S. Does forestland possession enhance households access to credit? —Examining Chinas forestland mortgage policy [J]. Economic Analysis and Policy, 2020 (68)：78-87.

[115] 丁彦芬, 马存琛. 中国新农村绿化建设的研究现状及趋势 [J]. 江苏农业科学, 2010 (6)：501-503.

[116] 张少磊, 刘勤. 苏南地区典型乡村绿化方案探析——以常熟市学甸村为例 [J]. 土壤通报, 2011, 42 (4)：859-863.

[117] 许贤棠, 胡静. 乡村旅游发展中的旅游资源利用研究 [J]. 湖北师范学院学报 (哲学社会科学版), 2008 (1)：70-74.

[118] 鄢慧丽, 王强, 熊浩, 徐帆. 休闲乡村空间分布特征及影响因素分析——以中国最美休闲乡村示范点为例 [J]. 干旱区资源与环境, 2019, 33 (3)：45-50.

[119] 王彬, 姚茂华. 湖南省武陵山片区绿色产业助力乡村振兴 [J]. 吉首大学学报 (自然科学版), 2019, 40 (6)：52-55.

[120] 郑海洋, 胡振虎. 乡村振兴视角下绿色食品产业创业与乡村发展——基于空间计量和面板门槛模型的实证分析 [J]. 当代经济管理, 2019, 41 (1)：36-43.

[121] 张高军, 姜秋妍. 旅游发展对乡村振兴的促进作用——以川北醉美玉湖——七彩长滩乡村旅游区为例 [J]. 陕西师范大学学报 (自然科学版), 2019, 47 (2)：76-83.

[122] 张众. 乡村旅游与乡村振兴战略关联性研究 [J]. 山东社会科学, 2020 (1)：19+134-138.

[123] 吕宾. 乡村振兴视域下乡村文化重塑的必要性、困境与路径 [J]. 求实, 2019 (2)：12+97-108.

[124] 萧子扬, 叶锦涛. 公共图书馆参与乡村文化振兴：现实困境、内在契合和主要路径 [J]. 图书馆, 2020 (2)：46-52.

[125] 杨浏熹. 乡村振兴背景下乡村在地资源的认知与利用 [J]. 原生态民族文化学刊, 2020, 12 (1)：82-87.

[126] 辛佳敏, 张小楠. 乡村振兴背景下农民教育现状及对策 [J]. 安徽农业科学, 2020, 48 (3)：261-262.

［127］陈业宏，朱培源．从韩国"新村运动"解锁乡村振兴新思路［J］．人民论坛，2020（2）：72-73.

［128］陈刚，吴清，杨俭波，刘书安．中国国家森林乡村的空间分布特征与影响因素［J］．经济地理，2021，41（6）：196-204.

［129］罗文斌，蒋理，雷洁琼，谢海丽．湖南省国家森林乡村分布格局及影响因素研究［J］．中国农业资源与区划，2022，43（2）：33-42.

［130］杨燕，胡静，李亚娟，陈云，蒋亮．基于GIS的中国森林乡村空间结构及影响因素研究［J］．干旱区资源与环境，2021，35（6）：182-191.

［131］郑群明，田甜，杨小亚．中国国家森林乡村的空间分布特征及其影响因素［J］．中国生态旅游，2021，11（3）：441-454.

［132］魏琦，欧阳勋志．江西省国家森林公园空间分布特征分析［J］．林业经济，2018，40（6）：86-91.

［133］李孜沫．江西省古村落的时空演化及成因分析［J］．江西科学，2020，38（4）：475-482+536.

［134］唐健雄，马梦瑶．中国工业旅游示范点空间分布特征及影响因素［J］．资源科学，2020，42（6）：188-98.

［135］苗红，张敏．基于GIS缓冲区分析的西北民族地区非遗旅游资源空间结构研究［J］．干旱区资源与环境，2014，28（4）：179-186.

［136］Clark P J, Evans F C. Distance to nearest neighbor as a measure of spatial relationships in populations［J］. Ecology, 1954, 35（4）：445-453.

［137］Pinder D, Witherick M. nearest-neighbour analysis of linear point patterns［J］. Tijdschrift Voor Economische en Sociale Geografie, 1973, 64（3）：160-163.

［138］Pearce D G, Tan R. The distribution mix for tourism attractions in Rotorua, new zealand［J］. Journal of Travel Research, 2006, 44（3）：250-258.

［139］唐承财，孙孟瑶，万紫微．京津冀城市群高等级景区分布特征及影响因素［J］．经济地理，2019，39（10）：204-213.

［140］李伯华，尹莎，刘沛林，窦银娣．湖南省传统村落空间分布特征及影响因素分析［J］．经济地理，2015，35（2）：189-194.

［141］de Moura E N, Procopiuck M. GIS-based spatial analysis: Basic sanitation services in parana state, southern brazil［J］. Environmental Monitoring and Assessment, 2020, 192（2）：1-13.

［142］Xia Z X, Yan J. Kernel density estimation of traffic accidents in a network space［J］. Computers Environment and Urban Systems, 2008, 32（5）：396-406.

［143］Zhang A, Yang Y, Chen T, Liu J, Hu Y. Exploration of spatial differentiation patterns and related influencing factors for National Key Villages for rural tourism in China in the context of a rural revitalization strategy, using GIS-based overlay analysis [J]. Arabian Journal of Geosciences, 2021, 14 (2): 83.

[144] 中共中央、国务院关于做好二〇二二年全面推进乡村振兴重点工作的意见 [N]. 人民日报, 2022-02-23 (001).

[145] 许小红. 南宁市乡村旅游景区空间变化特征及其影响因素研究 [D]. 广西师范学院, 2016.

[146] 张珂. 乡村振兴背景下的旅游型乡村建设策略研究 [J]. 现代交际, 2023: 58-64+122-123.

[147] Gao J, Wu B. Revitalizing traditional villages through rural tourism: A case study of Yuanjia Village [J]. Shaanxi Province, China. Tourism Management, 2017 (63): 223-233.

[148] Pearce D G, Tan R. The distribution mix for tourism attractions in Rotorua, New Zealand [J]. Journal of Travel Research, 2006, 44 (3): 250-258.

[149] 唐承财, 孙孟瑶, 万紫微. 京津冀城市群高等级景区分布特征及影响因素 [J]. 经济地理, 2019 (39): 204-213.

[150] Xia Z X, Yan J. Kernel Density Estimation of traffic accidents in a network space [J]. Computers Environment and Urban Systems, 2008, 32 (5): 396-406.

[151] 侯鹏, 王桥, 房志, 等. 国家生态保护重要区域植被长势遥感监测评估 [J]. 生态学报, 2013 (33): 780-788.

[152] 王劲峰, 廖一兰, 刘鑫. 空间数据分析教程 [M]. 北京: 科学出版社, 2010: 76-78.

[153] 邹雄, 王晶, 张路. 重庆市休闲农业示范点空间分布及影响因素研究 [J]. 生态经济, 2020, 36 (5): 110-115+181.

[154] 刘大均, 胡静, 陈君子. 武汉市休闲旅游地空间结构及差异研究 [J]. 经济地理, 2014, 34 (3): 176-181.

[155] 张允翔, 周年兴, 申鹏鹏, 李在军, 马欢欢, 谢引引. 1996~2016 年间江苏省旅游空间结构演化与影响机制研究 [J]. 长江流域资源与环境, 2018, 27 (1): 107-115.

[156] 王铁, 郐鹏飞. 山东省国家级乡村旅游地空间分异特征及影响因素 [J]. 经济地理, 2016, 36 (11): 161-168.

[157] 季凯. 重力模型标定方法及分析 [J]. 山西建筑, 2012 (11): 18-19.

[158] 李芸. 重庆地区过渡季节高校学生公寓人员门窗开关行为研究 [D].

重庆大学，2014.

[159] 丁儿林，孔丹莉，毛宗福，多重线性回归分析中的常用共线性诊断方法 [J]．数理医药学杂志，2004，17（4）：299-300.

[160] Saxena G, Clark G, Oliver T. Conceptualizing integrated ruraltourism [J]. Tourism Geographies, 2007, 9 (4): 347-370.

[161] Clark G, Chabrel M. Measuring integrated rural tourism [J]. Tourism Geographies, 2007, 9 (4): 371-386.

[162] Duarte P. Evolution of rural tourism in portugal: A 25 years analysis [J]. e-Review of Tourism Research, 2010, 8 (3): 41-56.

[163] Barke M. Rural tourism in Spain [J]. International Journal of Tourism Research, 2004, 6 (3): 137-149.

[164] 陆林，李天宇，任以胜，符琳蓉．乡村旅游业态：内涵、类型与机理 [J]．华中师范大学学报（自然科学版），2022（1）：62-72.

[165] 史玉丁，李建军．乡村旅游多功能发展与农村可持续生计协同研究 [J]．旅游学刊，2018，33（2）：15-26.

[166] 林宗贤，吕文博，吴荣华，莫晓杜．乡村旅游创业动机的性别差异研究——以台湾为例 [J]．旅游学刊，2013，28（5）：89-98.

[167] 王婉飞，吴建兴，吴茂英．乡村旅游发展中地方政府生态管理的驱动因素研究 [J]．旅游学刊，2018，33（8）：37-47.

[168] 安传艳，李同昇，翟洲燕，付强．1992～2016年中国乡村旅游研究特征与趋势——基于CiteSpace知识图谱分析 [J]．地理科学进展，2018，37（9）：1186-1200.

[169] 杨瑜婷，何建佳，刘举胜．"乡村振兴战略"背景下乡村旅游资源开发路径演化研究——基于演化博弈的视角 [J]．企业经济，2018（1）：24-30.

[170] 刘朝文，何文俊，向玉成．乡村旅游视域下的乡村振兴 [J]．重庆社会科学，2018（9）：94-103.

[171] 银圆，李晓琴．乡村振兴战略背景下乡村旅游的发展逻辑与路径选择 [J]．国家行政学院学报，2018（5）：182-186+193.

[172] 李志龙．乡村振兴—乡村旅游系统耦合机制与协调发展研究——以湖南凤凰县为例 [J]．地理研究，2019，38（3）：643-654.

[173] 周常春，杨光明．基于ZOPP的云南乡村图书馆服务功能改革研究 [J]．重庆城市管理职业学院学报，2012，12（1）：27-32.

[174] 柳广舒，王松江．导向项目规划案例研究——基于ZOPP的在校本科生学习动力改善项目规划应用研究 [M]．昆明：云南科技出版社，2009.

[175] 董景荣，王亚飞. 重庆市三峡库区生态经济区产业空心化问题及对策 [J]. 农业现代化研究，2008（2）：146-150.

[176] 叶锋，韩卫国，曹勇. 规范项目管理行为，实现项目群的全过程管理与控制 [J]. 石油化工建设，2019（4）：22-26.

[177] 李婧怡，匡卓贤. 对项目整个生命周期 PHSER 方法的探究与借鉴 [J]. 化工学报，2021，72（3）：9.

[178] 邓江浩.《项目管理知识体系指南》倡导的三大理念探究 [J]. 产业与科技论坛，2015，14（6）：245-246.

[179] Jepson A, Clarke A, Ragsdell G. Investigating the application of the 1Vlotivation-Opportunity-Ability 1Vlodel to reveal factors which facilitate orinhibit inc engagement within local community festivals [J]. Scandinavian Journal of Hospitality and Tourism, 2014, 14（3）：331-348.

[180] Blake A, Arbache J S, Sinclair M T, et al. Tourism and poverty relief [J]. Annals of Tourism Researlusivech, 2008, 35（1）：107-126.

[181] Moore M H. Creating public value：Strategic management in government [M]. Cambridge：Harvard University Press, 1995：44-48.

[182] Mayer M, Müller M, WolteringM, et al. The economic impact of tourism in six German national parks [J]. Lands cape and Urban Planning, 2010, 97（2）：73-82.

[183] Hung K, Sirakaya-Turk E, Ingram L J. Testing the efficacy of an integrative model for community participation [J]. Journal of Travel Research, 2011, 50（3）：276-288.

[184] Rasoolimanesh S M, Jaafar M, Ahmad A G, Barghi R. Community participation in World Heritage Site conservation and tourism development [J]. Tourism Management, 2017（58）：142-153.

[185] 田世政，杨桂华. 社区参与的自然遗产型景区旅游发展模式——以九寨沟为案例的研究及建议 [J]. 经济管理，2012，34（2）：107-117.

[186] 刘曙霞. 新媒体视角下乡村旅游社区参与机制研究 [J]. 吉首大学学报（社会科学版），2017，38（S2）：19-22.

[187] 冯伟林，冉龙权. 基于社区参与的西南民族地区旅游扶贫机制构建——以重庆武陵山片区为例 [J]. 江苏农业科学，2017，45（16）：304-307.

[188] 王纯阳，黄福才. 从"社区参与"走向"社区增权"——开平碉楼与村落为例 [J]. 人文地理，2013，28（1）：141-149.

[189] 王华，郑艳芬. 遗产地农村社区参与旅游发展的制度嵌入性——丹霞

山瑶塘村与断石村比较研究 [J]. 地理研究, 2016, 35 (6): 1164-1176.

[190] 赵磊, 方成. 社区居民参与古镇旅游经营意愿影响因素的实证分析——以朱家角和西塘古镇为例 [J]. 财贸经济, 2011 (8): 113-121.

[191] 张辉. 对中国旅游发展道路的重新认识 [J]. 西北大学学报 (哲学社会科学版), 1995 (3): 119-122.

[192] 丹巴, 陈楷健, 朱思颖. 乡村旅游社区利益相关者的演化博弈分析 [J]. 农村经济, 2019 (12): 137-144.

[193] 李沐纯, 周佳愉. 社区参与乡村旅游发展研究 [J]. 湖北农业科学, 2022, 61 (4): 16-23.

[194] 谢新丽. 乡村民俗旅游社区参与发展模式探究 [J]. 黑河学院学报, 2021, 12 (11): 53-54+111.

[195] Suntikul W, Bauer T, Song H. Pro-poor tourism development in Viengxay, Laos: Current state and future prospects [J]. Asia Pacific Journal Research, 2009, 14 (2): 153-168.

[196] Babalola A, Babatunde A, et al. Poverty alleviation in nigeria: Need for the development of archaeo-tourism [J]. Anatolia, 2007, 18 (2): 223-242.

[197] Mutana S, Chipfuva T, Muchenje B. Is tourism in zimbabwe developing with the poor in mind? assessing the pro-poor involvement of tourism operators located near rural areas in zimbabwe [J]. Asian Social Scienc, 2013, 9 (5): 154-161.

[198] Harris R W. Tourism in Bario, Sarawak, Malaysia: A case study of pro-poor community-based tourism integrated into community development [J]. Asia Pacific Journal of Tourism Research, 2009, 14 (2): 125-135.

[199] 韩淑娟. 基于社区参与的乡村旅游发展研究 [D]. 宁夏大学, 2021.

[200] 杨光明, 杨航, 时岩钧, 张皞. 基于演化博弈的三峡国家公园发展路径研究 [J]. 林业经济, 2019, 41 (6): 40-46.

[201] 许杰, 陈富坚, 刘国平. 机动车碳税政策下政府、企业与出行者的三方演化博弈模型研究 [J]. 运筹与管理, 2021, 30 (9): 9-16.

[202] 周涛, 周世祥, 刘浏. 政府、共享单车企业与消费者三方动态博弈演变及稳定性策略分析 [J]. 管理学刊, 2020, 33 (5): 82-94.

[203] 易余胤, 盛昭瀚, 萧条军. 不同行为规则下的 Cournot 竞争的演化博弈分析 [J]. 中国管理科学, 2004 (3): 126-130.

[204] 赵黎明, 陈喆芝, 刘嘉玥. 低碳经济下地方政府和旅游企业的演化博弈 [J]. 旅游学刊, 2015, 30 (1): 72-82.

[205] 张华. 我国区域旅游经济联盟存在的问题及对策探讨 [J]. 四川经济

管理学院学报，2010，21（1）：50-52.

[206] 于永海，和军，孔庆馥. 旅游战略联盟中信任的影响因素剖析 [J]. 商业时代，2006（31）：80-81.

[207] 柳春锋. 旅游联盟成功运作关键影响因素研究 [J]. 商业研究，2006（6）：166-169.

[208] 卜华白，高阳. 共生理论及其对企业联盟战略的构筑启示 [J]. 衡阳师范学院学报，2005（2）：31-34.

[209] 吴冠之，刘阳. 基于共生模式下的渠道合作与联盟 [J]. 北京工业大学学报（社会科学版），2006（2）：16-20.

[210] 丁永波，周柏翔，凌丹. 基于共生理论的供应链联盟企业共生条件分析 [J]. 商场现代化，2006（29）：129-130.

[211] 卜华白，高阳. "共生"联盟系统的演化方向判别模型——基于耗散结构理论的一种分析 [J]. 学术交流，2008（3）：79-83.

[212] 饶光明. 大西南旅游发展战略：创建旅游经济发展圈 [J]. 商业研究，2002（22）：91-95.

[213] 刘连银. 对营造大西南旅游协作区的构想——兼论协同整合理论在旅游协作区构建中的运用 [J]. 中南民族学院学报（人文社会科学版），2003（1）：34-37.

[214] 王建芹. 西南民族地区特色旅游促进乡村振兴的作用机理与实现路径 [J]. 吉林工商学院学报，2018，34（6）：5-10+36.

[215] 梁艺桦，杨新军，马晓龙. 区域旅游合作演化与动因的系统学分析——兼论"西安咸阳旅游合作" [J]. 地理与地理信息科学，2004（3）：105-108.

[216] 马晓冬，司绪华，朱传耿. 1990 年代以来我国区域旅游合作研究进展 [J]. 人文地理，2007（4）：16-20.

[217] 秦斌. 企业间的战略联盟：理论与演变 [J]. 财经问题研究，1998（3）：9-14.

[218] 王惠，吴冲锋，王意冈. 企业间合作形式的选择 [J]. 技术经济与管理研究，2000（5）：34-35.

[219] 迈克尔·波特. 国家竞争优势（第一版）[M]. 北京：华夏出版社，2002：66-122.

[220] 陈路. 成渝两市的城际旅游模式研究 [D]. 重庆师范大学，2010.

[221] 杨荣斌. 区域旅游合作机制理论与案例探析 [D]. 上海师范大学，2006.

［222］唐顺铁，郭来喜．旅游流体系研究［J］．旅游学刊，1998（3）：38-41.

［223］刘荣增．共生理论及其在构建和谐社会中的运用［J］．中国市场，2006（Z3）：126-127.

［224］连远强．产业创新联盟的共生演化机理与稳定性分析［J］．商业经济研究，2015（32）：122-123.

［225］高润喜，揭筱纹．战略联盟策略与企业共生理论的比较研究［J］．探索，2013（1）：104-108.

［226］毕兰．经济新常态下乡村旅游的创新模式［J］．农业经济，2019（8）：55-57.

附　录

一、基于 OOPP 的西南地区乡村旅游
开发可持续发展研究
调查问卷

尊敬的专家、教授：

您好！经过前期的调研和分析，我们将影响西南地区乡村旅游可持续发展能力的因素分为社会治理、生态环境、乡村振兴。"西南地区乡村旅游开发可持续发展研究"可以通过 29 个项目的配套实施来更好地体现西南地区乡村旅游可持续发展能力。本调查是基于 AHP（成分分析）来实现的，请以您丰富的经验和真实感受，进行两两项目重要性程度的比较，并做出相应的判断。

真心感谢您的支持和帮助！

2022 年 4 月 20 日

请各位专家根据附表 1，对同一层次的每对因素进行两两比较。

附表 1　因素评价标准

标度 a_{ij}	定义与相关说明
1	i 因素与 j 因素具有相同重要性
3	i 因素比 j 因素略重要
5	i 因素比 j 因素较重要
7	i 因素比 j 因素非常重要
9	i 因素比 j 因素绝对重要
2，4，6，8	为以上两个判断之间的中间状态对应的标度值
倒数	若因素 j 与 i 因素相比，得到判断值为 $a_{ji} = 1/a_{ij}$

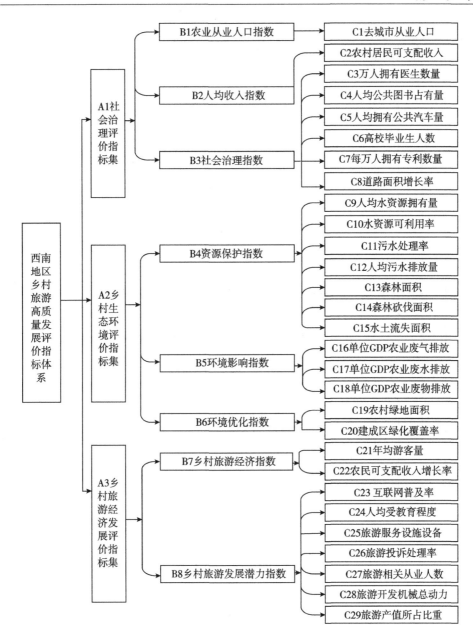

附图1　西南地区乡村旅游高质量发展评价指标层次结构

注：请根据附图1和您的经验判断，对下表的左列和右列的因素进行比较，在您认为合适的权重位置画"√"。例如您选择（9∶1）表示A1与A2相比，A1绝对重要，（1∶9）表示A2绝对重要。

左边列	9:1	8:1	7:1	6:1	5:1	4:1	3:1	2:1	1:1	1:2	1:3	1:4	1:5	1:6	1:7	1:8	1:9	右边列
A1																		A2
																		A3
A2																		A3
B1																		B2
																		B3
																		B4
																		B5
																		B6
																		B7
																		B8
B2																		B3
																		B4
																		B5
																		B6
																		B7
																		B8
B3																		B4
																		B5
																		B6
																		B7
																		B8
B4																		B5
																		B6
																		B7
																		B8
B5																		B6
																		B7
																		B8
B6																		B7
																		B8
B7																		B8

续表

左边列	9:1	8:1	7:1	6:1	5:1	4:1	3:1	2:1	1:1	1:2	1:3	1:4	1:5	1:6	1:7	1:8	1:9	右边列
C3																		C4
																		C5
																		C6
																		C7
																		C8
C4																		C5
																		C6
																		C7
																		C8
C5																		C6
																		C7
																		C8
C6																		C7
																		C8
C7																		C8
C9																		C10
																		C11
																		C12
																		C13
																		C14
																		C15
C10																		C11
																		C12
																		C13
																		C14
																		C15
C11																		C12
																		C13
																		C14
																		C15
C12																		C13
																		C14

续表

左边列	9:1	8:1	7:1	6:1	5:1	4:1	3:1	2:1	1:1	1:2	1:3	1:4	1:5	1:6	1:7	1:8	1:9	右边列
																		C15
C13																		C14
																		C15
C14																		C15
C16																		C17
																		C18
C17																		C18
C19																		C20
C21																		C22
C23																		C24
																		C25
																		C26
																		C27
																		C28
																		C29
C24																		C25
																		C26
																		C27
																		C28
																		C29
C25																		C26
																		C27
																		C28
																		C29
C26																		C27
																		C28
																		C29
C27																		C28
																		C29
C28																		C29

问卷到此结束，再次感谢您的帮助和支持！

二、关于西南地区乡村旅游者状况调查问卷

尊敬的先生/女士：

您好！

非常感谢您在百忙之中接受重庆理工大学社区居民参与乡村旅游开发问卷调查，本调查表只作为研究之用，不会用于任何商业用途，我们将对您的回答完全保密，调查会耽误您几分钟的时间，请您谅解，谢谢您的配合与支持，致以敬意！

重庆理工大学管理学院调研组

第一部分：

1. 您的性别
   A. 男　　　　　　　　B. 女

2. 您的年龄
   A. 20 岁以下　　　B. 21~35 岁　　　C. 36~50 岁　　　D. 50 岁以上

3. 您的学历
   A. 小学及以下　　　B. 初中　　　　C. 高中或中专　　　D. 大专
   E. 本科　　　　　　F. 研究生以上

4. 您的职业
   A. 学生　　　　　　B. 教师　　　　C. 公务员　　　　D. 农民
   E. 工人　　　　　　F. 离退休人员　　G. 公司职员　　　H. 私营业主
   J. 其他

5. 您的收入
   A. 1000 元以下　　B. 1001~3000 元　C. 3001~5000 元　D. 5001~10000 元
   E. 10000 元以上

6. 您去乡村旅游游玩的原因（多选）
   A. 放松身心，缓解压力　　　　　B. 体验乡村生活
   C. 和亲戚朋友聚会游玩　　　　　D. 感受当地文化
   E. 品尝特色美食　　　　　　　　F. 赶时髦，最近流行乡村旅游
   G. 观赏自然风光　　　　　　　　H. 其他

7. 你一般会选择哪种旅游地

A. 乡村民宿型   B. 农家乐（庄）类

C. 农业园（场）类   D. 乡村营地类

E. 乡村文博馆类   F. 文创工坊类

G. 习俗活动类

8. 你在乡村旅游时主要消费的旅游产品是

A. 生态观光类   B. 农家体验型   C. 休闲度假型

D. 时尚运动型   E. 健身康养型

9. 你的旅游消费一般在

A. 500 元以内   B. 501～1000 元   C. 1001～1500 元   D. 1500 元以上

10. 您通常和谁一起去乡村旅游

A. 家人亲戚   B. 朋友同事   C. 个人出游   D. 其他

11. 你喜欢哪一种乡村旅游住宿

A. 民宿   B. 宾馆   C. 酒店   D. 农家乐

E. 招待所   F. 帐篷

12. 你偏好的旅游组织形式是

A. 自助旅游   B. 随团旅游   C. 自驾车旅游

13. 您来乡村旅游停留的时间

A. 半天   B. 一天   C. 两天   D. 两天以上

14. 您的出游信息是从哪里获得的

A. 电视、广播   B. 网络平台：＿＿＿＿＿

C. 报纸、杂志等书籍   D. 他人推荐

E. 其他

15. 你的乡村旅游频率为

A. 0 次   B. 一月 1 次   C. 一月 2～5 次   D. 一月 5 次以上

16. 您的游玩出行方式为

A. 骑车或徒步   B. 公共交通   C. 自驾   D. 其他

17. 旅游过程中关注的问题（多选题）

A. 旅途的安全   B. 购物价格   C. 饮食卫生   D. 导游服务

E. 景区内公厕数量和卫生   F. 娱乐项目

18. 您在选择乡村点时，您认为最重要的因素是（多选题）

A. 便利的交通条件   B. 优美的自然风光

C. 舒适的旅游环境   D. 特色的民族文化

E. 特色的风味美食   F. 旅游地的知名度

G. 消费预算   H. 住宿停车条件

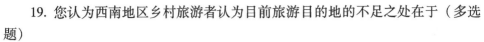

19. 您认为西南地区乡村旅游者认为目前旅游目的地的不足之处在于（多选题）

A. 没有特色与不新颖 　　　　　B. 营销推广不突出

C. 品牌影响力不够 　　　　　　D. 参观游玩、环境较差

E. 缺乏特色纪念商品 　　　　　F. 硬件设施缺乏

G. 餐饮/娱乐等设施不够完善 　H. 缺少文化厚重

I. 服务意识不够 　　　　　　　J. 相关人员素质有待提高

K. 其他

第二部分：

请您为以下项目打分：（满分5分，分别代表十分满意、一般、不满意、十分不满意，请选择与您心中相对应的选项）

1. 特色菜品

1分　　　　2分　　　　3分　　　　4分　　　　5分

2. 观光风景

1分　　　　2分　　　　3分　　　　4分　　　　5分

3. 酒店民宿

1分　　　　2分　　　　3分　　　　4分　　　　5分

4. 交通通达度

1分　　　　2分　　　　3分　　　　4分　　　　5分

5. 步道

1分　　　　2分　　　　3分　　　　4分　　　　5分

6. 排队等候时间

1分　　　　2分　　　　3分　　　　4分　　　　5分

7. 装修风格

1分　　　　2分　　　　3分　　　　4分　　　　5分

8. 参与体验

1分　　　　2分　　　　3分　　　　4分　　　　5分

9. 特色纪念品

1分　　　　2分　　　　3分　　　　4分　　　　5分

10. 景区的乡村气息

1分　　　　2分　　　　3分　　　　4分　　　　5分

11. 卫生环境

1分　　　　2分　　　　3分　　　　4分　　　　5分

12. 景区门票定价

1分　　　　2分　　　　3分　　　　4分　　　　5分

13. 景区内的食品

1分　　　　2分　　　　3分　　　　4分　　　　5分

14. 景区项目的多样性

1分　　　　2分　　　　3分　　　　4分　　　　5分

15. 景区基础设施（如道路、灯具、公厕、垃圾桶、安全防护）

1分　　　　2分　　　　3分　　　　4分　　　　5分

16. 对不同天气开放的项目

1分　　　　2分　　　　3分　　　　4分　　　　5分

17. 项目对乡村文化的体现

1分　　　　2分　　　　3分　　　　4分　　　　5分

18. 景区工作人员服务态度

1分　　　　2分　　　　3分　　　　4分　　　　5分

19. 景区工作人员服务水平

1分　　　　2分　　　　3分　　　　4分　　　　5分

20. 您对景区整体的评价

1分　　　　2分　　　　3分　　　　4分　　　　5分

问卷到此结束，再次感谢您的支持和帮助！

三、西南地区社区居民参与乡村旅游开发
全过程的机理与优化
对策调查问卷

尊敬的先生/女士：

您好！

非常感谢您在百忙之中接受重庆理工大学社区居民参与乡村旅游开发问卷调查，本调查表只作为研究之用，不会用于任何商业用途，我们将对您的回答完全保密，调查会耽误您几分钟的时间，请您谅解，谢谢您的配合与支持，致以敬意！

重庆理工大学管理学院调研组

第一部分：个人基本信息

1. 您的性别
A. 男　　　　　　B. 女

2. 您的年龄是
A. 25 岁以下　　　B. 25~50 岁　　　C. 51~65 岁　　　D. 65 岁以上

3. 您的学历是
A. 小学　　　　　B. 初中　　　　　C. 高中　　　　　D. 大专及以上

4. 家庭主要收入来源
A. 旅游　　　　　B. 务农　　　　　C. 外出务工　　　D. 其他

5. 您的平均月收入
A. 2500 元以下　　B. 2501~4000 元　C. 4001~6000 元　D. 6000 元以上

6. 您是否参与过乡村旅游经营活动
A. 参与过　　　　　B. 不曾参与

7. 您家中是否有人参与乡村旅游经营活动
A. 是　　　　　　B. 否

第二部分：居民对旅游发展的感知

8. 旅游使我们的家庭经济收入增加
A. 非常不同意　　B. 不同意　　C. 不确定　　D. 同意　　E. 非常同意

9. 旅游为我们提供了更多的工作机会
A. 非常不同意　　B. 不同意　　C. 不确定　　D. 同意　　E. 非常同意

10. 旅游使村庄物价上涨，旅游只对少数居民有利
A. 非常不同意　　B. 不同意　　C. 不确定　　D. 同意　　E. 非常同意

11. 旅游促进当地的经济发展
A. 非常不同意　　B. 不同意　　C. 不确定　　D. 同意　　E. 非常同意

12. 由于旅游，我们的生活水平提高了，旅游使基础设施得到改善，旅游提高了当地的知名度，旅游促使传统工艺商业化
A. 非常不同意　　B. 不同意　　C. 不确定　　D. 同意　　E. 非常同意

13. 旅游使当地民俗风情有所失真
A. 非常不同意　　B. 不同意　　C. 不确定　　D. 同意　　E. 非常同意

14. 旅游使人与人之间的信任度降低了
A. 非常不同意　　B. 不同意　　C. 不确定　　D. 同意　　E. 非常同意

15. 旅游使当地文化得到宣传，同时促进对外来文化的了解

A. 非常不同意　　B. 不同意　　C. 不确定　　D. 同意　　E. 非常同意

16. 旅游促进了当地旅游资源的保护

A. 非常不同意　　B. 不同意　　C. 不确定　　D. 同意　　E. 非常同意

17. 旅游增强了居民的环境保护意识

A. 非常不同意　　B. 不同意　　C. 不确定　　D. 同意　　E. 非常同意

18. 旅游打乱我们宁静的居住环境，旅游使交通变得更加拥堵

A. 非常不同意　　B. 不同意　　C. 不确定　　D. 同意　　E. 非常同意

第三部分：居民对旅游发展的态度

19. 我支持大力发展旅游业

A. 非常不同意　　B. 不同意　　C. 不确定　　D. 同意　　E. 非常同意

20. 旅游业是村寨发展的希望

A. 非常不同意　　B. 不同意　　C. 不确定　　D. 同意　　E. 非常同意

21. 游客的到来使我感到自豪

A. 非常不同意　　B. 不同意　　C. 不确定　　D. 同意　　E. 非常同意

22. 应该努力吸引更多游客

A. 非常不同意　　B. 不同意　　C. 不确定　　D. 同意　　E. 非常同意

23. 我对当地旅游现状感到满意

A. 非常不同意　　B. 不同意　　C. 不确定　　D. 同意　　E. 非常同意

第四部分：居民对参与旅游发展的行为意愿

24. 我愿意参与到本地区的乡村旅游开发中

A. 非常不同意　　B. 不同意　　C. 不确定　　D. 同意　　E. 非常同意

25. 我愿意推荐其他人参与乡村旅游经营活动

A. 非常不同意　　B. 不同意　　C. 不确定　　D. 同意　　E. 非常同意

26. 如果有能力，我将扩大经营规模

A. 非常不同意　　B. 不同意　　C. 不确定　　D. 同意　　E. 非常同意

27. 即使游客不多，我仍会坚持参与乡村旅游活动经营开发

A. 非常不同意　　B. 不同意　　C. 不确定　　D. 同意　　E. 非常同意

问卷到此结束，再次感谢您的支持和帮助！